戦争を読む

加藤陽子

KATO YOKO

keiso shobo

はしがき

「戦争を読む」というタイトルは、なかなかに物騒ではある。

この本は、次なる戦争がいかなる形態をとり、いかなる論理を装い、まったく思いもつかなかった筋道で起こってくるのかを予言する本ではなく、まして、すでに起こったイラク戦争など、特定の戦争の実態を歴史的に解き明かした本でもない。

しかし、この本は、一九三〇年代を中心とする日本政治史を専門とする私が、一九八八年から二〇〇六年までの一八年にわたって、専門雑誌・新聞・週刊誌など、多様な媒体に向けて書いた書評から、広く戦争を論じたものを取り分けて編んだ本となっている。

目次を開けてみてほしい。昨年惜しくも亡くなられた吉村昭の『彰義隊』がトップに来ていることからもわかるように、作家の書いた歴史小説、一般向けに読みやすく書かれた教養書、政治家や軍人の遺した史料の翻刻、専門書など、ジャンルにこだわりなく、戦争あるいは戦争の刻された時代を切りとった著作や作品が採録されている。

採りあげた本は、時代を画するに足ると私が信じた本であるから、書き手の大切な声を聴きとり、現代における意義を明らかにすべく努めた。だが、私の頭のなかには常に、「次なる戦争がいかなる形態をとり、いかなる論理を装い、まったく思いもつかなかった筋道で起こってくるのか」その瞬間を見極めたいとの強い願望があったために、書き手の大切な声をどこまで正確に聴きとれたのか、多少とも心もとない気持ちはある。

何を読んでいても、何を論じていても、思いは常に戦争に帰っていった。因果な性分だと思うが、私には、「戦後」が自明であった社会の空気が、耳を澄ませて何かを待つ「戦前」の雰囲気をまといはじめたように感じられてならないのだ。

だが、歴史は一回性を特徴とするから、近い過去の戦争から「いつか来た道」というフレーズに集約できそうな教訓を引きだすだけでは、あまり説得力がない。まして、歴史的な事例を警告として用いて人々の覚醒を促そうとするのは、理性の敗北を自ら認めるようなものである。

歴史家にできることは、「相対化することによって正当化し、正当化することによって相対化する」という歴史主義の立場から、なぜ我々の父祖が、歴史と国家と自己を一体のものとする感覚を身にまとい戦争を支持していったのか、そのプロセスをグロテスクなまでに正確に描きだすことだけだろう。

たとえば、太平洋戦争は、明治維新以来、天皇を戴くことで近代国家としての発展が可能となったとの歴史観を深く抱くようになっていた日本人にとって、日本人の社会契約＝国体観をめぐる、連合国と日本との戦争であった。よって、外交交渉や軍事衝突の裏面で進行していた、歴史観、国体観の原理主義的な改変過程を、学問的に了解可能なことばで解きあかすことなど、今後は特に重要になってくると思われる。

同時に、本書に登場する書き手たちの描く、戊辰戦争、西南戦争、日清戦争、日露戦争、第一次世界大戦、満州事変、日中戦争、太平洋戦争などを、私のつたない道案内ではあるけれども、共に辿ることで、読み手それぞれの「歴史の教訓」を引きだすことは可能であるし、意味あることなのではないか。

そのような意味で、編集者の町田民世子さんが命名した「戦争を読む」というタイトルは、読者を欺くものではないと信じたい。本書は、Ⅰ 本の声を聴く、Ⅱ 潮流をつかむ、Ⅲ 本はともだち、の三部構成となっている。Ⅰは、単発の書評を集め、扱われている対象によって、古い時代から新しい時代へとおおよその順序に並べた。Ⅱは、明治維新や日露戦争など、ある程度集中して研究がなされたり本が書かれたりした分野の、研究動向を紹介した文を集めた。

Ⅲは、少しおもむきを変え、『週刊現代』の「本はともだち」欄での連載と、『読売新聞』の「愛書日記」欄での連載のすべてを一括して載せた。最後の「戦争を決意させる瞬間」は、書評ではなく、不肖自分の本の「宣伝」のため、講談社のPR誌『本』に載せた文章である。まさに蛇足以外の何ものでもないが、索引に載せられた本の一覧を眺められたうえで、その数に免じてご海容をいただきたいと思う。

戦争を読む／目次

はしがき

I　本の声を聴く

目　次

II　潮流をつかむ

Ⅲ　本はともだち

I　本の声を聴く

吉村昭『彰義隊』

朝日新聞社、二〇〇五年一一月

戊辰戦争を境としてその前までが近世でその後からが近代だ、などと綺麗に分けられるものでないことは、国境が紙の上にしか存在しないのと同じ道理だ。

国を治める者が公方様から天子様へと変わったからといって、すべての人がそう簡単に昨日までの自らの生き方をきれいさっぱりと捨てられるものでもない。多くの人が時代とうまく折り合う中で、幕府に殉じようとした人間もいた。

吉村昭の現在の興味は、そうした、ある意味、激動の時代を不器用に生きた人間のもつ真摯さや魅力を、その人物が時代に刻した意味とともに描くことにあるように思われる。この春刊行された『暁の旅人』（講談社、二〇〇五年）は、幕府の医官であった松本良順が、朝廷軍から逃れ、いったんは奥羽に走った後、いかにして新政府に迎えられ初代陸軍軍医総監となったのか、その生涯を描いた作品だった。

それに続く作品が今回取りあげる『彰義隊』となる。物語は、一八六七（慶應三）年一〇月の倒幕の密勅により、朝敵の汚名を負うこととなった徳川慶喜が、朝廷へのとりなしを上野寛永寺の山主・輪王寺宮能久に頼んだことに端を発する。寺は幕府の菩提寺であったが、孝明天皇の皇子睦仁親王（後の明治天皇）の叔父にあたる二二歳の若き輪王寺宮を山主に戴いていた。

一〇年近い年月を寛永寺に送った宮にとって、江戸はすでに故郷同然の地となっていたのだろう。愛すべき人々の住むこの町が灰燼に帰すのは耐え難い、そう考えた宮は、慶喜助命を朝廷側に願い、朝廷軍の江戸進撃を阻止すべく、大総督・有栖川宮熾仁親王の許へと嘆願に赴く。しかし、有栖川宮の冷徹な態度に、幕府への私怨（有栖川宮は将軍家茂に嫁した和宮の許婚）をみた輪王寺宮の気持ちは、しだいに朝廷から離れ、宮は薩長に徹底抗戦を唱える彰義隊の盟主へと担がれてゆくこととなった。

皇族の身でありながら、宮はなぜ朝敵と呼ばれるような身のふりかたを選択するにいたったのだろうか。こうした疑問に導かれながら、宮の選択の背景に、江戸に対する宮の深い愛情を読み取ったあたり、吉村昭の真骨頂といえるだろう。

吉村は江戸の風情を色濃く残す町で育った。一九二七（昭和二）年、寛永寺とは目と鼻の先の、東京は日暮里生まれの吉村には、戦争のさなかに送った自らの中学時代を回想した美しい掌品『東京の戦争』（ちくま文庫、二〇〇五年。初版は筑摩書房、二〇〇一年）がある。

次で、作家は渾身の力を込めて、上野の戦いで敗れた後、宮が辿った流転の旅の全貌の解明にとりかかる。それは上野から奥羽への、長く気の休まることのない旅路であった。

大村益次郎の巧妙な戦術と圧倒的な軍事力の前に彰義隊が総崩れとなった一八六八（慶應四）年五月一五日夜、宮の一行は、雨で水嵩の増した道を腿まで水に浸かりつつ、根岸、三河島、尾久へと、北に落ちていった。その道行を、刻々と変化する水嵩と時間の推移に尋常ならざる注意を払いつつ、正確無比の筆致で描く「落ちる」以下の章は、見事というほかない。

この年の五月は、曇天だった三日と七日を除いてずっと雨で、田畠は水没し川は氾濫していた、と作家は書く。さて、その上で、敗走する彰義隊員が宮を頼ってお供を願い出る、その気持ちを作家は次のように抉り出す（一六一頁）。

かれらの胸には、宮を守護するというより、尊い御身である宮と同行すれば、自分たちの身の安全もはかれるという意識がひそんでいたのかも知れない。

戦争という修羅場で生ずる、ほんの僅かのエゴイズムさえもこの作家の手にかかっては見逃されることはない。先ほどのような記述に接すると、長編歴史小説を読みながら、同時に、優れた純文学の短篇を読んでいるような錯覚にとらわれる。二つの小説が入れ子構造になっているかのように感ぜられるのである。

最後に、新政府に帰順した後、宮が辿った数奇な運命をみておきたい。陸軍軍人として新たな道を歩み始め、北白川宮家を継いだことで北白川宮能久親王と呼ばれるようになったその人は、日清戦争への従軍を願う嘆願書を自ら書き、九五（明治二八）年五月、近衛師団長として台湾戦線に出征する。しかし、酷暑と豪雨の地でマラリアに倒れ、陣没する。

嘆願書には、かつて朝敵となったことをなお深く心の傷として自覚していた宮の真摯な言葉が綴られていたという。

（『文藝春秋』二〇〇六年一月号）

伊藤之雄『明治天皇 むら雲を吹く秋風にはれそめて』

ミネルヴァ書房、二〇〇六年九月

政治学者の丸山眞男は、かつて自ら奉じていた穏健なリベラリズムが、なぜ戦前の超国家主義に無力であったたか、との問いから戦後をスタートさせた。昭和天皇、宮中側近、政党政治家、そして丸山もまた、内乱を恐れるあまり国内体制の現状維持を優先した結果、戦争の芽をつむことができなかったのである。

だが、内乱の危機、対外関係をめぐる政府内の深刻な対立は、何も昭和戦前期だけの専売特許だったのではない。征韓論の政変で政府が分裂した時、岩倉や大久保は明治天皇をどのように支えたのか。日清戦争の際、明治天皇はいかにして、文官で首相の伊藤博文を大本営会議に列席させえたのか。

昭和を考えるなら明治を知らねばならない。著者は信頼すべき史料を用い、天皇をリアルに描いた。「何を着て居ても暑い時は暑いのや、これでえゝ」といい、夏でも冬服で通した我慢強い天皇。天皇が何を学び、何を読み、何を食べ、誰を信頼したのか、すべての答えがこの本の中にある。

(『信濃毎日新聞』二〇〇六年一二月一七日朝刊)

戸部良一『日本の近代9　逆説の軍隊』

中央公論社、一九九八年

辛亥革命を支援した「支那通」たちが、日中戦争の時期にいかなる思想をもち、どのような行動をとったのかという視角は、戦前期の日中関係を考える際に有益である。この視角は、一八九〇年代から一九四〇年代までの長い時間軸を、フィリピンやシャムまでの地域的広がりを視野に入れつつ、ベルサイユ・ワシントン体制の、システムとしての枠組みと中国との関係をあまり考慮することなく、日中関係を分析しうる利点をもつからである。この「支那通」による外交交渉に重点を置いた『ピース・フィーラー』（論創社、一九九一年）、「支那通」による対中国軍事情報分析・諜報活動に焦点をあてた『日本陸軍と中国』（講談社選書メチエ、一九九九年）などの論稿を積極的に発表してきたのが、本書の著者戸部良一氏である。

いっぽう戸部氏は、『失敗の本質』（共著、中公文庫、一九九一年。初出はダイヤモンド社、一九八四年）の著者の一人でもある。『失敗の本質』は、歴史研究者の「虚」をつくような問題意識から編まれ、読書界から広く注目された。すなわち、いかに国力に大差ある敵との戦争であっても、そこにはそれなりの戦い方があったはずだと前提したうえで、日米開戦後の日本の「戦い方」「敗け方」に限定して論じた。なぜ敗けるべき戦争に訴えたかという観点からの研究、敗戦を決定づけた要因についての研究などは他に譲り、敗北を決定づけた各作戦での失敗、なかんずく「戦い方」の失敗を扱うというのである。その際、太平洋戦争における諸作戦の失敗を、組織としての日本軍の失敗とみた点に特徴があった。

『失敗の本質』がユニークだったのは、そもそも軍隊であれば、いかに日本の軍隊であれ、近代的組織、すなわち合理的・階層的な官僚制組織として誕生するはずである、しかし、その組織が太平洋戦争という組織的使命を果たすべき状況で、しばしば合理性と効率性に反する行動をしたのはなぜかとの「問い」から出発していたからである。

中央公論社『日本の近代』シリーズの通史部分（1〜8巻）に続く、テーマ別構成の一冊として出版された本書『逆説の軍隊』は、戸部氏の研究の流れからいえば、この『失敗の本質』に連なるものとして位置づけることができる。

まず日本の軍隊が、近代的組織、合理性と効率性を追求した官僚制組織として新しく成立したものだった、との戸部氏らの一九八四年時点での判断は、卓抜なものだった。なぜなら、軍隊と近代性をあわせて論ずる視角は今でこそかなり一般的なものとなったが、当時はそうではなかったからである。（ⅰ）これまで自明とされてきた制度が、比較的近年に創造されたものであるとの研究視角を提供したホブズボウムの『創られた伝統』（紀伊國屋書店、一九九二年）、（ⅱ）国民国家が、高度に規律化された国民共同体へ、民衆をいかに包括していくかとの視角を提供したアンダーソンの『想像の共同体』（増補版はＮＴＴ出版、一九九七年。初版はリブロポート、一九八七年）、（ⅲ）権力を身体と規律から説明したフーコーの『監獄の誕生』（新潮社、一九七七年）、これら三冊がもたらした知の地殻変動によって、ようやく一九九〇年代に入り、軍隊を近代性とともに語る視角が一般化してきたといえる。

このような前提を理解したうえで、本書の内容の紹介に移りたい。著者は、題名中の「逆説」という言葉に、いくつかの意味をもたせて使っている。第一に、日本の軍隊は、封建領主から、中央集権国家の中心たる国王である天皇へと、忠誠の対象を転換させて成立した。これはきわめて近代的な現象であった。しかし二・二六事件を引き起こし、終戦時に玉音盤奪取を企てたのも、この同じ日本の軍隊なのであった。ときには彼らの忠誠の対象である天皇の意思さえも踏みにじるにいたる、「近代性とはなじまない信仰的天皇崇拝」（一七頁）もみられた。この近代性と反近代性の併存はなぜ可能なのであろうか。

第二に、終戦の聖断に反してクーデターを企図するような、ファナティシズムに走るものもいたが、組織としての軍は、そのスムーズな武装解除・復員・解体ぶりを想起すればわかるように、冷徹な命令系統の貫徹がなされていたといえる。このような、命令違反と承詔必謹との二律背反はなぜ生ずるのだろうか。

第三に、軍の政治的中立性を確保するためにつくられた統帥権独立の制度が、やがてその政治関与を支える制度へと変貌していくことは有名である。このような逆転はどうして起こったのだろうか。

このように、一見しただけでも、いくつもの疑問を提起せずにはおかない日本の軍隊を、著者は「逆説的」と命名する。端的にいえば、「戦争という人間の行為のなかで最も非合理的な行為を実践する、最も合理的な組織」（二〇頁）として誕生したはずの軍隊が、なんらかの理由で、変質、変容をきたしていったと判断している。ただ、その原因を日本や天皇制の特殊性に帰するのではなく、「日本軍の近代化と成長の過程そのもの」（二一頁）のなかにみようとする。つまり戸部氏は、明治期の創設期から軍隊の成長と近代化の過程を追跡し、それがなぜ変容をきたしたのか、どのように変容したのかを解明することを本書のねらいとした。

本書のもたらした知見は数多くあるが、以下の点をとくに挙げ、あわせてその点に啓発されて評者が考えたことについて述べていきたい。なんといっても本書は、軍隊をあたかも一人の人間のごとく、「誕生」「成長」「爛熟」「変容」（章の題名としている）と捉えたことで、政治・社会の近代化と軍隊の近代化の過程を重ね合わせ、わかりやすく説明したことに意義がある。政治・社会の近代化とは明治国家の近代化に他ならないが、われわれはすでに日露戦争の勝利をその頂点として、明治国家を擬人化して把握する習慣を身に付けてきているので、この方法は効果的であった。

「成長」や「変容」のそれぞれの時期を画したのは、統帥権独立であったり日露戦争の勝利であったり、個別の要因の集積によるが、戸部氏の考えを評者なりにまとめれば、これらの転換は、軍隊と二つの勢力（藩閥政治家などの既成エリート、政党）との力関係から一貫して導き出されたものだと判断できる。

まず、軍隊と藩閥政治家との関係はどうか。西南戦争の際の西郷隆盛と、それを制圧した大久保利通を考えれば容易に察せられるように、たぐい稀なる政治指導者が軍権を同時に握ることがどんなに危険かは、当時の政治・軍事の為政者双方にとって身にしみたことであろう。これが一方では、軍人を政治にかかわらせないという意味での統帥権の独立を必然化するものとなろうし、政治指導者の側からしても（たとえば伊藤博文を想定すればよい）政治家が軍権をコントロールすべきだとの原則＝文民支配、ではなくて統帥権独立でよいとの観点を要請するものとなった。軍を出身母体とする山県有朋や寺内正毅が、藩閥政治家として行動し、むしろ軍を抑制するように動くのも、以上の論理から理解できる。軍隊の「誕生」から「成長」までは、このように、軍隊と藩閥政治家などの既成エリートとの関係を軸に展開していたと想像できる。端的にいえば、明治天皇を軍事的シンボルの頂点におくことで、第二の西郷の発生を防ぐメカニズムが働き、軍隊と既成エリートの間に適度の距離を保つことができた時期である。

ついで、軍隊と政党との関係はどうか。戸部氏は福沢諭吉の『帝室論』（明治一五年）から非常に興味ぶかい論点を指摘している。福沢は「恐るべきは軍隊が政党に加担するの一事なり」（六九頁）といって軍の政治介入を恐れたが、それは、天皇へ忠誠を誓わせることで政治介入を抑制しようとした、軍人勅諭の近代的側面と同じだというのである。たしかにこのような福沢の考え方が、大正政変期の田中義一などにも引き継がれていることはよく知られている。田中は、陸軍と海軍が、それぞれ二大政党と連動して政争を繰り広げるのを極度に警戒していた。

多数決で政治的決定を行う場である衆議院、その衆議院で優越する政党が政友会だけである場合は問題ない。なぜなら原敬が喝破していたように、安定的な一党支配が衆議院で達成できていれば、天皇はそれを無条件に認めればいいのであるから、天皇を政争の外に置くことができた。原の政界縦断策が説得力をもった背景にはこのような論点もあったことを思い出そう。しかし、慣習的二大政党制が成立するとそうではなくなる。まず、天皇が政争の内に巻き込まれていかざるをえない。

「爛熟」「変容」の時期は、このように軍隊と政党の関係を軸に展開したとまとめられる。天皇を軍事的シンボルの頂点に置くことで、軍隊と政治の距離をとってきた「誕生」「成長」期の論理は、ここで苦境に立たされる。政争に巻き込まれていく昭和天皇と、軍隊はどう距離をとればよいのだろう。陸軍が「皇軍」という自称を使い始める理由、そして政治介入に走るようになる理由は、政党間の「私闘」に超然たるべき軍隊の、その軍事的シンボルとしての天皇像の喪失に起因すると評者には思われた。

（『国際政治』125号、二〇〇〇年一〇月）

原田敬一『国民軍の神話 兵士になるということ』

吉川弘文館、二〇〇一年

I

著者の原田敬一氏にとって、本書は『日本近代都市史研究』（思文閣出版、一九九七年）に続く二冊めの本にあたる。ただ、研究の文脈でいえば、本書は、大谷正氏との息のあったところをみせた共編『日清戦争の社会史』（フォーラム・A出版、一九九四年）の延長線上にくるものとなっている。

よって、まずは『日清戦争の社会史』で展開されていた著者の論点やスタンスを、確認しておこう。本書の執筆者たちは、従来の日清戦争の研究視角が、基本的には開戦外交史に収斂してしまうとし、むしろ国民がどのように日清戦争に加わろうとしたのかについて、いくつかの回路から、まったく新しいアプローチを試みた。

では、いくつかの回路からする斬新な分析視角とは、具体的にはどのようなものであったのか。著者の場合それを、義勇軍志願と軍夫応募に設定した。日清戦争の場合、開戦直後から、旧士族層・国権派・民権派・侠客などによる広い層による義勇軍運動がみられたこと、これが政府によって禁止されると、今度は、そのある部分が軍夫（内地軍夫の数は一五万三九七四人に達した、陸軍動員兵力が約二四万人であったことを考えれば、その数の多さがわかる）に志願して、戦争に従軍していく様態を、第二師団（仙台）を例に論じたものである。

東北を大隊区とする第二師団の軍夫募集に注目することによって、維新の敗者による挽回という心性を含みつつ、軍夫募集に応じてゆく小集団が、自らの発意で戦争に加わる経緯を浮き彫りにした著者の姿勢に、評者は深い共感をおぼえた。

ここで重要なのは、著者が、義勇軍志願の回路、それが禁止された後の軍夫応募への回路、その二つの回路を連続したものとして捉えたことである。著者の眼目は、人々の、戦争への主体的な関係構築のあり方を捉えることにあった。勲功は認められなかったものの、大きな情熱をもって戦争に参加し、また大きな犠牲をも払った軍夫たち。ある種、戦争への情熱をもって従軍した彼らは、戦後社会において、戦争体験の神話化にあたって中心的役割を果たしてゆくことになる。なぜなら、「戦争体験の神話は情熱を糧」として、初めて成立するからである（参照、ジョージ・L・モッセ著、宮武実知子訳『英霊』柏書房、二〇〇二年）。

著者は、人々のエネルギーやナショナリズムを語る「うつわ」として、周到な考察の上で軍夫を選んでいるのだと思われる。

Ⅱ

『国民軍の神話』は、以上のような議論を前提として書かれているが、書き下ろしの一作でもあるので、そこには当然のことながら、完結した問題意識があろう。

まずは、本書のめざすところを、課題と方法という点からみてゆこう。著者は、近代の「常識」を、科学・学習・健康・衛生・能力主義・出世などの語彙で表わされる概念であるとし、それを制度化する場所＝装置が、学校と軍隊であったとみなす（五頁）。ここで「常識」という言葉に含意されているのは、国民としての一体感を内側から裏打ちする、イデオロギーとしてのそれである。学校や軍隊という装置を通じて、近代の常識を体現するものとしての身体を持たされたものが国民であると位置づけている。

こうした理解を前提として著者は、「本書で明らかにしようとしたのは、別の言葉でいえば、『国民軍』という幻想性（日本近代においていつ国民軍概念がいつ成立したのか）、という一点である」（六頁）と述べる。

実は、この部分を一読しただけでは、著者の課題設定をすぐさま理解することは難しい。たとえば、次のような反論がすぐに予想できる。毎年、現役で徴集される青年男子の数が、戦時を除けば、総数中の三割に満たなかった日本社会では、ちょっと考えれば、軍隊が国民そのものから成立しているという意味での国民軍概念は、そもそも成立するはずがなく、それは検討するまでもなく、もともと幻想なのではないだろうか、と。

しかし、いささかわかりにくい課題設定で含意されているのは、そのようなことではないように思われる。最終的な考察は、各章の概要を紹介した後でおこなうが、最低限ここで明確にしておきたいのは、著者のいう国民軍の神話とは、軍隊の形成や存在に対する、国民の側の、認識の型を指しているのだと思う。その国民の認識の型は、合理的でも、理性的でもない場合が多い故に、まさに神話と称されるのであるが、にもかかわらず、それは、近代軍隊を成立させる重要な根拠・資源となっていく考え方のことである。

換言すれば、この場合の「神話」とは、軍隊と国民の間でお互いの存在をどう認識するかをめぐって、不断に再規定され続ける関係性のことなのだろう。

例をあげて説明を加えておこう。適齢に達した青年にとって、基本的には総員が徴兵検査を受けさせられた上で、しかし、現役徴集、入営の率は非常に低く保たれているような状態は、かえって、運・不運、嫉妬・羨望・憎悪という感覚によって、軍隊をみる視点や感情を国民の側に生じさせる。

徴兵検査に対する国民のまなざしが、国民軍の神話を形成する一つの回路となりうるのである。ここでは、軍隊の構成員が限りなく青年層の総員に近かったかどうかが問題となっているのではない。

もう一つ例を挙げてみたい。これは鹿野政直氏が挙げている例（『女性・戦争・人権4』行路社、二〇〇一年一一月）だが、「一銭五厘」という表現が、太平洋戦争期で広く聞かれたことはよく知られている。

これは少し考えてみれば、二重におかしな表現である。召集令状、いわゆる赤紙は、葉書ではなく、戸籍係によって本人に直接届けられることは、兵士になった誰もが本当は知っていることである、そして当時、葉書は一銭五厘ではなく、二銭であったことも誰もが知っていたはずであった。

しかし、下士官が兵に向かい、あるいは兵自身がこのようなものの言い方をした例は広くみられた。ここでは、葉書が二銭という事実や、戸籍係の配達という事実は、軽く捨て去られて、下級者へのさげすみや仲間同士の自虐が、一銭五厘という言葉によって反復して語られる。こういった例も、国民軍の神話の一つであろう。

また軍隊の側からいえば、農村の青年を中心に、軍隊に行けば白米が腹いっぱい食べられるという、願望に近い認識が存在する限り、医学的知識や衛生思想に反しても、白米食にこだわり続けなければならない根拠となったろう。その結果、主食費を低減して副食費に廻すという合理的な発想が抑制されることになる。

ここでも、都市部の人間の何割が白米食であったという事実や、陸軍の医学的知識の高低が問題となっているのではない。軍隊の側も、国民の、たっての願いという呪縛から逃れられなかったのである。

こうした、軍隊と国民の間の相互規定的関係を、著者は国民軍の神話と表現した。このような視角は独創性に富むものであり、さらに以下の点で野心的なものであるとさえいえるだろう。これまでの軍隊研究は主として、集団としての秩序意識を分析の核としており、どちらかといえば、政治思想史のよくするところであった。これに対して著者は、「普通に暮らしている人々の生活暦に沿った軍隊史研究が必要」（一一頁）と考えて、入営、生活、訓練、退営もしくは死亡という、兵士の時間軸、生活暦に沿った問題群として、「学習と能力主義、健康と衛生、病者と死者について軍隊を考察」（六頁）した。

この分析方法が十分野心的であるのは、戦争で軍隊を語るのではなく、また近年急速に研究が進んだ、銃後における戦争動員を語るのではなく、人々の生活暦から軍隊を語るという方向性をとったからである。

では、このような課題と方法を支える史料としては、どのようなものが用いられているのだろうか。戦争体験記や遺稿集を網羅して吉見義明氏は『草の根のファシズム』（東京大学出版会、一九八七年）を書いたが、著者は、軍事ジャーナリズムと文学作品をふんだんに利用している。

ここでは、軍事ジャーナリズムをみておこう。（i）『軍医団雑誌』などの官製の軍事情報雑誌、（ii）在郷軍人会・軍人教育会など外郭団体による雑誌、（iii）民間版元による軍隊用出版物、（iv）青年団や婦人会などの機関紙、（v）市町村が戦時下に発行する慰問用の通信文、（vi）『大東亜戦争画報』などの戦争報道雑誌が広範に参照され、読み手にも、その雑誌自体のもっている面白さの一端が如実に伝わる。

『軍隊入門必携』などのマニュアル本や、『良兵』に掲載された書簡文の紋きり型からは、よく使われるような、中間層以上の書き手による書簡や日記などからは読みとられなかった、青年たちの上昇意識の型というものが読みとれる。紋きり型の言い回しが反復されることで、神話が形成され固定化される構造が、軍事ジャーナリズムという史料の領域を開拓したことによって、より明確にされた。

Ⅲ

以上のような課題と方法のもと、本書は三章から構成される。第一章「兵士になる――期待と願望」。徴兵検査、入営後の教育、除隊後の村での生活、という三節だてで、一人の青年が、軍隊と向き合う場合に想定される生活暦が描かれる。

ここで、江口渙、田山花袋、徳田秋声、久保田万太郎、有島武郎、志賀直哉、新田潤、徳永直、和田伝などの文学作品から、徴兵検査、内務生活、除隊に関するエピソードを丹念に拾った部分は、本書の白眉である。文学と歴史学の接点を自覚的に追求してきた著者にして（参照「軍隊と日清戦争の風景——文学と歴史学の接点」、『鷹陵史学』19号、一九九四年)、初めてなしえたことであろう。

当時の青年たちにとって、徴兵検査は、好悪いずれにせよ、最も関心の高い領域であったことはまちがいない。よって、いやしくも作家であれば、徴兵は、最高のリアリティをもって叙述されなければならない対象であったことになる。よって、この分野に文学から接近するのは、まったくもって適切なアプローチなのである。

国民が戦争にどう主体的にかかわったのかという、『日清戦争の社会史』で著された著者のスタンスは、ここでは、国民が軍隊にどう主体的にかかわったのかという問いとなって、現れる。国民はたしかに強制的に兵役義務を負わされ入営する。しかし、それを「受けとめる民衆は、『強制』を『自己の可能性』へと転化させた」(二五九頁)。軍隊で学んだことを梃子として、国民がしたたかに、除隊後の生活を変えていく点が強調され、軍隊への国民の側の積極的な関係性が描かれる。

第二章「健康と衛生——米を食べる心性」。ここでは、兵営で供されていた兵食の実態や、より合理的な兵食像を求めて軍医たちの間で展開された兵食論争について、『軍医団雑誌』を用い、丹念に分析されている。この章における分析の手続きとして評価できるのは、軍隊外の一般社会における米食観を取り上げた部分であろう。

紡績工場の女工、カムチャッカの漁場で働く古参労働者、農村保健衛生状態実態調査の対象となった村々で何が食べられていたかを参照している。さらに、森鷗外、木下尚江、内田百閒、久保栄などの作品から、ここでも、兵食についてのエピソードを拾っている。一般社会と比較することで、軍隊と国民の間にある相互規定性がより明瞭となった。

第三章「死ぬということ――追悼の詩」。正史では扱われることのなかった軍夫の存在も、実は同時代としては、若い作家たち（鏡花、美妙、独歩）の文学作品に生き生きと登場していた。元壮士で周囲の軍夫から、「先生」と呼ばれている逞しい軍夫長の姿、油売りをしているが、「資本」を手にいれるために軍夫に応募する青年像、などが活写されていたのである。

戦争の実態を筆で記録した、鏡花、美妙、独歩など若き作家たちが、これらの作品を踏み台にして「近代文学」を誕生させていったことの重要性（一九四頁）についての指摘は、今後、歴史家によって十分に追究されるべき大切な問題提起であると思われる。

ついで、死者の九割が病死であった日清戦争の時期から、日露戦争以降の時期になると、軍人の面目を汚すものとして、病死を排除し、兵士として万全の状態で戦って死ぬことを是とする気風が、社会に広くゆきわたるようになっていく。

戦前期の日本では、戦死者の霊魂＝英霊に対して慰霊行為を営む際に、特定の場所が設定されていた。忠魂碑・忠霊堂での慰霊祭、共同墓地や墓碑での慰霊式典、招魂社・護国神社における招魂祭などである（参照、本康宏史『軍都の慰霊空間』吉川弘文館、二〇〇二年）。著者が、本章において、陸軍墓地の制度と実態に対して、基礎的なデータを確定したことは研究史上、大きな意味をもっている。

Ⅳ

本書は豊富な情報と多彩なアイディア、斬新な視角に支えられた、今後、確実に参照されるべき基本的な文献となっている。ゆえに多様な読み方が可能であるが、評者としては、政治史の立場から若干のコメントをおこないたい。

第一に、おそらく、一章で取り上げられるべきだった重要な問題の一つは、すでに職業をもっていた青年たちの、「職場を捨てて兵隊に行く」という困惑と、「除隊後、いかにうまく職場に戻るか」という格闘の生活暦であったのではないだろうか。農村の二、三男だけが兵隊にとられるという事態は、すでに昭和の戦争では成立しえない。ただ、この領域は、山本和重氏や加瀬和俊氏による、出征にともなう労働者家族の保護の問題、兵士と失業の問題などについての優れた業績があるために、あえて書かれなかったのかも知れない。

第二に、兵士の死の後に、慰霊の問題がまっているのはわかるが、兵士の生活暦でいった場合、彼らが戦場体験を故郷や職場や戦後空間の中で語る段階が、慰霊の前にあったのではないだろうか。著者は、戦争については本書で扱わないと断っているが、戦場体験の神話化というべきものは、兵士だった人間にとっての生活暦の中では大きく、またそれは社会においても大きな影響力をもったのではないだろうか。

なぜ評者がその問題にこだわるのか。戦争が、武士などにとっては「役」として、傭兵などにとっては「職業」として戦われている間は、戦争体験・戦場体験は、勲功・賞与の請求、家の名誉としての伝承以外に語られることはなかったと考えられるからである。近代の戦争において初めて、戦争体験の神話が要求されたのではないだろうか。

安穏と生活していてもよかった一青年が、祖国の大義のために義勇兵となって戦い、戦争体験を詩や文章として書く。それが社会にうったえる力は大きい。日本の場合、義勇兵はなかった。しかし、他動的に徴兵された一青年が、次第に、死を慫慂として受けとめる心性を身に付けてゆく、その「死の自発性」というべきものに裏打ちされた戦争体験が、社会にもつ強い影響力について、著者はすでに前著で自覚的であったはずである。

軍事ジャーナリズムと文学作品を素材として、本書で遺憾なく発揮された著者の斬新な視角を用いて、上述の問題についても徹底的に分析した次回作を、ぜひお願いしたい。

（『歴史評論』636号、二〇〇三年四月）

横手慎二『日露戦争史　20世紀最初の大国間戦争』

中公新書、二〇〇五年

一〇〇歳の現役スキーヤーや九四歳の医師の活躍を見るにつけ、一〇〇年という時間の幅が人間にとっていよいよ身近なものになってきたのだと思う。

昔は違った。「こんな夢を見た」で始まる漱石『夢十夜』（岩波文庫ほか）の第一夜は、「百年待っていて下さい」と言って死ぬ美女が百合の花となり男のもとによみがえる話だったし、第三夜は、おぶった子に「御前がおれを殺したのは今からちょうど百年前だね」と雨の夜、男が言われる話だった。

日露戦争の三年後に書かれた『夢十夜』の時代にあっては、一〇〇年という時間が文学の中にのみ存在するものであったことがよくわかる。

今や一〇〇年は手の届く時間となった。昨年から今年にかけて、一九〇四年二月に始まり翌年九月に終結した日露戦争の一〇〇年を記念し、数々の式典や学会が開かれ、たくさんの特集記事が書かれた。

松山のような温暖な城下町の「隣近所」から、合理的精神と気概をもった人物が輩出し、国家の一大事に活躍する『坂の上の雲』（司馬遼太郎、文春文庫）の世界は、たしかに心地よい。だが、その気分にいつまでも浸っているのではなく、広い視野で日露戦争を再考しよう、との積極的な機運が生まれてきた。

著者は、日露戦争に関する欧米やロシアの研究動向、公開のすすむロシア史料に最も通じた国際政治学者である。日本人によるこれまでの研究は、ロシア側の戦史と日本側のそれと比較した上で会戦の評価を厳密に確定するという、最も基礎的な作業さえしてこなかったが、この傾向は著者の登場で劇的に変わった。

その人物が、戦争はどのように始まったのか、どうして新興国家日本が勝ち、大国ロシアが負けたのか、戦争からどのような結果が生じたのか、この三つの問いに、読みやすい新書のかたちで答えてくれるとあれば、評者とて書店に全力疾走せざるをえない。

本書からは多くのことを学んだが、なかでもこの戦争の本質が、陸の戦いと海の戦いの協調的行動の成否にかかっており、それは新しい二〇世紀の戦略の最初の段階を画するものであった、との指摘にはうならされた。

日本側が陸海軍共同作戦に成功をおさめたことで、歴史の時計の針は世界大戦・総力戦の時代へと一気に進む。簡潔でクールな筆致の裏に深い歴史的洞察が秘められた本書は、一〇〇年目にして書かれた真に貴重な一作である。

（『信濃毎日新聞』二〇〇五年五月二九日朝刊）

山室信一『日露戦争の世紀　連鎖視点から見る日本と世界』

岩波新書、二〇〇五年

清新な朝の光のなかで読みたい一冊。

著者は、一九〇四～五年の日露戦争を、独自のアプローチから描いた。日露戦争を中間点とし、それをまたぐ前後五〇年の時間幅から、日本・アジア・欧米とのかかわりを検討することで、戦争の原因と影響を深く掘り下げたのである。

考えてみれば、日露戦争での日本の勝利は、不平等条約を日本に強いた欧米からの日本の独立を意味するとともに、欧米の「文明」国標準とは異なった、アジアからの日本の独立（脱亜）をも意味していた。

しかし、同時にこのころは、日本人によって考案された翻訳語である、社会・経済・自由・革命・独立などの言葉に盛られ、日本発の新知識が、アジアの人々に広く浸透してゆき、革命思想をもはぐくんでいった時期でもあった。

本書は、現在のアジアと日本の間に生じる憤怒と軽蔑の連鎖を、理解と敬愛の連鎖へと変えうるのではないか、とのほのかな希望を我々に抱かせる、稀有な本となっている。

（『信濃毎日新聞』二〇〇五年一二月一八日朝刊）

佐々木英昭『乃木希典 予は諸君の子弟を殺したり』

ミネルヴァ書房、二〇〇五年

明治の軍人には、和歌をよくするものが少なくなかった。幕末の空気を吸って育てば、自然そうなったのだろう。尊攘思想は、漢詩ではなく和歌に盛られるのがふさわしかったからである。西南戦争で西郷隆盛を討たねばならなかった山県有朋が、木留の戦闘で即詠した歌は、名歌として名高い。「木留山しらむ砦のすてかがりけぶるとみしはさくらなりけり」。

山県より一一年若く生まれた乃木希典もまた、和歌をよくした。旅順攻略戦で、長男勝典、次男保典を相次いで亡くした乃木は、「豚児よく死せり」、「之で世間に申訳が立つ」と酷薄を装ったが、その実、二人を悼み「咲くことをなどいそぎけむ今更にちるをゝしとも思ふ今日かな」と詠んでいた。

山県も乃木も、友への敬愛、子への慈愛を、国家や民族の厳然たる要請の前に断ち切った人々であった。ことに乃木の場合、栄達を極めた山県とは違い、明治天皇に殉死したので偶像化もされた。その肉体は、「さあ私を読め」とばかりに国民の前に投げ出された「文学」として、長らく象徴的な地位を確保し続けたのである。

著者は、比較文学を専門とし、漱石、芥川、志賀といった錚々たる文学者の作品中の乃木像に親しんできた。しかし、ある日、二次的乃木文学ではなく、乃木の肉体そのもの、すなわち「文学」そのものを対象としなければならないと思い立ち、渾身の力を以て独創的乃木論を書いてしまった。

自刃の朝撮られた乃木夫妻の写真をとりあげて、乃木の芝居気や余裕を批判する、事件直後から根強くあった議論に対し、著者は明解に反駁する。乃木の自刃は彼にとって大願成就であり、喜びなのだから、余裕があって当然なのであって、死に際し余裕のないのが人間らしい、などというのは小さな考えだ、というのである。

こうして著者は、芥川の『将軍』、志賀の「日記」などの乃木像を、歴史史料や新聞記事の博捜のみならず、戯曲・講談を徹底的に読み込むことで、根底からひっくり返してしまった。四〇〇頁を優にこえる本書を読みながら、武士の死に方の伝統を遠く思った。


（『日本経済新聞』二〇〇五年九月一八日朝刊）

山口輝臣『明治神宮の出現』

吉川弘文館、二〇〇五年

今年の初詣どこに行かれました？　善光寺さんか諏訪大社かあるいは近くの祠か。今日の初詣は、江戸時代の恵方詣などを起源とし、当時は多々あった約束事を取り払い、近代になって成立したものだ。

この初詣の人気スポットとして、ここ二〇年ばかり不動の首位を誇るのが明治神宮である。代々木駅を出発した山手線が原宿駅に到着するまでの間、右手にうっそうと迫る森、そこに明治神宮はある。

神宮は、明治天皇と后を祀るために建立された神社だが、なぜ記念館ではなく神社のかたちが選ばれたのか。なぜそれは東京なのか。神宮球場・国立競技場・絵画館などからなる外苑という空間が、なぜ神宮と不可分のものとして造営される必要があったのか。

イギリスの哲学者コリングウッドは、歴史の闇に埋没した「作者」の問いを発掘することが歴史家の仕事であると述べたが、まさにこの本の著者は、先に挙げた三つの問いをしかと胸に抱き、見事な歴史家の仕事をした。なぜそういえるのか。神宮をつくった人々、つまり神宮の「作者」たちが、その当時直面していた問題を追体験し、歴史的事実を予断や思い込みの歴史の闇から解き放つことに成功しているからである。

明治天皇陵が天皇の遺志により京都桃山に決定されたとの公表があるやいなや、東京の政治家・財界人は天皇陵に代わる何かを東京に造営しなければならないと考えた。初代立憲君主の魂が京都に戻ろうとするのを黙って見過ごすわけにはいかなかったのである。これが神宮構想の発端となる。今日からすれば、神職などが積極的に動いたように思われるが、実のところ彼らは影響力を行使していない。造営に一貫して関わったのは、内相あるいは首相としての原敬、東京市長阪谷芳郎、渋沢栄一などの経済人だった。

神宮の「作者」たちは、博覧会用に確保されていた二箇所の土地を、それぞれ内苑と外苑に転生させる妙案を思いつく。さらに、内苑を国費で、外苑を国民の寄附金と勤労奉仕によって造営するとの、明らかに大正時代の雰囲気を刻印した方法を採った。

我々は問題が宗教に及ぶとつい身構える。だが、神宮の「作者」が大正期の国民そのものであったことを本書は教えていて貴重である。


（『信濃毎日新聞』二〇〇五年四月二四日朝刊）

波多野勝・黒沢文貴・斎藤聖二・櫻井良樹編集・解題『海軍の外交官　竹下勇日記』

芙蓉書房出版、一九九八年

これまで、浜口雄幸や奈良武次（昭和天皇の侍従武官長）などの日記の発掘・翻刻にかかわってきた研究者たちによる、新たな一次史料刊行の試みが本書である。編者らは、竹下勇の特質を「海軍の外交官」との名のもとに凝縮させてみせた。竹下の経歴からみてもその評価は妥当なものであろう。

駐米公使館付武官（一九〇二年一〇月～〇五年一〇月）であった竹下は、ポーツマスで開催された日露講和会議に、海軍代表として出席した。本書が一九〇五（明治三八）年五月二六日の記事から始まっているのはそのためである。竹下は、会議の始まりを告げる儀礼を述べた八月五日の記事で、セオドア・ローズヴェルト大統領の所作が日露両国を公平に扱うことにかけて徹底していた様子を描いている。席順は勿論のこと、乾杯のトーストも初めから答辞を避けて行われたことなどに注意を向けている。

この間の竹下の情報収集活動などについては、防衛庁防衛研究所所蔵の文書（「明治三八年戦史原稿」）や国会図書館憲政資料室所蔵の竹下文書で補いうることなど解題に詳しい。

次いで本書は、一九一一（明治四四）年一〇月一日から二一（大正一〇）年までの日記を収録している。この部分の前半にあたる時期における竹下の地位は、海軍軍令部第四班長（一九一〇年五月～一五年一二月）であり、各国海陸軍の状況・外交についての情報を扱う職掌であった。必ずしも情報量が多いとはいえないが、辛亥革命以後二十一カ条要求までの海軍の対中国観の形成過程を追える貴重な記録となっている。陸軍の対応部局である参謀本部第二部との日常的な接触の多さがわかるのも日記形態ならではのものだろう。

竹下は一九一五（大正四）年八月から、国防方針を扱う部署である軍令部第一班長も兼任していたので、国防方針の第一次改定の経過について、特に陸海軍の調整経緯について日記から追うことが可能となった。この点に関しては、編者の一人である斎藤聖二氏の論文（「国防方針第一次改訂の背景」『史学雑誌』95編6号）を参照されたい。

収録された時期の後半にあたる時期のハイライトは何といっても、一九一八（大正七）年一二月にパリ講和会議海軍代表として参加した見聞であろう。ドイツに課すべき講和条件を話し合う五国海軍将官会議の議題（ヘリゴランド砲台破壊・築港破棄・キール運河自由通行）など端的に面白い。五国軍令部長会議というのもあったらしく、パリ講和会議の軍事的な専門分野の小会議で、日本側がどのような主張をしていたのかについて、今後本格的な検討をしてゆく必要があることに切実に気づかされる。

評者は、講和会議に主体的にかかわった人々のかなりの部分は、会議後の二〇年をある種リアリストの立場で生きて行ったのではないかとの印象を常々抱いている。ケインズ、カー、グルー、近衛文麿など、すぐに想起される。竹下の場合、そこまで明確ではないが、一九一九（大正八）年一月補遺欄に「ウィルソンは一人戦勝者を気取り事毎にヂクテートせんとし、正義人道公平の美名の下に大に幅を利かさんとし、一歩も譲らざる体度《ママ》悪みても余りあり」との記事があり、会議に出席したものの臨場感を余す所なく伝えている。

編者四人それぞれ一章分を割いた解題は詳細で、関連史料への言及も十分なされているが、人名索引は是非とも欲しいところであった。

（『史学雑誌』108編9号、一九九九年九月）

細谷雄一『大英帝国の外交官』

筑摩書房、二〇〇五年

さて、お話は古き良き時代の大英帝国。場所は、ホワイトホール、外務省が舞台であります。イギリス人気質とは何かを、たとえば因縁深いフランス人に尋ねたら、いくら時間があっても足りないだろう。ただ、外交に限っていえば、著者が冒頭で紹介する、十六世紀、ヴェネチア外交官の次の明察を否定できるものはいないのではないか。

イギリスほど自国の事情を外に漏らさず、他国のそれに几帳面に精通している国は、地球上に存在しない。

世界情勢を冷静な目で観察しながら、自分のことは何一つ明かさない、良くいえばこれ以上望ましい外交はありえず、悪くいえば「ひとが悪い」のだろう。

「ひとが悪い」のは、政治や外交の世界では必須項目だが、それは、ひとを出し抜いたり騙したりするような、品性下劣なさまをいうのではない。吉田茂の子息であり作家であった吉田健一が、この点で面白い英国評を残している。キーワードは「柔軟な心」である。

優しい心、あるいは柔軟な心がなければ本当に無慈悲であることも望めないと述べた後、こう続く（『英国に就て』ちくま文庫、一九九四年。初版は筑摩書房、一九七四年）。

相手の身になることができなければ相手を徹底的に苦しめるわけにはいかないからであって、自分が相手になり切った時に初めてその息の根が止められる立場に置かれる。

「心を鬼にして」とか「清水の舞台から飛び降りる気で」などという日本型では駄目なのだ。本書が丁寧に描く英国外交は、まさに外交官の鑑であろう。外交官に必要とされるのは、賢明なる妥協、先見の明のある粘り強さ、油断なき転機、不動の平静さ、愚行にも挑発にも不手際にも動じることのない忍耐、などだ。こうした行動を律しうるのが「柔軟な心」ということになる。

著者は、ハロルド・ニコルソン、E・H・カー、ダフ・クーパー、アイザイア・バーリン、オリヴァー・フランクスの五人の個性的な愛すべき外交官を取り上げている。どれも珠玉。バカラのグラスを用意する。大きな氷塊を一つ入れ、とっておきのウィスキーを注ぎ、一二回半攪拌し、ベッドへゴー。読書灯をつけ、一日一章ずつ読む。ああ至福、極楽。

評者が心から愛するのは、外交官にして外交評論家であったニコルソンについての第二章である。パリ講和会議の英国全権団の中で、ことに、中東、東欧の戦後秩序形成のため、ニコルソンは専門的知識を余すところなく発揮した。よって、彼は、ベルサイユ条約の孕む最も大きな問題点に立ち会うことにもなる。

ある日、ロイド・ジョージ、クレマンソー、ウィルソンによる、三巨頭会議の出鱈目さに慄然としたニコルソンは、妻宛ての手紙に「三人の無知で無責任な男たちが、ケーキを切るかのように小アジアを切り刻むのは、恐ろしいことです」と書き、また、ウィルソンが、国境線画定作業に対して「自分には退屈で仕方がない」と語ったことを耳にし、その新外交の単純さに絶望する。英国代表団には若き日のケインズもいたが、彼は講和条約を「非道徳的なだけでなく、役に立たないものだ」と、学問的見地から厳しく批判し、帰国してしまう。ニコルソンも、同条約を読むと「気分が悪く」なる、と書いた。

英国は、膨大な犠牲を払いドイツに辛勝した。しかし、報復的条項を含んだ同条約を、かくも批判的に見ていた英国外交官がいたことを本書は実によく描き、極上の外交評論書となっている。

(『文藝春秋』二〇〇五年一〇月号)

永井和『近代日本の軍部と政治』

思文閣出版、一九九三年

一

日中戦争期の外交について、見通しのよい論文をいくつか発表してきた著者が、新たな分野と方法に挑戦してまとめあげたのが本書である。手にとって一瞥すればわかるように、著者はパソコンを活用しながら、特定の歴史現象を、内容からではなく、かたちから説明する方法をとった。構成を次に掲げる。

第一部　軍人と内閣／序章　視角と定義／第一章　軍人首相内閣論／第二章　軍人閣僚と戦前内閣／第三章　現役将校の官界進出／第四章　政軍関係論に関する一考察
第二部　内閣官制と帷幄上奏／第一章　初期内閣と帷幄上奏勅令／第二章　内閣官制の制定と帷幄上奏／方法についての自註

二

本書の第一部のめざすところからみてゆこう。従来の内閣史研究は、内閣をになった中心勢力の特質によって時代をいくつかの画期に分けて説明してきた。しかし著者は、軍人の、戦前期内閣（第一次伊藤から四四代まで）への政治的進出の度合いとその特徴に着目する視角＝「軍人政治論的視角」をとる。

このような方法論にたって、第一章では、軍人が総理大臣をつとめた内閣をとりあげ、その際の服役身分によって、内閣の特徴づけと分類をおこなった。服役身分が現役のものを第一種軍人首相内閣、非現役ならば第二種軍人首相内閣とする。

内閣の変遷をみてゆくと、第一種の多い時期もあれば、軍人内閣自体がなくなる時期もあることがわかる。それを、軍人首相内閣の「時間占有率」によってパソコンで処理し、第一期［第一次伊藤から第一次大隈］＝軍人首相内閣の出現頻度の小さい時期、第二期［第二次山県から第二次山本］＝第一種軍人内閣の多い時期、第三期［清浦から犬養］＝軍人首相内閣の出現頻度の小さい時期、第四期［斎藤から東久邇宮］＝第二種軍人内閣の多い時期、という区分をみちびく。

時期区分自体は、従来の内閣史研究の教える像、すなわち、藩閥内閣の時代↓一九〇〇年体制の時代↓政党内閣の時代↓一五年戦争の時代、の区分に第一期から四期までが結果的にはよく対応することがわかる。この分析結果自体についてのあれこれの予想される反論について著者は、周到にもあらかじめ反論を用意している（六〇頁）ので味読されたい。

また、一五年戦争の時期になぜ第一種軍人内閣の占有率が高くならなかったか、についての著者の説明（四六〜五三頁）には教えられるところが多かった。ここで著者が展開したような頭の体操を、読み手もいろいろやってみることが可能である。たとえば評者は、第一期と第三期の、軍人首相が少ないという共通性にいろいろな想念を重ねて楽しんだ。

第一期と第三期はともに、イギリスが極東にかかわる問題で、国是を変更するような重大決定をおこなった時に、その時期区分の終期がくしくも重なっている。第一期の終わりは一八九八年であるが、この年イギリスは威海衛を租借した。イギリスが、ドイツ・ロシアへの対抗上租借という挙に出たのは、イギリスにとって一つの決断であった。その圧倒的国力・経済力をもって、「自由貿易」さえ掲げていれば自国の利益が保証される時代ではなくなったのである。いっぽう、第三期の終わりの一九三二年は、イギリスがオタワ会議を開いて英帝国ブロックの形成を決意した年である。無論、国際環境の変化だけで内閣の性質が変わるなどというつもりはないが、時空を超えた頭の体操は心地よい。

三

第二章と第三章では、第一章の視角が質的に拡大され、それについての理論的説明が第四章でなされている。具体的には、第二章では首相以外の国務大臣（＝軍人閣僚の包含率）を対象とし、第三章は国務大臣より下の勅任・奏任官レヴェルの官僚（＝軍人官僚の包含率）をとりあげている。第四章はファイナーなどに代表される政軍関係理論を批判し、日本における軍の政治介入は、「非軍部大臣など、もともとからの文官のシェアを、軍人がいかに進出・侵食していったのかという問題」（二五八頁）としてとらえ直さなければならないと論じている。

第一章よりもはるかに膨大・複雑なデータを処理した結果、「〈戦前内閣〉では平均して閣僚の約三割が〈軍人〉で占められ、その半分は非軍部大臣の職に就いていた。非軍部大臣における〈軍人〉と〈文官〉のシェアはほぼ一対五であり、六人に一人は〈軍人〉の勘定であった。しかもその半分は〈現役軍人〉によって占められていた」（一〇一頁）という明解な実態を第二章でえた。このような具体的な数字は、今後、政軍関係を論ずる際の不可欠な前提となるだろう。

本章においても、内閣は四つに分類される。A類は軍部閣僚以外に軍人閣僚を一人も含まない内閣、B類は軍部閣僚以外にも軍人閣僚を含むが、すべて非現役である内閣、C類は軍部閣僚以外にも軍人閣僚を含むが、すべて現役である内閣、D類は軍部閣僚以外の軍人閣僚が現役、非現役の両方にまたがっている内閣と定義づけられる（一〇三頁）。その結果、第一章における第一期が、ここではB・D優勢期、以下、第二期→A・C優勢期、第三期→A優勢期、第四期→B・D優勢期と意義づけられる。

ここでも、従来の内閣史研究との結果としての一致が強調されるが、評者に興味ぶかいのは、日露戦争後の約三〇年間は「〈非軍部軍人閣僚〉がもし存在すれば、それは首相一人に限られる」時代であったとの指摘（一二八頁）である。

ここまで来て、著者は、長きにわたって対外的緊張や実質的な戦争のあった第四期［斎藤から東久邇宮］についての疑問＝軍部支配の時期といわれる時期に、なぜ現役将官内閣がむしろ出現しないのか、について実質的な答えをうるために、高級官僚の領域までを対象にしなければならないと考えすすむ。

こうして、この時期の軍人の官界進出の顕著な様子が、第三章で検証される。軍人官僚（現役将校の身分のまま文官の官職を専任したり兼任したりして占めたもの）たちの進出先の大部分は、総動員関係と占領地支配関係（一八九頁）であり、このことをもって「行政機構の戦時体制化と戦時行政における軍部支配体制確立」の指標と著者は判断している。

そして、原敬が官界への政党勢力進出を促進するためにおこなった文官任用令の改正＝「特別（銓衡）任用」枠の拡大という方法が、皮肉にも一五年戦争の時代に軍人の官界進出を法的に可能とした要因となっていたことを指摘している（二二四頁）。

著者の真骨頂はこのあたりに存すると考えてよいだろう。「軍部の時代」の中身を政治過程論で描いてゆく際に往々陥る限界＝決定をおこなった政治主体をしぼりきれなくなる点に、早くから自覚的であった著者は、軍部支配の一つの定義を、戦時行政にたずさわる人員のリクルートという点からおこなったわけである。

四

ちなみに評者は、軍人の官界「進出」といった際、なにをもって「進出」とするかは、実は多様に解釈されうる幅があるのではないかと感じた。たとえば、文部省へ専任として入り込んだ軍人は表3－4（一八八頁）によれば、一九二三年から二七年までの五年間に六人を数え（二八年から四三年までは専任なし）、その六人の部署は全部が全部、東京帝大航空研究所である。このような研究機関への軍人の浸透それ自体は、特定の研究遂行のための派遣や将校自身の技術・知識修得のためではあっても、軍の文部行政への進出・支配とはいえないのではないか。

また、内閣の下に設置された興亜院連絡部などについても、そこに専任として赴任した何人かの軍人の前歴は、たとえば北支那方面軍参謀部の特務部（傀儡政権樹立などにかかわる部署）にいたような人々であって、連絡部の成立とともに特務部から転任したものである。ということは、特務部の役割を割いて連絡部に移管されたともみなせるわけで、純増と考えると危うくはないか。

軍人の職分と文官の職分という区別を常識的に考えてゆくと、軍人の進出の最も端的な性格づけというのは、本来は軍人の職分として全くふさわしくないと誰もが考えるような領域に軍人がただ軍人であるという理由だけで就任する事態であろう。日中戦争開始以来の数でいえば、大蔵省・内務省・司法省・文部省の四省に、軍人が現役のまま専任でポストをうることのなかったこと（表3―3、一八五～一八七頁）は、著者の意図に反して興味ぶかいことではないだろうか。

日本の場合、将来の陸海軍将官を生みだす機関であった陸軍士官学校・海軍兵学校の、創設から終戦まで七〇余年の卒業生は合わせて約六万人弱にしかならない。太平洋戦争期の将校不足を思いだすまでもなく、日本は実際、他国と比較してみても、大変に少ない数の軍事エリートに頼ってきたのである。戦争が始まれば占領地域への統治や、作戦と密接に結びついた通貨戦などに対処する必要がでてきて、その際、軍人の知識・経験が前提とされたこともまた想像がつく。

そのような時に、もし将校としての訓練・経験をもった人間が潤沢に存在しているような社会であったなら、現役の軍人を予備にする形式上の手間をかけながら、事実上、軍の意向を貫徹させることもできただろう。しかし、日本の場合は、人的に常に将校以上の軍人の数が逼迫している社会であったため、軍人としての本職（＝現役でなければ具合が悪かろう）はそのままにして、戦争の進展とともに新たに必要とされたポストを兼務して埋めざるをえないという事態が生じたともいえるのではないか。

一九二三年から四三年までに官界進出をなした軍人官僚は六、二二三人であるが、そのうち現役のまま専任として文官職を占めたのは六八一人であり、残りの約八九％は軍職を本務としながら、兼任で文官職を占めている（一八四頁）。しかもその文官職というのは、技術院部長であったり、資源局事務官であったり、興亜院連絡部次長であったりした。ところが、たとえば統制経済行政に関係のふかかった大蔵省理財局外事課長や内務省警保局経済保安課長などのポストには、軍人は全く進出できていない。

戦争を前提に行政が動いてゆく時、軍部とすりあわせるべき業務関連事項が飛躍的に増大することは予想がつく。軍人官僚の官界進出を緻密にみてゆくと、どうしても、そのような戦争の不可避的な影響がデータに明確に現されただけではなかったかと感じてしまう。もちろんいうまでもなく、以上の感想のすべては、著者の研究の成果に学ばせていただいた上での贅言であるが……。

五

さて、一見したところ第二部は第一部とはおもむきを異にしているが、基本的にはここでも著者の関心が、「軍事に関わる国政の領域において、軍が内閣から独立してどれほど自由に最高国家意志を形成し得たのか」（三一二頁）の探索におかれていることに変わりはない。第一部ではそれを行政上のポストへの軍人の進出から説明した。第二部では、第一章で内閣官制第七条に根拠をおく帷幄上奏がとりあげられ、第二章で内閣官制の制定そのものの意味が検討されている。

紙幅が尽きつつあって残念だが、評者はとりわけ第一章を、日本近代史を志す初学者にぜひ読んでもらいたいと感じた。学者もそれぞれの歴史叙述の美学をもっていて、一点の努力や格闘の痕跡を残さない、整然とした叙述を好む場合もある。しかし、そのようなスタイルは「技の伝承」にはなっても、後進のものにとっての実践教育には役だたない側面も強いだろう。

それに対して著者は、内閣官制第七条の改竄説（＝本来は参謀本部長にのみ許された帷幄上奏の権利を軍部大臣にまで及ぼすため、勅令の法文の一部が抹消されて成立したとの説）を覆してゆく、そのプロセスや思考の変転ぶりを、読み手の前に包み隠さずさらし、一つの歴史叙述の型をつくりあげている。貴重な試みが鮮やかで印象的であった。

（『軍事史学』118号、一九九四年九月）

池井優・波多野勝・黒沢文貴編『濱口雄幸日記・随感録』

みすず書房、一九九一年

政党政治家浜口の民政党総裁・首相在任中の史料が、編者の努力によって発掘されここに活字化された。史料は、①日記〈昭和三（一九二八）年一月から六年六月まで〉、②軍縮問題重要日誌〈昭和五年三月から六月まで、断片的なもの〉、③『随感録』〈浜口富士子編、三省堂、昭和六年九月刊〉からなっている。注目すべきは、①の日記であろう。近代日本の政治家で、首相在任中の日記が従来刊本で利用可能であったのは、寺内正毅と原敬のみであった。この三人めが浜口であるのだから、その記述が読み手にとって簡潔にすぎるうらみはあったとしても、その史料的価値はいささかも減ずるものではない。ちなみに、日記の一日の分量は、寡黙な寺内日記と饒舌な原日記の中間である。本書には、浜口の伝記的背景と、史料からうかがえる情報との二点についていての懇切な解説（黒沢文貴氏による）がふされている。

よって、解説との重複をさけつつ、本書を通読して興味をひかれた諸点を指摘し、紹介の責をはたしたい。第一に、定例閣議の議案が継続的に明記されていることである（昭和四年七月九日、五年一〇月七日などの記事）。日本の政治文化では例外的な事例をのぞいては、毎回の閣議における閣僚の発言内容の速記はおろか正確な議案もおぼつかない場合があるが、この点は浜口の几帳面な性格がさいわいしたといえる。第二に、小さなことだが、日記によれば、神宮式年遷宮式（昭和四年一〇月二日の記事）への首相の供奉が、今回を嚆矢とするとある。祭儀・儀礼の研究には重要な典拠となろう。

第三に、浜口内閣最大の政治的懸案であったロンドン海軍軍縮条約をめぐる政治過程が、内閣の立場から確認できることである。これまでの研究蓄積によって、元老・内大臣・軍令部・海軍省・陸軍省部・枢密院、それぞれの立場の史料から、ロンドン軍縮をみることが可能となっていた。ここに、内閣の調整能力の検証を可能とする観点をくわえたことになる。内閣の実行力の源が、元老と天皇の激励を絶対的なバックボーンとした浜口の、「毀誉褒貶は覚悟の上」という愚直なまでの決意に由来していたこともわかる。

その意味で、『西園寺公と政局』（全8巻別巻1、原田熊雄述、岩波書店、一九五〇〜五六年）のストーリーとこの史料のそれは異なるところがない。ところで、元老にくらべ内大臣と浜口の接点はきわめて希薄である。牧野日記（伊藤隆・広瀬順晧編『牧野伸顕日記』中央公論社、一九九〇年）は、前内閣田中時代の熱い記述とは異なり、本問題については間接的な情報を熱のない様子で書きとめているにすぎない。浜口を信頼しての無関心であることは間違いないが、①海軍・薩派との牧野の関係を考慮して双方が避けたのか、②伏見宮拝謁阻止問題で条約反対派から指弾をうけていた牧野が遠慮したのか、いくつかの理由が推測できよう。

さて、軍縮条約は、外交と軍事の両面から大権事項にかかわる特殊な問題たらざるをえず、締結にあたっては大権を輔弼・輔翼する諸機関（内閣と枢密院、内閣と軍事参議官会議）の間の調整が不可欠となる。また、大権事項にかかわる場合の、立憲的不親政（実際）と親政（建前）の解釈の使い分けについては、天皇側近の法律解釈をアドバイスする場合の清水澄（憲法学者）の意見（牧野日記に数度登場する）と、著書『逐条帝国憲法講義』（松華堂書店、一九三二年）上で展開される清水の意見の差異を比較すれば、そのギャップがいかに大きいものだったかわかる。この大きなギャップのなかで、内閣と軍令部・枢密院・軍事参議官が対立を深めていたことになる。

浜口日記を、内閣による条約調印（昭和五年四月二二日）→軍事参議官会議による兵力量に関する奉答文決定（同七月二三日）→枢密院本会議による批准決定（同一〇月一日）とみてゆくと、あたかも浜口が暗夜の一つ一つの障害を元老西園寺とともに乗り越えていった過程がうかびあがる。その際の乗り越え方は、憲法解釈や政治的慣習に基づいた冷静な対処ではなく、対枢密院方策で顕著なように、正副議長の罷免までを覚悟する外科療法的なものだった。

日記には、不眠症状と睡眠確保のための居留守が散見される。修養によって剛毅さを身につけるべきだとした彼の建前と、外科療法に理論的には確信をもてない彼の実際とが格闘をきわめ、浜口の一身をさいなんでいたものと思われる。

(『史学雑誌』100編10号、一九九一年四月)

麻田貞雄『両大戦間の日米関係 海軍と政策決定過程』

東京大学出版会、一九九三年

一

近代の日米関係を専攻するものは、どこかで一度はW・ハインリクスの『日米外交とグルー』(原書房、一九六九年、原題は *American Ambassador*) を読んだことがあろう。これは、開戦前の数年間を駐日アメリカ大使としてすごしたJ・グルーについての見事な伝記だった。このときの翻訳者が麻田貞雄氏であり、われわれは麻田氏のゆきとどいた文章をとおして日米外交史の手ほどきをうけてきたことになる。

著者は、これ以降、①細谷千博ほか編『日米関係史』第2巻 (東京大学出版会、一九七一年) での日本海軍の対米戦略や上層部のリーダーシップについての分析、②さらに入江昭・有賀貞編

『戦間期の日本外交』(東京大学出版会、一九八四年)でのワシントン会議への日本の対応についての分析、などに代表されるように、ワシントン会議と日本海軍を主たる研究の対象としてきた。著者の論文を集大成した本書の刊行によって、研究者の利用の便がはかられただけではなく、著者の構想の全体像が読みとりやすくなったのは、じつに喜ばしいことである。

さて、本書の構成はつぎのようになっている。

第一章　日米関係のなかのマハン
第二章　ワシントン会議をめぐる政策決定過程の日米比較
第三章　《旧外交》と《新外交》のはざま(一九一八―二二年)
第四章　日本海軍と軍縮(一九二二―三〇年)
第五章　海軍政策の変容と対米開戦への道
第六章　人種と文化の相克
第七章　桜の花びらと黄禍の戦慄

二

つぎに、章ごとに内容を紹介し、コメントあるいは評者が考えさせられたことを加えてゆきたい。

第一章は、『海上権力史論』(原書房、一九八二年。原題は *The Influence of Sea Power upon History, 1660-1783*, Boston, 1890)で知られるアルフレッド・マハンの言論と思想を、マハンの書簡集やマハンをとりまいたひとびとの関係史料にあたって伝記的におさえ、そのうえで、マハンの理論が日本海軍にあたえた決定的な影響（決戦海域に艦隊主力を集中して、先制によって敵艦隊主力をうつという理論への過信）を論じたものである（初出は一九七七年）。アメリカの学界でスタンダードとされる研究を確実に網羅してあり、その労だけでも大変なものだと思われる。マハンの書簡では、T・ローズヴェルト、F・D・ローズヴェルトとの交友を示した部分が興味ぶかい。

著者はまずマハンの思想を、「一八九〇年になって突如あらわれた大胆な新説ではなく、それに先立つ一〇年間に築かれた基盤のうえに立ち、そのさまざまな思想を集大成したもの」（六頁）と慎重に位置づける。マハン登場の意義を、当時のアメリカ人の感性を雄弁に代弁したものとみる見方は、同感である。そのアメリカ人の感性とは、おそらく、「同時代の植民強国と肩を並べ、遠く熱帯の島々にアメリカの国旗がひるがえるのを眺めたり、対外的冒険と権威とを発揚する気持を味い、そして世界の偉大な帝国的列強の一つとして公然と認められたい欲求」（G・ケナン『アメリカ外交五〇年』、岩波現代文庫、二〇〇〇年。初版は岩波書店、一九五二年、二四頁）と要約されるようなものであろう。

マハンと同様の感性をもっていたT・ローズヴェルトは、一八九九年の時点でつぎのような強烈な演説をおこなっている。

二十世紀が多くの諸国民の運命をにぎって、われわれの眼前に大きく立ち迫っている。（中略）

もし自身の生命の危険をかけ貴重なすべてのものを危険にさらすことをかけても勝たねばならぬ激烈な競争を避けようとひるむならば、われわれよりはより大胆でより強大な他の国民がわれわれを追越し世界の支配をその掌中に収めるであろう（アーネスト・メイ編『アメリカの外交』、東京大学出版会、一九六六年、一七四頁）。

いうまでもなく、ここにあらわされた「焦燥感」は、一九世紀末から二〇世紀前半の（数年の軍縮期はあったものの）、ヨーロッパ・中東・極東において幾度も発生した熾烈な闘争＝現実を反映して生み出された。現実の要請こそが思想を定着させるのだから、この種の「焦燥感」への共感を前提としないかぎり、マハンの理論があれほど日本で歓迎された事情を説明することは難しいであろう。

だとすれば、現実的な国際環境こそが両国の海軍の軍備・戦略を決定させた主要因とも考えられることになる。本章がマハンのアンソロジーを編集したさいの解説をもとにして加筆されたという成立事情は考慮しなければならないが、「日米両海軍が同じドクトリンを共有していたことが、真珠湾に向かって衝突コースをたどる一要因になった、と論じることも可能」（四〇頁）という著者の論法には、マハンの歴史的意義をやや過大視したきらいがあるように思われる。

三

第二章の初出は、細谷千博・綿貫讓治編『対外政策決定過程の日米比較』（東京大学出版会、一

九七七年)。初出誌の「はじめに」で、細谷は、日本の対外政策決定過程の特徴をつぎのようにまとめている。――文民の場合は、政策決定者をトップにはもちえないシステムで、軍の場合も、トップの政策決定機能が弱くミドルが相対的に強い――。では、ワシントン会議の場合、日本の一般的な対外政策決定のすがたと比べて、どのような特質をもっていたのか。こうした疑問にみちびかれて本稿は書かれたのだろう。

方法論としては、官僚政治、組織過程のモデルをゆるやかに援用しており、アメリカ側を①ハーディング大統領、②ヒューズ国務長官、③海軍部内の三つに、日本側も同様に①原首相(暗殺後は高橋首相)、②幣原全権・加藤(友)海軍軍縮問題全権、③外務・陸軍・海軍の各省部内にわけたうえで、双方の決定の特質をえがいている。

アメリカの場合、国務長官主導型の決定がなされた。ハーディングの消極的資質、海軍部内の分裂を好条件として、ヒューズは、その希有な情報統括力・周到な人的配置を力として「合理的決定」をくだしえた。

日本の場合、外務・陸海軍省は、政策決定の主体をミドルにまで拡散させ、稟議制の伝統にしばられて迅速な政策決定に失敗した。また、兵力量決定にさいしての武官優位の日本固有のシステムも存在した。こうした悪条件のなかにあって、幣原と加藤は、ヒューズにも比肩されるべき政策決定のスタイル、固有のリーダーシップによって、官僚政治の拘束を最終的にはねのけて「合理的決定」をくだしえた。ヒューズ、幣原、加藤の政策決定のスタイルの類似性が強調され、この点を会議成功の要因とみている。

実証面では、海軍比率の最重要決定についての承認をうるため、加藤が外務省ルートではなく、海軍次官をつうじた特別ルートによって首相・軍事参議官・軍令部長へ直接アクセスしていたこと（七九頁）を解明した点が重要であろう。

また、軍政関係を研究するものにとって、「日本においては文民統制の憲法上の規定がなく、『軍部優越システム』のもとで――逆説的にも――海相加藤友三郎大将が海軍組織とその要求をおさえるというかたちで、実質的に『シヴィリアン・コントロール』を代行せざるをえなかった」（七四頁）との指摘も示唆に富む。帷幄上奏権を軍部大臣ももっていたことから、軍部大臣の政軍関係における両義的な性格を過小評価する傾向もあるが、この例に示されるような、軍政機関と軍令機関との間にみられた緊張関係は、やはり注目にあたいしよう。

四

第三章の初出時の題名は「ワシントン会議と日本の対応」で、前掲『戦間期の日本外交』に収録された。第二章で著者は、日米の「合理的決定」がワシントン会議を成功にみちびいたとし、その要因を、ヒューズ・幣原・加藤らの傑出した個性・資質の類似性から説明した。これは評者の印象にすぎないが、著者はこのような観点からだけの説明に、しだいに満足ゆかなくなったのではないだろうか。

本章は、付記によれば「日米デタントの要因を国際秩序観の接近と収斂という観点から」（一四八頁）再検討したものだという。そうすると、第二章と第三章は同一の対象をことなった方法論でえがいた姉妹編、という関係になろう。

本章にたいする著者の加筆の過程も興味ぶかい。旧稿では、ウィルソンの説いた新外交の原則が、むしろウィルソン退陣後に日本外交に浸透してゆく点（旧稿二二頁）に、ワシントン会議成功の要因をもとめていた。本章には、①日本側が自覚的・能動的に新外交を選択した意義を強調し、②ワシントン体制の誕生が新外交の理念と同義ではないことを分析する、という観点が加えられている。また、「一、ウィルソンの《新外交》と日本」はあらたに加筆された部分である。

新外交とは、ウィルソンを旗手とし、秘密外交、軍事同盟網、植民地獲得競争などを否定する理論や慣行で、民族自決、経済障壁の撤廃、軍縮、普遍的な集団安全保障を理想とする（九六頁）と説明される。著者によれば、日米の外交指導者、すなわちヒューズと幣原が、このような新外交と旧外交の対比に自覚的であったという。具体的には、ヒューズと幣原の対外認識を比較して、つぎのような結論をみちびく。

ヒューズは、新外交を表向きには謳っていたが（一二一頁）、①軍縮問題の折衝の過程でみられたような、舞台裏での非公式チャンネルをつうじた妥協（一二九頁）、②既得権益問題をさけてとおった九ヶ国条約をめぐる了解（一三〇頁）などからわかるように、たぶんに旧外交的な側面ももっていた。いっぽう幣原の側には、新外交をうけいれる対外認識がそだっていた。こうして、アメリカ側が新外交から旧外交へとシフトし、日本側が旧外交から新外交にシフトしつつあった交点に、ワシントン体制が成立した。

本章は、通常の日本人の研究者ではなしえないレヴェルで、アメリカ側史料や研究蓄積をひろく吸収し、発表後も随所に手が加えられた労作となっている。ただ、刺激的な問題提起による明確な像がえがかれているだけに、いろいろ考えさせられるところも多かった。

第一に、第二章においても同様だが、麻田氏は、ワシントン会議が成功したのは、日米間のなにかが一致したからだ＝そこに共通性があったからだ、という認識を前提としているように思われる。しかしたとえば、二国間に、ある合意が成立するパターンを考えてみると、一方の国が圧倒的に有利な経済・国際・政治環境をにぎっている場合などには、力による合意が成立することもあるし、また、一方の国が合意の成立をダメージだと認識していてもそれを補完する選択肢の有効性（ダメージをカヴァーできるかどうか）が確保されれば、十分に合意は成立しうる。

さらに、ヒューズが日本の穏健派を元気づけるような友好的な政策を自覚的にしめしていた（一二五頁）ことなどを根拠に、アメリカ側のしめした柔軟性が合意を成立させた、という側面を強調することも不可能ではない気がする。

前提となる思考がやや硬直しているように感じてしまうのは、おそらく、評者の性格のせいだけではないだろう。

第二に、幣原がそうだったように、新外交が経済国際主義の文脈で理解されているうちは、日本の姿勢のなかに、旧外交から新外交への転換をよみとることは困難ではない。しかし、ウィルソンの新外交の神髄が「外交政策に対する議会のコントロールが、常に監視の眼を光らせている世論によって支えられる状態が出来上がることこそ、過去においてしばしば戦争を生み出した悪辣な外交を防ぐための必須の条件」（A・J・メイア著『ウィルソン対レーニン』第2巻、岩波現代選書、一九八三年、二二八頁）という信念にあるとすれば、日本においては、長谷川如是閑のような思想をもってしなければ、まじめに、新外交の定着を望むことは困難なのではないだろうか。幣原は、合理的決定をおこないうる外交官ではあったが、議会に外交を左右されることを堪えがたいと考える人物ではないだろうか。

五

第四章は、アリソンモデルやフランケルの手法を方法論としてもちいて、「海軍部内の《軍縮派》対《反軍縮派》の隠された部内対立が、一九三〇年になって一挙に噴出して危機をむかえるにいたった経緯をたどる」（二四九頁）ことを意図して書かれた（初出は一九七八年）。

従来のように、軍縮派に焦点をあてるのではなく、加藤寛治などの反軍縮派の理論・思想を大きくとりあげ、海軍部内の変容が実はワシントン会議直後からはじまっており、「海軍の『主流』を占めつつあった勢力は、加藤寛治を総帥とする反ワシントン体制派であった、と解するのが妥当」（二六〇頁）と述べている。

その根拠として一九二三年の帝国国防方針のアメリカの位置づけの変化をあげ、加藤派の台頭の最大要因を、「加藤寛治・軍令部次長が『おとなしい』山下軍令部長を押しのけて『作戦部の枢機』を握った結果」（二六二頁）だ、と判断している。

一九三〇年のロンドン軍縮会議以前の海軍部内の状況については若干の研究史があり、それを野村實「海軍軍令部の権力拡大の歴史と穏健派海軍首脳の離現役」（同『歴史のなかの日本海軍』、原書房、一九八〇年、第五章）と、小池聖一「ワシントン海軍軍縮会議前後の海軍部内状況」（『日本歴史』480号）、同「大正後期の海軍についての一考察」（『軍事史学』25巻1号）の二者に代表させ、比較しつつ論じてみたい。

野村は、海軍の制度史をおさえつつ、一九三三年までは制度上、海軍省側の権限が軍令部に比べて大きかったことを明らかにしている。小池は、ワシントン会議後の海軍部内が加藤（友）海相の下でまとまりを保てた理由を、軍縮の対象にならない「大型巡洋艦の早期の予算化」に成功していた点に求めている。また、加藤（寛）にとっても、これはワシントン会議の結果を補うものとして納得できる路線だったという。

野村説と小池説をかみあわせれば、海軍部内が一九二二から三三年まで、比較的おちついていたというイメージもえがける。また両者の説は、当該期の海軍の安定が、ワシントン体制への、またはワシントン会議で合意されたことへの、海軍部内の承認や了解によってもたらされたものではないこと、を暗示する。海軍の法規と、主力艦制限のダメージを緩和する大型巡洋艦の軍拡計画こそが、部内の安定に資していたわけである。

麻田氏は、ワシントン体制、もしくはワシントン会議で合意された内容への支持が、加藤（友）の死後海軍部内で急速に色あせてゆくと認識し、その原因を反軍縮派の力の増大に求めているようである。そして、軍縮派と反軍縮派との葛藤の結末を、通説よりも早い時期に設定する必要があると考えたと思われる。しかし、前述した野村・小池説によれば、ワシントン体制への支持と海軍部内の安定との間には、直接的な相関関係がみられないことになる。

一国史的観点から軍縮をみることの批判から出発し、日米関係から海軍軍縮を考えて、その観点でのスタンダードを確立した著者の視角をもってしても、まだなお掬いきれないものが残されているとの印象をうけた。著者によれば、E・ゴールドスタイン編でワシントン体制についての最初の本格的国際比較研究が本年ロンドンで刊行される予定（二〇四頁）という。研究のさらなる進展を期待したい。

六

第五章の初出は、前述の『日米関係史』に収録された論文「日本海軍と対米政策および戦略」であり、河口湖会議においては、ハインリクスの「アメリカ海軍と対日戦略」と好一対の報告として提出されたものである。他の章と同じく、随所に加筆がおこなわれている。

本章の前半部分では、海軍の組織・機構上の問題が詳細に論じられ、後半部分では無条約状態・三国同盟・南進をめぐる政策決定過程がえがかれている。『日米関係史』第2巻の共同討議のなかで麻田氏は、「対米開戦につながる一つの要因として無視できないのは、一九三〇年における日本海軍の上層部リーダーシップの破綻であった」（二一八頁）と述べており、全体として海軍部内の支配力の移行を論ずるために、組織・機構を明らかにすることに意がもちいられている。

評者には、旧稿を幾度となく読んで日米両海軍の特質を学んできたという思いがある。今回、本章を読みなおしてみて、この、奇をてらわずにたんたんと書かれた研究にあらためて学ぶところが多かった。

もちろん、共同討議のなかでディングマンが述べている点――「前の段階に比較して海軍指導体制の弱体化を論ずるよりも、日米両海軍指導層によって行われた実際の決断に対する評価の面にもっと努力が払われるべきではなかっただろうか」(同前書二二三頁)――からの批判は可能であるが、まったく研究のなかった当時にあって、前述のような枠組みをつくって日本海軍の特質を平明に述べたという功績は明記されるべきである。

七

これにつづく最後の二章は、海軍とワシントン体制からややはなれて、日米関係をひろい文脈のなかで位置づけたものである。第六章の初出は、斎藤真・本間長世ほか編『日本とアメリカ――比較文化論・第2巻 デモクラシーと日米関係』(南雲堂、一九七三年)。日米間においては、移民問題が他の争点と混在して発生したところに複雑さがあったとしている(二七五頁)。二八一頁以下の、Roger Daniels の一連の仕事をもちいて、日本人移民の「不同化説」を東欧系移民と比較・考察した部分は注意ぶかく読まれるべき部分である。

また、本章にも登場するマハンが、「『東洋の何億の民の波が猛然として』押しよせてくれば、『人種的に合衆国が属しているアングロ・サクソン民族の民主政治』は危殆に瀕する」(二九〇頁)と恐怖しているのを読むと、アメリカのなかでの黄禍論と、日本人のなかにいだかれる「国際的孤立感」が、きれいな対応関係にあるのではないかと思えてくる。

第七章の初出は『同志社アメリカ研究』第2号（一九六五年）で、旧稿の題名は「一九二〇年代におけるアメリカの日本像――『イメージ研究』の一試論」。本書では「桜の花びらと黄禍の戦慄」と改題され、日本にたいする、二〇年代アメリカにおける大衆的イメージがあつかわれている。

イメージ研究とは、「『世論』や「対日観」にとどまらず、その根源まで掘り下げて、底流に横たわる感情をさぐることを意味」（三三〇頁）しているという。具体的には、二〇年代の成人の対日観の形成をたどるために、一九世紀後半の地理教科書にあたって、丹念にその記述を抽出している。注の（11）と（16）（三五七頁）をみれば、著者がいかにたくさんのサンプルにあたったかがわかる。そこに引用されている記事が、一般的な日米関係の社会史的なアプローチでよく言及される資料のトーンとかなり異なっている点も興味ぶかい。いうまでもなく、麻田氏の研究は留学時代に自らの足で収集した資料に基づいている。ということは、この分野の研究者の多くが実は、二次的資料に依拠して書いていることがはからずも明らかになっていて、少しこわい気がした。

本章の手法は「イメージ研究」という一見柔らかそうな名称をもつが、内容は手堅い実証性を備えている。また、ジョン・ダワーなどが一九八〇年代の後半に意識的にもちいた手法（たとえば『人種偏見』斎藤元一訳、TBSブリタニカ、一九八六年）を先どりした論文でもある。「日本の近代的な進歩を『奇跡』視する大衆的イメージは、黒船以前の日本を野蛮な未開国とする前提にもとづいていた。それゆえ、新旧二つの日本の対照が極端に誇張され、開国以来の『進歩』が突然変異であるかのように映ったのである」（三三八頁）という部分を読むと、たしかダワーも、太平洋戦争中にアメリカのなかで日本軍の強大なイメージのふくれあがった時期について言及していたことが想起される。アメリカのなかで、時代をこえてこのように日本を「超人」視する見方がうまれ、それが黄禍論の基盤の一つになっていったことを考えると、歴史は繰りかえすというちょっと古びた文句が聞こえてくる。ただ、マルクスのいったように二度目が必ず喜劇になる、とは限らなかったようだ。

（『史学雑誌』103編9号、一九九四年九月）

川田稔・伊藤之雄編『二〇世紀日米関係と東アジア』

風媒社、二〇〇二年

本書は、伊藤之雄・川田稔・中西寛・井口治夫の四氏を世話人として一九九七年六月発足した「二〇世紀と日本研究会」が『環太平洋の国際秩序の模索と日本』（一九九九年、山川出版社）に引き続き、世に送り出す二冊目の論文集である。この研究会は、敗戦前後における連続と断絶をめぐる議論や、一九四〇年体制論などを念頭に置きながらも、日本一国の国内政治から規定される時代区分をあえて離れて、二〇世紀初めから現代までを広く視野に入れ、研究しようとする点で特色をもつ。また、アメリカの大学における日本研究の鍛錬方法とも共通する姿勢、すなわち、日本を環太平洋圏の中に位置づけ、その政治・外交・経済のみならず、広く政治文化までをも相互に関連させつつ論じようとする姿勢をとってきた。

こうした姿勢は本書においても貫かれているが、日本の外交が国内政治上の文脈からいかに生み出されてくるのか、あるいは逆に、国内政治が国際環境にいかに大きく規定されて動くものなのかといったモチーフを、一冊目以上により強く出している論文が多いように思われた。

考えてみれば編者の一人伊藤之雄氏は、政治家たちの置かれた権力構造や、彼らのいだく外交構想全体の中で、日露協商路線や日英同盟路線がいかなる意味をもっていたのか考える必要がある、と「日露戦争への政治過程」（山本四郎編『日本近代国家の形成と展開』一九九六年、吉川弘文館）や『立憲国家と日露戦争』（二〇〇〇年、木鐸社）でかねてから主張していた。また、本書にも寄稿しているF・ディキンソン氏も、その著書 *War and National Reinvention : Japan and the Great War*, Cambridge, Mass. : Harvard University Press, 1999 において、次のように述べていた。第一次大戦が日本に与えたインパクトは、一個の外交的事件をはるかに超えて、国家のアイデンティティに関わる問題として日本人に捉えられたこと、また、そもそも日本の外交当局者は国家建設という国内的要請から外交政策を形成してきたこと、よって、日本にとっての外交とは、国家の元気を回復し革新しなければならないという願いの一環であり、明治維新以来なされてきた偉大な事業の重要な一要素である、と。このように、内政と外交を統一的に把握する姿勢は、本書に収録された論文に共通してみられる大きな特徴といえるだろう。

さて、論文の紹介に入ろう。しかし、残された紙幅はもはや少ない。よって、われわれ大学教員が修士論文口述試験などの折に、よく、受験者に言い渡す無理難題「論文の要旨、研究史上のメリット、書き足りなかった部分について、三分以内で述べなさい」の形式にのっとって書評の責を果たしたい。

伊藤之雄「大正政変とアメリカ」は、日露戦後から大正政変までの米・英・中に対する日本側のイメージを、国民党改革派・大隈系の新聞『報知新聞』の論調から分析した。『報知新聞』の論調は対米不信に満ちていたが、桂太郎に大命降下したことへのアメリカ側の反応は、存外良好であった。伊藤氏は、対外的危機意識に乏しい西園寺内閣の姿勢と、対外的焦燥感にかられて桂新党に向かっていく人々の姿勢を対比的に描いたが、当のアメリカ側の反応に変化がないところを見ると、西園寺と桂の共通性、つまり季武嘉也氏が『大正期の政治構造』(一九九八年、吉川弘文館)で描いたような「桂園権」といった括り方も依然として有効なのではないかとの感慨を抱かせる。

F・ディキンソン「第一次世界大戦期の加藤外交と日米関係」は、加藤高明の外交を、ある種の合理性に徹した帝国主義外交の典型であったと冷静に位置づけ、その外交が、国内政治に対する強い改革指向に裏打ちされていた点を明らかにした。先に挙げた氏の著書もまた是非とも読んで欲しい。久々に興奮して読んだ本だった。西田敏宏「ワシントン体制と幣原外交」は、よく指摘されてきたような、中国に対する幣原の経済的利益追求姿勢の裏に、実は国際秩序追求への強い意志のあったことを論じている。ただ、久保亨氏の業績や、ウォルドロンの編になるマクマリーの著『平和はいかに失われたか』（一九九七年、原書房）の描く、ワシントン体制像との差異についての説明は必要だろう。

川田稔「政党政治の中国政策構想と対米観」は、原敬と濱口雄幸について、その中国政策構想と日米関係についての認識を山県有朋のそれと比較しつつ論じた。廣部泉「「排日移民法」と日米関係の展開」は、一九二四年のいわゆる排日移民法が、アメリカ国内政治においていかなる意味をもったのかについて、四一年まで追った貴重な成果である。キリスト教関係者や、日本と貿易関係をもっていた経済人が、長期にわたる修正要求運動を繰り広げていたこと自体、初めて知らされる事項であり、スタンフォード大学出版会から出されている氏の博士論文も是非読まれるべきであろう。ただ、日本側の政治主体である松平恒雄・出淵勝次・天羽英二などの動きについての説明はやや説得力に欠けると思えた。

服部聡「松岡外交と太平洋戦争」は、三国同盟締結が日独伊ソ四国の合従連衡を前提として締結されたとする通説に対して、松岡の対ソ構想を分析することで批判を加えている。松岡の追求したものが対ソ不戦体制であったとの説明はわかりやすいが、南方進出における機会主義的な松岡外交の性格については、いま一つの切れが欲しい。柴山太「冷戦初期におけるアメリカの世界戦略と日本」は、一九四五年後半の死活的に重要な時期において、米軍がソ連との敵対的姿勢を強める中で、日本を戦略的にどのように捉えていたかを米側の資料によって分析しており重要である。核兵器増産体制が整わないことから、ペンタゴンは、戦略核によるソ連への短期決戦構想を断念せざるをえず、その結果、米軍における日本の戦略的位置づけは、日本の再軍備を必要とするところにまで上昇する。こうした米軍の立場は、マッカーサーやケナンのそれとも微妙な食い違いを見せていた。占領期の非常に早い時期から、日本の戦略的位置づけがかくもめまぐるしく変転していたことがわかり、面白い。

井口治夫「占領期日本の経済政策と日米関係」は、戦前期において日産の創設者・満州重工業総裁であった鮎川義介が、戦後、米国資本の直接投資と間接投資を日本の経済発展に利用しようとして、統制経済モデルからの脱却をいかに模索したかを論じている。戦前の指令型計画経済から、戦後の市場経済への復帰過程において、日本側やアメリカ側、それぞれに出自をもつ復興プログラムが、いかに作用したかを考えるのは、第三の開国ともいわれる今日、とても意味のあることだろう。しかし、鮎川構想が挫折する理由については、日本側の政権担当者の懐く経済構想全体の中で捉え返すことも必要ではなかったか。

中西寛「戦後日本の安全保障とアメリカ」は、戦後日本の安全保障と日米関係について、国家と国家との間の同盟レベルでの分析手法と、国内政治と同盟レベルでの分析手法という、二つの方向から歴史的に論じており、日米安保体制の基本的性格について、時期区分をおこないながら骨太に描いた好論である。岸内閣の初期に策定された五七年の外交・国防の基本原則によって、戦後日本の対外政策の基調が定まったと中西は述べる。この「五七年体制」が周辺諸国にとって、いかに異質と見えたのかについて、中西の述べるところは示唆に富む。日米安保や冷戦についての言及を極力抑え、国連・アジア・反核の重視を謳う「五七年体制」であったが、なにぶん、国内の政治的コンセンサスを重視した自国優先主義的な性格を元来もっているために、ことあるごとに中国や韓国からの警戒を引き起こさざるをえない構造をもつという。概説的な叙述のかたちをとるが、深い考察に裏打ちされていることのわかる文章で、読むものを深く納得させずにおかない。

秋月謙吾「戦後日本における地方自治の展開とアメリカ合衆国」は、非常にやさしい書きぶりながら、大きな見通しを提示した論稿である。占領期において、アメリカの地方制度システムは、日本のそれにどのような影響を与えたのか。秋月氏は、天川晃氏の提唱する「集権・分権／融合・分離」モデルを用いて、中央政府と地方政府の間に位置する出先機関などの役割をユニークに位置づけた。中央と地方の関係は、単に、集権と分権の一元的な対立からなっているのではない。融合と分離という軸を新たに立てると、政治体における統治機能の分担が、中央と地方でいかになされているのかよくわかるという。総じていえば、アメリカ側は日本型システムの融合的性格を理解せず、分離を前提とした分権を指向する改革を行ったが（内務省解体がこれにあたる）、分離的なシステムを意図的に強要することもなかったと評価しうる。自治体史編纂が一定の成果を挙げた今、こういった鳥瞰的な視角からする地方制度論によって、もう一度史料を読み直してみるのも意義のあることだろう。『年報　近代日本研究』のシリーズが完結してしまった現在、新進気鋭の研究者が集う研究会の成果を、継続的に世に問うている本研究会の活動は極めて貴重なものだと思う。そうした意味で、是非とも広く長く読まれて欲しい書である。

（『東アジア近代史』7号、二〇〇四年三月）

ポール・クローデル

『孤独な帝国 日本の一九二〇年代 ポール・クローデル外交書簡一九二一―二七』

奈良道子訳、草思社、一九九九年

ある外交官が日々本国に送信した外交電報や、外交行嚢によって運ばれる極秘書簡などは、その国の名を冠した外交文書シリーズの中に、他の外交官によって書かれた多数の電報・書簡とともに収録されるのが普通である。しかし、彫刻家カミーユ・クローデルを姉にもち、自身、フランスの代表的な詩人・劇作家であり、なおかつ優れた外交官であったポール・クローデル（Paul Claudel 一八六八年～一九五五年）の場合、駐日フランス大使として、東京から故国に送った外交書簡が、単独で編纂される栄誉に浴することになる。

本書は、ガリマール書店から一九九五年に出版された *Correspondance Diplomatique Tokyo 1921-1927* の本文部分の全訳であり、原著はフランス外務省に残された駐日大使時代の外交書簡三分の一の分量を収録している。原注には、その外交書簡が、フランス外務省史料のどのファイルから取り出されたものであるのかを明記しており、母集団の史料配置が想像でき便利である。しかし、その際の編者による選択基準は、「今までに刊行されていないこと、参考資料としてあるいは文学的に価値があること」に置かれているので、歴史研究者としては注意を必要とする。フランスの読者にとっては、クローデルがフランス語で書いた創作能『女とその影』や、日本を描いた『朝日のなかの黒鳥』創作の構想が、どのように練られたかを理解する手立てとして読まれているのだということを忘れずにいたい。

大使として赴任したクローデルは、一九二一（大正一〇）年一一月一九日から二七（昭和二）年二月一七日まで（下賜休暇による離日を含む）日本に滞在した。前任者が二年半、その前が半年という在任期間であったことを思えば、長い在任期間といえるだろう。次の任地は、駐米フランス大使としてワシントンであったので、クローデルの日本滞在は、外交官の経歴の上で成功をもたらすものであり、また彼自身にとってもものいくものであったと推測される。海軍軍縮・中国問題における利害の一致のほか、ポーランド問題や戦債処理について公正な立場をとった日本に、二〇年代のフランスは全体として好意的であった。

さて、フランス語の資料集を簡単に読める環境には置かれていない日本史研究者にとっては、フランスは「あまりに」とはいえないが、「まだ遠い」存在なので、本書の提供してくれる、一九二〇年代フランス極東戦略の一端は貴重である。内容を紹介していこう。

まず、第一次世界大戦においては、いまだその黎明期にあった航空機と関連製品の輸出先の一つとして、ワシントン海軍軍縮会議後の日本が意識されていたこと、日本の陸海軍関係者とフランス軍との良好な協力関係がスタートしていたことが、一九二二年九月一日付の報告からわかる。日本を訪れていたマルセル・ジョノー司令官の役割は、主力艦の対米英比率を制限された日本にあって、航空機が果たすべき戦略上の役割を日本の軍上層部に教えることにあった。日本がジョノー司令官の計画を採用すれば、アメリカに対する日本の防衛力が画期的に高まり、経済的な方法で極東支配を達成できるのだと、クローデルは考えていた。

しかし、日本による極東支配は、フランスにとって同意できるものであったのだろうか。仏領インドシナを支配し、中国南部をも影響下にくみこみたいフランスにとっては、日本による極東支配は、「中国にとって唯一最大の必要事である、秩序回復に役立つ方向で発揮されるかも知れない」（一一〇頁）という点で、意味のあるものであった。クローデルにとっては、軍縮に同意した日本が、今日、「他の国を完全に支配できると考える」（同前）ようなことはすまい、との判断もあった。ともあれ、フランスが日本の航空産業に梃子入れしなければ、ドイツが喜んでそれに協力することは明らかなことだった。こうして、中国の秩序回復に役立つ方向での、日本の航空兵力の増強が期待されるようになる。

いっぽう、「現実」が困難の正確な同義語であると知っていた文人大使クローデルは、中国に対する「日本のこうした専制的支配について語ることは」、「条約に支えられ、長年の所有によって確認された、既成事実について語ることなのだということ」（一九二一年一一月二八日付、二七頁）だと冷静にとらえ、問題は日本を中国から追い出すことではなく、「隣国の吸収の動きに抵抗できるだけの物質的・精神的な力を中国に与えること」（二八頁）だと述べる。では、その目標は、中国自身による国内改革によって達成できるかという問いに対しては、クローデルは否定的であり、「長期にわたる国家建設のあいだ安全保障を維持するには、国際管理の考え方を受け入れることだ」と述べる。

つまり、全体としてクローデルは、中国の秩序を維持する現実的力としての日本の軍事力と、国家建設期の安全保障を維持するための中国財政の国際管理とを、二〇年代初頭の現実的な処方箋として、不可欠の二つのものとして描いていたのである。

本書の題名「孤独な帝国」とは、一九二三年一〇月二五日付外交書簡の中でクローデルが記した表現に由来する。日英同盟がなくなり、極東においてある種の英米アングロサクソンブロックができつつあるなかで、現在の日本は「ロビンソン・クルーソー」と化した（一八三頁）とクローデルはみる。問題はそこからで、孤立した帝国にとって、その困難な地位からの脱出の道は二つあるという。

一つは、ロシア・ドイツとの三国協商への道である。日露交渉の推進役後藤新平は「ドイツで教育を受けていますから、当然ボルシェビキの人たちに親近感をもっているに違いありません」（一九二三年六月二日付、一四五頁）と、厳しい評価を下される。クローデルの目には、ロシアとドイツの崩壊が、ますます顕著になってきていると映っていたので、この協商は軍人やインテリに多少の支持者はいるが、現実にはうまみのないものとなっているはずであると評している（一九二三年一〇月二五日付、一八三頁）。

もう一つの道は、上原勇作元帥がジョッフル元帥に示した日仏協調の道であり、クローデルはこの方向に希望を見出し、実際に、仏領インドシナ総督メルラン総督の訪日（一九二四年五月）を実現させていた。名目上は、関東大震災への見舞いということではあったが、いわゆる排日移民法通過や、シンガポール軍港の要塞化計画が明らかになった時にあって、「極東における友人」の存在を、日本側に思い起こさせる外交的措置として、注目されるものであった。

懇切丁寧に附された訳注は価値が高い。クローデルが文中で言及している新聞記事を確認して、その重要部分を掲載しているだけでなく、関係する日本側史料の簿冊名などをも掲げてあるので、格好の研究の手引きともなっている。訳文は、文人大使の外交書簡にふさわしいものとなっている。最後に、評者の怠慢により、本書の紹介が非常に遅れたことにつき、多大のご迷惑を関係者におかけしたことを深くお詫びする次第である。

（『日本歴史』664号、二〇〇三年九月）

ピーター・ドウス、小林英夫編
『帝国という幻想「大東亜共栄圏」の思想と現実』

青木書店、一九九八年

本書の位置づけをおこなうには、アメリカで出版された一連の三冊の本の紹介から始めなければならない。『植民地帝国・日本』(Ramon H. Myers and Mark R. Peattie eds., *The Japanese Colonial Empire, 1895-1945*, Princeton University Press, 1984) は出版直後からかなりの衝撃を学界に与えた。日本の対外膨張を論じた研究は膨大にあった。しかし、日本が植民地として獲得した台湾・朝鮮・南樺太・関東州・南洋群島といった地域に対して、日本側がいかなる土台作り、経営、開発をおこなったのかという観点からの研究はそれまで本格的になされてこなかった。

『植民地帝国・日本』は正式の植民地を対象としていたので、満鉄附属地・満洲国・日中戦争前までに華北を中心に作られた親日政権を対象とする論稿は含まれていなかった。そこで、ほぼ同一の編者によって『中国のなかの非公式帝国』(P. Duus, H. Myers, M. R. Peattie, *The Japanese Informal Empire in China 1895-1937*, Princeton University Press, 1989) が出版された。建設、経営、開発、歴史的世界的環境の中での位置づけという四部だてで公式植民地を論じた前著に対して、『中国のなかの非公式帝国』は、貿易・投下資本、文化・団体、専門官僚・中間的帝国主義者という三部だての構成で中国と日本を論じた。

一連の研究の総括として編まれたのが『戦時帝国・日本』(P. Duus, H. Myers, M. R. Peattie, *The Japanese Wartime Empire, 1931-1945*, Princeton University Press, 1996) である。満洲の軍事的制圧、満洲国の建国という事態はそれまでの帝国主義の概念を一変させ、植民地・非公式植民地の本国である帝国日本をも変容させるものとなったとの認識を基調としている。公式植民地の地域、東北アジア地域、東南アジア地域、その他、という四部だてで、総力戦遂行の過程で各地域がどのように再統合されていったかについて多彩な論稿をのせていた。

一連のシリーズは実によく練られた構成をとっており、個々の論文の実証も精緻なものが多いが、遅れてきた帝国主義国日本の植民地・委任統治領・占領地に対する支配の形式というものは、どの程度特殊でどの程度普遍的であったのか、またそれを結実させた要因は何だったのかについてはいまだ十分に論じられているとは思えなかった。そのような意味で、本書の出版は時宜にかなったものである。本書は「日本帝国の形成過程にあらわれた思想や文化、それらを包み込んだ政治動向を分析することを通じて、この帝国を規定した諸要因」(三頁)に迫ろうとして編まれたものである。

紙幅の許すかぎり各章の内容を紹介し、若干の感想を記しておきたい。ピーター・ドウス(浜口裕子訳)「序章　想像の帝国」は、政府や国民がどのように「帝国を想像」したか、その文化的構造の特徴を描いた。(i)列強の圧迫から日本の独立を達成するという被害者意識からの発想、(ii)「東アジアの共同体」の一員であらねばならないという発想、(iii)進歩を抑えがたい歴史的力とする発想などが、帝国建設の際に理想型モデルとして引照されるであろう「想像された帝国」像をつくるのに影響を与えたと分析している。結論がおとなしい印象を与えるのは、引照される例がすべてヨーロッパの帝国主義国のそれだからであろう。しかし考えてみれば、一九世紀終わりから二〇世紀初頭にかけて、方法は異なるし洗練の度合いも異なるが、アメリカと日本が国際環境の中でやっていたことは実は近似している。日米のパターンも、比較されてしかるべきなのではないだろうか。「想像された帝国」ということでいえば、「東亜の安定勢力としての日本」を日本人が語る場合と、モンロー主義をアメリカ人が語る場合とを比較するような視点がなければ、結論はいつでも日本特殊論に収斂してしまうように思える。

ピーター・ドウス(浜口裕子訳)「第一章　朝鮮観の形成」は、日清戦争前から韓国併合直後までの、日本人による朝鮮半島訪問記などから、その朝鮮観を抽出したものである。支配する民族と支配される民族間に甚大な差異がある場合には、厳しい人種差別的支配は正当化しにくいはずであった。それを日本人はどのように越えたのかとの問題関心で書かれている。この領域の研究には、園部裕之編『近代日本人の朝鮮認識に関する研究文献目録』（緑蔭書房、一九九六年）が有益であることを付記しておきたい。

ダグラス・レイノルズ（野原万佐子訳）「第二章　東亜同文書院とキリスト教ミッションスクール」は、次の栗田尚弥「第三章　引き裂かれたアイデンティティー　東亜同文書院の精神史的考察」と併せて読まれるべき論稿になっている。レイノルズは、同じく中国に設立された教育機関でありながら、同文書院と欧米系ミッションスクールが中国に残した遺産に差があるのはなぜかを論じている。『上海東亜同文書院』（新人物往来社、一九九三年）の著書もある栗田は、日本国内の「支那保全」論と実際の同文書院の活動の関係を論じるほか、中国国内の進歩的人士に与えた同文書院の意義を位置づけた。

マーク・ピーティー（大塚健洋訳）「第四章　ミクロネシアにおける日本の同化政策」は、第一次大戦後日本の委任統治領となったミクロネシアを取り上げ、深い示唆を研究史に与える論稿になっている。一九三七年の時点で、ミクロネシア全体では日本人の人口が、現地人より二〇％以上も多かったという。鉱産資源などに商機を求めた邦人移民が殺到した様子が想像できるが、これは現地人の三％という場所もあった他の日本の非公式植民地の平均を裏切って突出している。また日本はこの地域に文化的同化政策を推進した。委任統治の条項には「文明の神聖なる使命」として、統治領の最終的独立のための準備をなすことが謳われていたにもかかわらずである。ピーティーは慎重にも明言をさけるが、このような視角は戦後アジアの独立と太平洋戦争の因果関係を論ずる際に重要な論点を導くはずである。

山室信一「第五章　植民帝国・日本の構成と満洲国」は、さまざまな統治形態をとった植民帝国・日本と満洲国がいかに有機的に関連していたかを、統治様式の遷移と統治人材の周流という二つの概念によって明らかにした。『キメラ　満洲国の肖像』（中公新書、一九九三年）で不十分であったと思われる部分を発展させたもので力作であった。それまでの植民地統治様式を変容させながら、独立国家満洲国の形式を組み込んでいったのか、そして新しい方式が植民地官僚の人材周流にどのようなインパクトを与えたかが明らかにされた。浜口裕子などが独自の視点で答えた（『日本統治と東アジア社会』勁草書房、一九九六年）問題にまた新しい視角が加わったことになる。

小林英夫「第六章　東亜聯盟運動」は、日中戦争期に中国ナショナリズムへの対抗勢力として登場した東亜聯盟を内在的に理解する論稿であるが、研究史上の新たな観点が明示的に読みとれないのが惜しまれる。

後藤乾一「第七章　東条英機と『南方共栄圏』」は、東アジアの地を踏んだ最初の現役首相であった東条が南方を具体的にどのように認識していたか、またどのような直接的関係を築いたのかについての興味深い研究であり、専論がない分野であっただけに貴重である。東南アジア地域は、東条が好んで使った「抱き込む」という言葉に集約される対象であったとされる。

本書は、一連の研究シリーズをより豊かにする視角をもった論文を多数収録しており示唆に富むが、編者が述べるほどには、思想と文化が語られたとの印象は薄いように感じられた。

（『日本歴史』622号、二〇〇〇年三月）

中公新書、一九八九年

大江志乃夫『張作霖爆殺　昭和天皇の統帥』

副題を「昭和天皇の統帥」としている。政治的力量という点からみて昭和天皇は確かに傑出した存在だったのではないか――。このような感慨をもって、筆者は昭和戦前期全体をみとおすキーワードを抽出してみせる。それは、金融恐慌・張作霖爆殺・治安維持法「改悪」という、昭和天皇の皇位継承期に続発した三つの事件に、それぞれ象徴的に現わされていたものだった。不景気・満蒙問題・国体、これがそのキーワードである。

張作霖爆殺を、中国の政情不安に武力占領を以て対処しようとする大陸進出プランの発端と位置づけ、この観点から田中外交を幣原外交と対照させてゆく研究は、これまでにかなりの蓄積をもっている。そのようななかでは、筆者のアプローチは特異なものとなろう。なぜなら、張作霖爆殺をめぐる天皇・統帥部・政府間の攻防でみられた構図が、昭和戦前期に進行した明治憲法体制変質過程の正確な縮図となっているという点に、筆者は論究のベクトルを集中させてゆくからである。

以下、内容を紹介しよう。東方会議の時点で、満蒙問題に対する田中＋外務首脳（張作霖による間接支配を容認）と、関東軍＋現地外務官僚（政情不安に対しては武力行使）の見解の対立があった（一章）。そこには、反長州閥の気運を背景に、「人事刷新」「満蒙問題解決」を掲げた若手エリート幕僚集団の成長がみられた。爆殺事件の犯人について徹底糾明と厳罰処置を行おうとしていた田中は、幕僚集団を核とした全陸軍との対決を余儀なくされる（二章）。さらに、民政党＋軍部＋貴族院＋枢密院をカバーした反田中連合が形成される中で、最終的に田中の手を封じたのは、白川陸相の単独辞職という脅威であった（五章）。統帥権に関しては憲法上の最高機関が存在しなかった故に、天皇だけが最高の統帥権者として参謀総長に事件調査命令を行うことができた。天皇が叱責を加えるべき対象は、総理である田中ではなく、参謀総長の鈴木荘六であったはずだ（六章）。

治安維持法「改悪」手続きや統帥権独立の経緯についての制度史的解説も加えられており（ただし、筆者のいう「改竄説」については、永井和「内閣官制と帷幄上奏」〈富山大学教養部紀要21巻2号〉一九八九年、が反論を展開している）、全体の行論は明解で構成に深度がある。だが、疑問がないわけではない。本書は、張作霖爆殺犯人の処分問題を、単に田中の優柔不断から説明してきた従来の解釈の盲点をつくアプローチをとっている。しかし、「憲政の常道」が漸く軌道にのった時点で、田中政友会内閣を倒せば、次に民政党内閣が誕生することは確実に予想されたことである。そのような時、森恪外務政務次官という強力な後ろ盾を期待できる現状を、全陸軍がそう容易にすてることが可能であったろうか。つまり、田中対全陸軍という構図のもつ現実性と説得力に疑問を感ずる。第二に、歴史的制度についての評価を下す際に、不適切な尺度を基準に対象を切ってすてることができるかという点である。筆者は本書の中で何度か使っている「憲法無視の手続き」「違憲」という用語は、国民全体を対象として包含する法があり、その法に明確な上下の区別がつけられるようになった時代＝戦後に初めて意味をもつものであろう。明治憲法の前に政治的慣習があり、明治憲法の後に帝国議会があったという点を無視すべきではないと考える。

（『史学雑誌』99編4号、一九九〇年四月）

臼井勝美『満洲国と国際連盟』

吉川弘文館、一九九五年

中公新書『日中戦争』（一九六六年）、『満州事変』（一九七四年）の著者であり、最近も細谷千博ほか編『太平洋戦争』（東京大学出版会、一九九三年）に一次史料を駆使した論稿を執筆して、相変わらずの健筆ぶりをみせた臼井教授の最新刊である。満州国の成立と日本による承認がなされた国際環境を考察し、日本がそれ以外の選択肢をもたなかったのかについてわかりやすく書かれている。

満州事変から日中戦争へのエスカレーションの過程についてのスタンダードを「外務省と中国政策」(同『中国をめぐる近代日本の外交』筑摩書房、一九八三年所収)で築いた筆者にとっては、得意の領域だろう。構成は、つぎのようになっている。はじめに/満洲事変の勃発/満洲国の成立/リットン調査団/リットン報告書/満洲国承認/国際連盟脱退/塘沽停戦協定/おわりに。内容からすれば、満州国成立まで、リットン調査団の苦心、連盟脱退、というように三つに大別できると思われる。

概説書の体裁をとっているので、独創的な知見が随所にみられるというわけではないが、新たな位置づけがないわけではない。それを評者が気づいた範囲で、先に述べた構成上の三区分に対応させながら、指摘しておこう。第一に、三八〜四三頁に描かれた満州国財源についての記述は有益である。乱暴ないい方をすれば、広大な領域が関東軍程度の軍事力で傀儡国家化が可能であった理由の一半は、膨大な海関・塩税などの間接税を財源とできたことにあったと思われる。例えば侵略者が、日本の地租のような直接税を徴収しなければならない場合の困難さを想起すれば、その意義の大きさがわかるだろう。財源のほかに重要なのは、その使いみちだが、それまで地方財源の少なからぬ部分が奉天軍閥の軍事費に費消されてきた。清朝復活をはかる復辟派や、自治政権として安定をはかりたがっていた保境安民派の支持がえられるかどうかも、結局はこの軍事費分を日本がどうするかにかかっていたのではないだろうか。とにかく、満州国の成立を論ずる時に、財源と軍事力に目を向けさせたのは大事な功績である。

第二に、リットン報告書の作成にあたった全メンバー（団長のリットン、フランスのクローデル、アメリカのマッコイ、ドイツのシュネー、イタリアのアルドロバンディ）の動向をおさえ、リットン調査団の中国、日本、満州での調査活動があとづけられている。大部分は、ＮＨＫ〝ドキュメント昭和〞取材班編『十字架上の日本――国際連盟との決別』（角川書店、一九八七年）で発掘された史料ではある。しかし、六〇～六五頁にかけての、リットンと汪兆銘・張学良との会談は注目すべきだろう。ただ、このような会談上の汪や張の主張を正確に把握するには、今後我われ日本史研究者も『日本外交文書　昭和期Ⅰ第一部』の第1～4巻（外務省、一九八九～九五年）、松重充浩「張作霖による奉天省権力の掌握とその支持基盤」（『史学研究』192号）、塚瀬進『中国近代東北経済史研究』（東方書店、一九九三年）などの描く、東北諸省の実態や、国民政府・東三省間の関係を、綿密に研究する必要があろう。

第三に、脱退にむけての最後の妥協、すなわち松岡やジュネーブ代表部の努力を、東京の硬直した姿勢と対比させた部分が興味ぶかい。アメリカ・ソ連を招聘して大国と小国の間に楔を打ち込み、一九人委員会の頭を冷やそうと考えたり、満州国否認を明確にした理由書第九項にこだわっての脱退には反対していた松岡を描きだした。著者は「はじめに」の部分で、事変収拾失敗の第一を満州国承認の決行、第二を国際連盟脱退の強行、第三を塘沽停戦協定の強要（三頁）とし、執筆の姿勢を明確にしている。この姿勢とは必ずしも合致しない松岡像などを淡々と書くバランス感覚が、著者の真骨頂であろう。

ただ、このような執筆の姿勢――最近の入江昭氏の一連の著作にも感ぜられる――は、事態の展開過程の掌握には有用だが、一方である種の批判を惹起する危険性を孕んでしまうのではないだろうか。ウォルターズの大著『国際連盟史』について、E・H・カーの書いた書評の中につぎのような表現のあったことが、どうしても思いだされてしまうのである。

一九三〇年代の大災難は……「現状に満足していた」大国が手おくれにならないうちに団結して、日本・イタリア・ドイツ三国の挑戦をはねかえさなかったためである、などと主張するのは、おなじことを別のことばでいいかえたのにひとしく、なぜ各国政府が現にみるような行動をとり、なぜ期待される行動をとりえなかったのか、を説明するにはなんの役にも立たない

(鈴木博信訳『ナポレオンからスターリンへ』、岩波現代選書、一九八四年、三七頁)。

(『日本歴史』575号、一九九六年四月)

安井三吉

『柳条湖事件から盧溝橋事件へ 一九三〇年代華北をめぐる日中の対抗』

研文出版、二〇〇三年

『盧溝橋事件』（一九九三年）に続く、著者二冊目の研文選書である。ちょうど一〇年の間隔が空けられているものの、時期的に重なる部分の少なくない主題に、著者はなぜ再び取り組もうとしたのだろうか。まず、その点に評者は興味をひかれた。「序」を手がかりとしてその理由をみておこう。

I

日中両国において依然として日中戦争への関心が高いという基本的な構造が、まずは著者を再び動かした第一の要因として挙げられる。著者によれば、こうした関心の高さは日本の歴史研究に二つの影響を及ぼしたという。そのひとつは、「南京大虐殺、従軍慰安婦、強制連行、七三一部隊、三光政策などといった問題」が、戦争の原因やその推移といった全体的な流れとは切り離されて、あったかなかったという二元論で論じられがちになったことである。二つめの影響は、歴史研究の方法そのものを問うという形をとってあらわれ、文献では確認できない個人の記憶や感情を歴史的にどう位置づけるのかという問題への学問的関心を高めた。

著者を日中戦争研究へと再び動かした第二の要因は、大陸と台湾双方において研究の進展や史料状況に著しい改善がみられたことにあった。その際、一九三一年の九・一八事変から四五年八月までをひとつのまとまりとして抗日戦争研究の対象にする傾向が強まった点、国共対立史観からの脱却が図られた点などに著者は注目している。蔣介石檔案をはじめ基本史料の公開が大幅に進んだ結果、これまで、一九二七〜三七年の国共「一〇年内戦史」観と三七〜四五年の「八年抗戦史」観の間に挟まれて不当に忘却されてきた三一〜三七年の抗日戦争期が、ようやく中国側の若手研究者の注目するところとなった。こうした流れを背景に、一九三一〜三七年の抗日戦争期を歴史的に意義づけるためには、三一〜四五年までを「一四年抗日戦争史」（日本でいう一五年戦争史観）として考える必要があるとの見方が、大陸の若手研究者の代表格である臧運祜の著作（『七七事変前的日本対華政策』社会科学文献出版社、二〇〇〇年）の刊行によって一気に広まった。

ところが、日本の研究動向はそうなってはいない、と著者はいう。たとえば、日本の政治史研究あるいは外交史研究をリードする酒井哲哉、臼井勝美両氏の論をとってみても、一五年戦争期を「戦争とファシズム」一辺倒で捉えてきた一九七〇年代までの政治史研究への強い反省の念から、あるいは、一五年でまとめて捉えては三七年の画期性がなくなってしまうとの懸念などから、一五年戦争史観には与しない立場をとっているとみている（酒井哲哉『大正デモクラシー体制の崩壊』東京大学出版会、一九九二年、臼井勝美『日中外交史研究』吉川弘文館、一九九八年）。

以上、(1)日中戦争への日中両国民の関心の高さ、(2)大陸や台湾で一五年戦争史観重視の傾向になってきているにもかかわらず日本ではそうなっていないこと、ここに著者が再び立たなければならないと考えた理由があった。

II

本書は内容上、二つの部分からなっている。以下、目次と初出を示しておく。

序
第Ⅰ部　柳条湖事件から華北分離工作へ（第一章〜第三章はすべて書下ろし）
第一章　柳条湖事件と華北問題
第二章　熱河作戦と華北問題
第三章　深まる華北の矛盾
第Ⅱ部　盧溝橋事件をめぐって
第四章　盧溝橋事件再考——中国における「日本軍計画」説をめぐって（初出は、『東洋史研究』第55巻第4号一九九七年三月）
第五章　盧溝橋事件に関するいわゆる「中国共産党計画」説——坂本夏男『盧溝橋事件勃発についての一検証』によせて（初出は、『季刊中国』37号一九九四年夏季号）
第六章　盧溝橋事件の思い出——長沢連治氏に聞く（本書初出インタビュー）

ここから明らかなように、第Ⅰ部は、日本による華北支配計画の全貌を一九三一年九月の柳条湖事件から連続性のあるものとしてみている。一九三三年の塘沽停戦協定や三五年の「華北分離工作」から始めるのではなく、三一年の柳条湖事件の時点に始点を置く点に特徴がある。「日本には一九三一年九月から、東北だけでなく華北をも支配しようという計画が一貫してあっただけでなく、それを実現するために軍事的圧力と政治工作とをくり返し実行していたこと」（二〇頁）を明らかにするため、華北の現地当事者（ここには関東軍、支那駐屯軍、天津特務機関などが含まれる）に即してみようとしている。

ここで著者のとった分析視角は、きわめて意味のあるものだと思われる。国際連盟への参加や不戦条約の調印によって、日本側においても今後起こる戦争の形式について周到に考慮せざるをえなくなっていた。満州事変を計画した関東軍参謀たちは、九ヵ国条約（一九二二年）や不戦条約（二八年）に抵触しない形式での新国家樹立に自信さえもっていた。また、日中戦争勃発後の陸軍中央はアメリカ中立法の適用を回避するため宣戦布告を避けざるをえず、その結果、現地の北支那方面軍特務部と直接結んだ形式で傀儡政権を早期に樹立させ、戦闘地域をおさえなければならなかった。傀儡政権が必要であったのは、宣戦布告をしなかったために占領地への軍政施行ができなかったからである（加藤陽子『模索する一九三〇年代』山川出版社、一九九三年を参照）。このように、不戦条約や宣戦布告を飛び越えた形の新しい戦争の形態が、少なくとも一九三一年、三七年に現れていたのだとすれば、その間の時期に現地軍が何を計画し何を実行に移していたのかという問題は重要な「問い」となるはずだ。

ところが、一九三一年から三七年までの現地軍による華北統治計画の全貌についての決定版はいまだ書かれてこなかったのである。参照されるべき基本文献のひとつである『太平洋戦争への道』（全8巻、日本国際政治学会太平洋戦争原因研究部編、朝日新聞社、新装版は一九八七～八年、初版は一九六二～三年）においても、第二巻で島田俊彦が「満州事変の展開（一九三一年～一九三二年）」を扱い、第三巻で同じ著者が「華北工作と国交調整（一九三三年～一九三七年）」を書いている。巻をまたいで書かれていることからもわかるように、開戦外交史というコンセプトをもって刊行された『太平洋戦争への道』においては、一九三二年の満州国の誕生と三三年の塘沽停戦協定の間には暗黙の溝が画されていた。よって、本書第Ⅰ部の分析視角とその実証は研究史の空白を埋める大切な業績となりうる。

第Ⅱ部は、日本の一部の論者が唱える「中国共産党計画」説と、中国側の唱える「日本軍計画」説がともに誤りであり、盧溝橋事件が日中双方にとって「偶発」的なものであったとする。これまで著者が発表してきた一連の盧溝橋事件理解に対して、最も厳しい批判を展開している山西師範大学の曲家源氏の論稿を取り上げて検討を加えている。一方では、「偶発」説を唱えている台湾の陳在俊氏の論も紹介している。曲氏と陳氏の論稿を読む余裕が残念ながらないので、著者の叙述する範囲で論争を追うしかなかったが、評者には著者の説明が最も説得的に思えた。

評者としては、中国社会文化論を専門とする著者が、なぜ主として日本側史料に依拠しつつ、精緻かつ丹念に今一度それを読み込んで、日本による華北支配計画の実態に迫ろうとしたのか、そこから何がみえたのか、その点に強く興味をもったので、以下、第Ⅰ部の論稿を中心に論じてみたい。

Ⅲ

第Ⅰ部の第一章から第三章の要点を行論に必要な範囲でおさえておく。第一章「柳条湖事件と華北問題」。まずは、関東軍が事件の準備過程において、東北だけでなく華北をも支配しようとした計画の実態を、石原莞爾（関東軍参謀）と関東軍参謀部を中心にみている。そこで検討されるのは、一九二九年七月「国運転回ノ根本国策タル満蒙問題解決案」中の「支那統治ノ根本要領」であり、三一年七、八月関東軍参謀部作成「対支謀略ニ関スル意見」である。石原らには対中問題を対米問題と捉える傾向があり、日米戦争に備えるための前提として満蒙を領有し華北経済支配を行うべきであるとの考えがあった。

石原以外に華北工作に早くから自覚的であった勢力として、支那駐屯軍、天津（北平・天津）の特務機関、駐北平公使館を挙げ、これら諸機関が策定した案をみている。著者は華北を三つの地域に分けて考えるべきだという。ひとつめは、河北（冀）、察哈爾（察）、山東と平津であり、ここは東北との近接地域で張学良政権打倒工作の対象地域となる。二つめは、察哈爾、綏遠であり、ここは内蒙工作、対モンゴル族工作の対象地域となる。三つめは、閻錫山の山西である。日本軍の工作分担でいえば、第一の地域は関東軍、支那駐屯軍、平津特務機関、駐北平公使館が担い、第二の地域は関東軍、第三の地域は支那駐屯軍、平津特務機関、駐北平公使館が担っていた。こうした検討から、一九三一年九月から年末まで支那駐屯軍の積極性が際立っていた点が強調される。同軍は最終的に陸軍中央に中止させられるものの、関東軍の錦州攻撃に呼応し華北の中国軍と戦闘しようとしていた。

この時期の華北への侵入方法は満州国の範囲をどこまで設定するかという問題に連動していた。一九三二年二月六日付「満蒙建設ニ伴フ蒙古問題処理要綱」を仔細に検討すれば、察哈爾八旗も満州国内の蒙古自治区域に加えるように想定されていたことに気づく。察哈爾は華北であるので、華北分離工作は事実上、内蒙工作を突破口としてすでにこの時点で登場していたことになる。

第二章「熱河作戦と華北問題」。この章は、熱河作戦から塘沽停戦協定に至る過程を華北問題という角度から再構成したものである。ここでは、関東軍、支那駐屯軍、北平公使館駐在武官らの計画の概要を明らかにする一方で、中国側史料や記録を用いて、一連の日本の動きが国民政府から華北侵攻として深刻に受け止められていた事態を明らかにしている。それではこの時期、華北への侵攻はどのような経路からなされたのだろうか。

第一に、関東軍は熱河省と河北省の省境を南に移動させ、長城線までを熱河とした（これまでは長城線は河北省内）。関東軍が長城線までの確保を熱河作戦でめざしていたとすれば、それは中国側からすればまさに華北の一部が奪われる事態を意味する。第二に、さらに関東軍は長城線以北に限るという当初の作戦範囲を中国軍の抵抗を理由として南に拡大し、ついには北平東方二〇余キロメートルの地点まで進出した。第三に、関東軍、支那駐屯軍、天津特務機関などは、中国国内の反張学良、反蔣介石勢力と結び付きながら、政権工作、謀略活動を展開していた。

第三章「深まる華北の矛盾」。塘沽停戦協定は一見するところ日中間に小康状態をもたらしたようにみえる。しかし実態は違っていた。この時期、華北支配の深化はいかなる経路からもたらされたのだろうか。著者はこれを三つの経路から明らかにした。第一に、北平政務整理委員会と関東軍の間で進められてきた善後交渉の実態をみれば、塘沽停戦協定とは、日本側が、日本側機関の配置点を六カ所、関東軍駐屯地を七カ所獲得し、長城線の南側に関東軍をいつでも進められる条件を作り出したものにほかならなかったとみなせる。第二に、参謀本部第二部が一九三三年九月に作成した「支那占領地統治綱領案」、支那駐屯軍が三四年三月に作成した「北支那占領統治計画書」、同じく支那駐屯軍が三六年九月に作成した「昭和一一年度北支那占領地統治計画書」などの存在を考慮すれば、永田鉄山（陸軍省軍務局長）などが中心となり、華北資源の獲得をめざした華北統治計画の策定が早期にスタートしていたことがわかる。第三に、塘沽停戦協定以降、華北の経済調査を特務機関や領事館など出先機関と協調して実施するための機関として、満鉄は経済調査会第六部を新設し本格的に華北へと乗り出していくこととなった。

Ⅳ

この本を読んで、軍とは、平時であっても事前に資源獲得計画や占領地統治計画を策定し不断に改訂を加えているものであり、計画があったからといってそれがどれだけ実行に移されたか慎重に判断しなければ精緻な実証とはいえないのではないか、などといった感想を抱いた者は少なくないだろう。あるいは、さまざまな出先機関の計画案を集めていけば、任意の期間を対象として設定しても常に華北支配計画はあったといえてしまうのではないか、などといった疑問も生まれよう。

評者としてはそのような批判にはあまり興味がない。重要な問題を解くための補助線の引き方を新しく導きだすことに論文を書く意味があるとすれば、著者はまさにその補助線を引く仕事をしたからである。この本で著者は、華北支配計画がいかなる方法や経路や道筋によって、また、いかなる機関によって不断に供給され続けたかを、柳条湖事件から盧溝橋事件までで区切られた時期を対象に描いた。華北支配という考え方が発生する経路を考えぬいた著者の試みは高く評価されるべきだと思われる。

いったん戦争が始まったが最後、際限のない戦線拡大は日本軍のお家芸だという先入観がどうしても我々にある。また、中国側の避戦・持久戦方針もあって、日本は底なしの泥沼に引きずり込まれたとのイメージも強い。だが、なぜ日本側が満州国だけではなく、華北をも支配下に置かねばならないと考えたのか、当事者たちにとっての内在的切迫感がこれまでの研究からはよく理解できなかったのである。その切迫性を理解できなかったので、我々はそれを現地機関の好戦性や暴走に帰してきたように思う。本書は、こういった自覚せざる思考の袋小路を読む者に気づかせ、それに対してきちんとした説明を与えようとした。本書の最大の貢献はここにある。

最後に、著者の批判する臼井勝美氏や酒井哲哉氏の研究が明らかにした問題と本書の明らかにした問題をどう整合的に理解したらよいのか、その点について評者の考えるところを記しておこう。まず、臼井、酒井両氏が、著者のいう「一五年戦争史観」を日本政治外交史研究の中では定説化・通説化されてきたものとみなしているという点を忘れるべきではない。こうした認識はおかしいと著者は考えるかも知れないが、同じ専門分野を対象として研究してきた評者にとっても、やはり一五年戦争という概念はこれまで通説として捉えられてきたように思う。ただ、その場合の通説的理解とは、日本が満州国の樹立から華北分離工作へ、また日中全面戦争から太平洋戦争へと突き進んだ理由を、統帥権の独立や二重外交に支えられた現地機関の暴走に求める見解であった。つまり、日本史における定説的な一五年戦争の理解は、侵略の時間的連続性を陸軍の野放図な遠心性に求めるものであった。

そのような観点を再検討するにあたって、臼井氏はたとえば、黄郛、宋子文という中国側のリーダーの役割に注目し（『日中外交史研究』）、また広田外交を支えた重光葵次官の外交構想を分析した（「外務省と中国政策」『中国をめぐる近代日本の外交』筑摩書房、一九八三年所収）。また酒井氏は、外務省が華北分離工作に積極的に取り組んだ内在的理由を明らかにする一方で、陸軍内部の統制派と皇道派を、それぞれ「国内改革」、「対外進出」二つの軸における積極性・消極性の組み合わせにおいて理解する視角を設定した（前掲書）。いずれも、侵略の時間的連続性を、陸軍の遠心性、すなわち現地機関の好戦性や暴走に帰さない画期的な研究であった。

そのうえで、本書が、現地機関の好戦性や暴走に帰すことなく、当事者たちの内在的な切迫感の全貌について、華北分離を発想させるさまざまな経路の解明を行ったのであれば、著者と両氏の距離は思いのほか近いのだと思われる。差異があるとすれば、それは、日中全面戦争に至らない道があったかどうか、体制の回復可能性があったかどうか、その評価にかかわる部分であろう。

（『アジア経済』45巻9号、二〇〇四年九月）

細谷千博・斎藤真・今井清一・蠟山道雄編『日米関係史 開戦に至る十年 一九三一―四一年』全4巻

東京大学出版会、新装版二〇〇〇年

一

優れた内容をもつ本には、ぜひとも幸福な人生を送って欲しいと思う。なぜなら、こういった本は、私のような新米教師の講義ノートに一筋の論理らしきものを与えてくれるだけでなく、学生たちにも、たとえば、歴史には「出来事＝事件」のほかに「問題＝問い」があるはずだということを、初めて気づかせてくれるものだからである。

その「問い」とは、あるときは、「永い間の封建制度に圧せられ、天下の大政に容喙することを一大罪悪」と教えこまれてきたわれわれの父祖が、なぜ近代になると、「政治をもって、われら自身の仕事」と考えるようになったのかという、吉野作造の有名な「問い」であったりする。またあるときは、満州をめぐる問題で、いっさい日本に対して妥協しなかったF・D・ローズヴェルトが、なぜ第二次大戦末期、ソ連に対しては妥協するのか（ヤルタ秘密協定）という、「問い」であったりする。

さてこのたび、細谷千博・斎藤真・今井清一・蠟山道雄編『日米関係史 開戦に至る十年（一九三一―四一年)』全4巻(東京大学出版会、一九七一〜七二年)が、めでたく新装復刊されることになった。この文を書くために、私はさっそく東京大学総合図書館と神保町の古本屋街にでかけてみた。手元に本がなかったわけではない。この本がどんな人生を送ってきたのか、読み手の現場で調べてみたかったからである。

東大図書館には、本書が二セットずつ配架されている。巻末に貼付された貸出し表からは、発売以来今日まで六〇回以上も貸出されたことが読みとれる。じつによく読まれているのだ。しかし、私の目をひいたのはそのことではない。注目すべきは、この本のなかの誤植と事実関係の誤り(もともと非常に少ないのだが)を、学生たちが訂正の書き込みをして、いちいち校正している点である。また、ご丁寧にも、参照すべき史料について、勝手に補充の書き込みがなされている箇所もある。

具体例を挙げておこう。第1巻一九ページの「内大臣」を「宮内大臣」に訂正すべく、「宮」という字が挿入されている。また同じく第一巻四一ページには、近衛文麿の「英米本位の平和主義を排す」という著名な論文名が、その出典『日本及日本人』とともに書き込まれている。もちろん、図書館の本への書き込みなどもってのほかだが、誤ったまま理解してしまうかも知れない「子羊たち」がいては困ると、訂正を加えてしまう学生の気持ちは、なんだか共感できるものがある。

ついで、神保町の古本屋街はどうであったのか。これはもう、品切れになって久しい本書が、読書人からどれほど渇望されてきたかを正確無比に示す値段がつけられていた。お金の話になって恐縮だが、五万八千円という値段は、発売以来もうすぐ三〇年になろうとするこの本が、いまだ広く読者を獲得していることをなによりも雄弁に語っていた。

以上、いささか風変わりな観点から、この本の読まれ方を紹介してみた。多くの人に永く読みつがれることが、なんといっても本にとって一番の幸福だとすれば、まさしく本書は、幸福な人生を送ってきたといえる。

二

さて、内容にはいろう。『日米関係史』は、一九六九年七月一四日から一八日まで五日間にわたって河口湖畔で開かれた「日米関係史会議」を基礎に、日本とアメリカの学者が日米開戦に至る一〇年間について共同研究を行った成果であり、一九七二年度の毎日出版文化賞を受賞した（『史学雑誌』81編11号に本間長世氏による行き届いた書評がある）。

本書の特徴は、日米の学者がおおむね一組のペアになって一つのセッションを構成し、対外政策決定過程を制度史的なアプローチによって、比較研究したところにあった。総勢二七名の学者たちが、政府首脳、外交機関（以上第1巻）、陸軍、海軍、経済官僚（以上第2巻）、議会と政党、経済界、民間団体（以上第3巻）、マス・メディア、知識人（以上第4巻）など、日米の相対応していた機関や政治集団について縦割りに分析し、最終的にそれぞれが対外政策決定に与えた影響を考察したものである。

その際、「どの変数を調整し得たなら、日米関係は悲劇的な結末を見ずにすんだのであろうか」

という問いを、参加者全員が共有していたのはまちがいない。しかし、その問いに性急に答えを出すのではなく、まずは、日米双方の制度や政治集団の基本的特徴を明らかにするところから始めた筋の良さが、本書の生命をことのほか永くした理由だろう。

二つめの特徴は、アメリカ外交史の専門家からなるアメリカ側の執筆者が、ほとんど例外なく、一次史料を博捜した上での厚い実証を基にした論文を用意している点にある。べつに、日本の学風がかなり実証主義的だと聞き及んで、慌ててあわせた結果などではなく、アメリカ外交史の伝統がそのようなものだったと考えられる。

国務省の中国通で名高かったスタンリー・ホーンベック、対中国借款団主席であったモルガン商会のトマス・ラモント、著名な極東研究家ホイットニー・グリズウォルドなどの私文書が本格的に使われたのも、本書が最初だった。また、アメリカ国立公文書館所蔵の陸軍省高級副官部文書、海軍省文書、商務省文書、国務省文書などの公文書が、これほどの密度で使われているのも、本書ならではのことであった。

私はここで、実証主義の意義をいまさら説こうとしているのではない。なぜアメリカ側が、水も漏らさぬ実証的な論文を揃えたかという、その理由を考えたいからである。この点について、アメリカ側の参加者の一人は、共同討議の場でつぎのように発言している。

ハインリクス氏はいう。日本側から提出されたペーパーは、どうも、戦争を抑止しようとした機関や政治集団が日本側にあったにもかかわらず、残念ながらそれらは無力で、しだいに弱体化させられていったと述べようとしているようだ。しかし、むしろ大事なのは、いかなる「組織の中においても、内的な論理体系が存在するものであり、第三者にとっては馬鹿げて見えることも、当事者にとっては意味のあるもの」（第2巻二一八頁）だと考える姿勢ではないのか――。日本陸軍などの、どんなに非合理に見える論理も、ひとまず史料の言葉からその体系を再構成しうるまでは、いかに、胸の悪くなるような論理展開でも、学者は史料につきそうべきだという含意であろう。

こういったアメリカ側の、ある種の切実さを感じさせる研究姿勢の裏には、やはり、会議の開かれた時代背景、ベトナム戦争や沖縄返還という問題があったと思われる。一九六九年は、日中戦争をアメリカ人が考える際、おそらく初めて、自らを当時の日本の立場に擬して理解してみようという発想の生じうる時代だったのではないだろうか。アメリカ側の議論を総括したレオポルド氏も、アメリカ人は今日、太平洋戦争をふりかえって「一箇の過ち、今日アメリカが直面している手に負えない問題の多くをもたらした過ち」（第4巻三一八頁）として見ているのだと、まとめている。

三

『日米関係史』の特徴というべきものについてふりかえってきたが、それではなぜ復刊にあたいするのか、その理由をつぎに考えてみたい。

まず、つぎに列挙したような、いくつかの日米ペアで論じられた内容が、いまだその分野のスタンダードでありつづけていることである。史料に盛られた言葉が、今日的観点から見ればとうていう理解しがたい論理体系であっても、とにかくわかりやすい形で提示すべきだと考えた、そういう胆力のある学者たちの論稿が生き残ったといえるだろう。

第1巻で外交機関を論じた、臼井勝美「外務省――人と機構」とJ・C・トムソン「国務省――人と機構」。第2巻で海軍を論じた、麻田貞雄「日本海軍と対米政策および戦略」とウォルドゥ・ハインリクス「アメリカ海軍と対日戦略」。第3巻で民間団体を論じた、伊藤隆「右翼運動と対米観」と緒方貞子「国際主義団体の役割」とW・コーエン「アジア問題とアメリカ民間団体」。第4巻で知識人を論じた、三谷太一郎「国際環境の変動と日本の知識人」とD・ボーグ「極東政策史研究と二人の歴史家」。

ついで本書の強みは、日中戦争から太平洋戦争へのエスカレーションについての説明が論理的になされていることにある。通常この問題については、つぎのような答えが想定される。すなわち、アメリカ極東政策の二本の柱が「中国の領土保全」と「門戸開放」であり、日本の対中国政策が東亜新秩序であるならば、日米は中国をめぐって不可避的に対立せざるをえないというものである。

一見、これは正しく見える。しかし、この答えを正しいというためには、アメリカ極東政策が、一九三〇年代を通じて、「中国の領土保全」と「門戸開放」をめざしていたことをまずは検証しなければならない。これは疑わしいだろう。

そうであれば、いかなる説明が可能だろうか。この本のなかで三谷太一郎氏は、東京帝国大学教授（行政学）で近衛のブレインでもあった蠟山政道の日中戦争観を分析することで、この問いに答えている。

蠟山は、東亜新秩序という地域主義理論を考案した。そして、日中戦争を戦う理由を、「日本の軍事力によって打破されねばならない二つの障害があったからである。一つは中国民族主義であり、一つは中国民族主義を利用し、そのためにこれと提携した西欧帝国主義である」（第4巻一五六頁）と位置づけた。そのように考える蠟山にとっては、日中戦争は単なる日中の戦争ではなく、必然的に日英または日米戦争へと発展していかざるをえなかったと、三谷氏は結論づける。

この説明は、深い真理をあまりにもさらりと述べたためだろうか、会議の席でも、その後の研究史においても、意外なほど注目されてこなかったように思われる。というより、この分析を受け止める準備がわれわれになかったというべきかもしれない。このことを考えていて、ふと、吉田健一の言葉が思い出された。「真実を当り前のことに思わせるまでに的確に表現するのでなければ、奇警も機智もありはしない」。当り前のことに思わせるほど見事に、三谷氏は述べてしまったということになろうか。

全論文をあらためて読み返してみると、すがすがしい気分に満たされる。それは、なぜ日米が悲劇的な戦争に突入したかという、二国間関係史的な、やや自閉的な問いから始められた共同研究が、研究の過程で、足りない視角がなんだったのかとの自覚にたちいたり、のちに『太平洋戦争』（東京大学出版会、一九九三年）としてまとめられる豊かな展望をみずからひらいていった、その真摯な姿勢に誰もがうたれるからだと思われる。

（『UP』334号、二〇〇〇年八月）

劉傑『日中戦争下の外交』

吉川弘文館、一九九五年

題名にある「日中戦争下」の意味するところから話をはじめよう。予想されるような、盧溝橋から太平洋戦争勃発までという、両端を事件でくぎられる枠組ではなく、もう少しゆるやかなものとなっている。広田弘毅が外相として登場する一九三三（昭和八）年あたりから、これまでとは趣を異にした対中外交が展開される。そこから筆を起こし、一九三九年六月に来日する汪兆銘が、日本政府首脳と新政権樹立について合意するところで幕がひかれる。

つまり、対象とされているのは、一方では外交によって、一方では武力によって、蔣介石の国民政府と日本が切り結んだ時期である。これは日本側からいえば、表面上では軽侮の言葉や「対手にせず」との声明を発表しながらも、裏面では国民政府側とのパイプの維持に懸命だった時期にあたる。中国側からいえば、幣制改革には成功したし、張学良や西南派あるいは共産党を挙国的に取り込むことにも成功したが、連盟や英米ソの干渉を誘うことには失敗し、日本に単独で立ち向かわなければならない時期にあたる。

まず、本書の構成から紹介していきたい。序章「対華工作」への道／第一章　盧溝橋事件から「船津工作」へ／第二章「外交交渉派」の抵抗と対華政策の転換／第三章　国民政府と新政権をめぐる日本外交の選択／第四章「新政権中心論」への転換／第五章「汪兆銘工作」の展開。

さて軍部の特務機関であれ外交官であれ民間人であれ、対立する二国の間にたって、情報の伝達・仲介・調停をおこなう行為については、和平工作・謀略工作などと呼ばれてきた。著者はこれを「対華工作」という中立的な用語で一括しておさえる。当該期の日本の「対華工作」の目的は、国民政府の対日政策を転換させること、とまとめられようが、交渉する対象によって、国民政府に対する直接交渉の時期と、国民政府切り崩しの時期に分けられる。一章から三章（第一部）までは前者について描き、四章と五章（第二部）で後者を描いている。

外交史研究においては、二国以上の史料を用いて事実の確定をおこなうことがとりわけ重要であるが、特に一、二章で示された到達度は、他者の追随を許さない域にまで達している。中国第二歴史檔案館史料、北平大使館記録、汪兆銘・周仏海・胡適・顧維鈞についての刊行史料が用いられ、日本側についても外交史料館所蔵の外務省記録「支那事変関係」がほぼすべて網羅されている。

次に、各章の内容を紹介しながら、事実の確定や評価の点で新たな貢献をなした部分をみていこう。序章では、最初の対華工作である船津工作に至る対中政策の形成を、外務省のスタッフたち（重光葵、須磨弥吉郎）の起案書を中心にあとづけた。(i)一九三五、六年に国民政府側がおこなった対ソ接近の実態に迫ったこと、(ii)一九三六年八月一一日の「対支実行策」と「第二次北支処理要綱」を分治主義の表明ととらえてきた通説を、その発想が華北五省特政会案（これは張学良と蔣介石との東三省での棲み分け策である東三省特政会と同様なものだった。主権は国民政府とする）から出ているると論証することによって批判したこと、が注目される。(ii)については、従来これを分治主義とは見ない研究者も、石原個人の功績として説明することが多かった。

第一章。この時期は妥協派（不拡大派）と強硬派（拡大派）の対立ととらえられることが多いが、対日政策の転換を国民政府に求める点でこの二者は同一であるとして、武力行使派と外交交渉派という概念を用いる。ただ、このグルーピングでくくられる人物は、強硬派と妥協派との分類と変わらない。(i)現地解決について、二つの新しい史料を用いて、日中双方が現地の沈静化した状況を誤解のないレベルで把握していたことを明らかにした。七月一八日付の日本側史料の語る宋哲元の陳謝の様相と、七月一九日付の何応欽宛宋哲元の電報が語るトーンには、ズレがない。(ii)中国内にも、武力抵抗派と外交交渉派がいた。後者の代表の胡適、周仏海、高宗武らの「低調倶楽部」の動きが興味ぶかい。国民政府の有力な一部である「低調倶楽部」が、戦争開始後も、五省特政会案のラインでの解決を支持していたことも明らかにされた。

第二章。日中両国が、一方は列強からの干渉を誘い、一方は干渉させないためにドイツの仲介を欲した事情と経過を、九カ国会議とトラウトマン工作にからめて描く。(i)一九三七年八月の国策決定では後退した日本の外交交渉派が、一九三七年一〇月の段階では和平条件を緩和させることに成功し国策立案までもっていったこと、(ii)中国外交部は、日本に対するソ連の武力行使を英米が容認する方向に期待をかけていたこと、(iii)一九三七年一〇月二五日の中国国防会議は停戦・和平交渉にかなり傾いていたこと、(iv)中国外交部が連盟や九カ国会議の効用をあまり高く評価していなかったのに対して、蔣介石はことに九カ国会議に期待をかけていたことなど、細かい点だが、重要な史実の確定をおこなった。

さらにトラウトマンが、日本側の加重した二条件（蔣介石の将来的下野と撤兵期限の延長）を中国側に伝えていなかったことをとりあげて、トラウトマン工作自体が、日本側の積極的な和平工作の結果というよりも、ドイツの極東政策からはじきだされたドイツの工作にほかならないとした判断も十分説得的である。

第三章。宇垣は外相に就任すると、外務省を主体として蔣介石相手の対華工作をおこなった。この時期のさまざまな対華工作の相互連環を日中双方の史料を使って論じている。この時期を扱うものは、対華工作の進展をみた重要な時期になぜ宇垣が辞任したかという難問に答えなければならないが、著者は宇垣の政権欲から説明した。つまり宇垣にとって、この外交交渉は政治家としての指導権確立の一手段だったので、その去就が恬淡たるものとなっても仕方がない、ということだろう。しかし、この点評者としては不満が残る。

第四章と第五章は、華北の臨時政府、華中の維新政府、汪兆銘の新政府、三者の関係を日本側がどのように処理していったのか、その経緯を書いたものである。日本側が傀儡政権や新民会・全民会を作ったり、国民政府の中堅層に対して工作をおこなった理由を、「国民政府の切り崩しと、強力な政権を樹立するための人材集め」と言い切った点など洞察に満ちた見方をしている。汪兆銘工作についても、「新政権中心論」者が強力な新政権を作りあげるために繰り広げた、人材の引き出し工作と結論づけている。

本書は、今後の日中関係史研究のスタンダードとなるべき到達点を示したが、問題点がないわけではない。第一に、開戦後の広田の行動、蔣介石下野論が出てくる経緯、宇垣の辞任理由などについては、まだまださまざまな説明が可能だろうと思う。たとえば、宇垣が和平工作に興味を失ったかに見える理由は、日独伊間に防共協定強化の話が進展していることを摑んだからかも知れない。蔣介石の強い継戦意思を支えるものが列強への目配りであるとすれば、英米ソを牽制できる同盟が手に入れば、日本の目的は達成されるのである。全体として、個々の国策や暫定的な決定についての正確な評価は導いたが、歴史を動かす力と、個々の政治主体の連関について書ききったとはいえないと思われる。

第二に、武力行使派や国民政府中心論という視角の導入によって、どれだけ新たな地平が見えてきたかということについて評者はいささか懐疑的だが、著者自身も実は懐疑的なのではなかろうかと思わせる点がある。既存の業績とどれだけ異なったものがだせたか、謙虚な著者としてはいささか不安があるのだろう、その不安感が、重要な先行研究である戸部良一氏の『ピース・フィーラー』(論創社、一九九一年)に対する随所の反論として表出したように思う。しかし、この反論の中にはいささか公平を欠くものもあるように感ぜられた。

日本外交史専門家として、日本人研究者に伍してやってゆく、との静かな意気込みをたしかに感じさせた本書をものした著者にまずはエールを送りたい。

(『歴史学研究』684号、一九九六年五月)

松浦正孝『日中戦争期における経済と政治　近衛文麿と池田成彬』

東京大学出版会、一九九五年

少し廻り道をして、戦争と経済の話からはじめよう。

きたるべき戦争の準備がどうしても避けられないものだと思われた時、軍人や政治家は、戦争と経済・財政との関係について、国民の説得にとりかかるものである。たとえば一八七四年二月一六日、モルトケはドイツの議会において演説をおこなったが、それはざっとつぎのような内容のものだった。

まず、一八〇八年から一二年までの、プロイセンとナポレオンとの戦いを議会の面々に思い起こさせ、その頃のプロイセンが常備兵も少く、兵役の期限も短く、軍費も僅少であったために、ナポレオンとの戦いに敗れ、「一億萬の償金」を払うことになったと述べていた。つまり当時のプロイセンが近視眼的にものを考えて、自国の兵備を節約したために戦いに敗北し、節約したと思っていた十倍もの金を、賠償金としてフランスに支払わなければならなくなったのだと諷し、普仏戦争の勝利に酔うことなく、つぎの戦争の準備のための軍拡が必要だと、きわめて説得力をもった言い方で演説していた。

このモルトケの演説は、「内外兵事新聞」の第二号・三号に掲載され、明治九（一八七六）年の時点で日本にも紹介されていたので、当時の日本の為政者にとっては馴染みの深い言説であったろう。経済を振興させるために軍事費を低くおさえていても、一朝ことあれば戦争に負けた方の国は、双方の戦費を負担するのみか、賠償金を支払わなければならず、これはずっと長期的に国民に経済的負担を強いるので、軍事費をしぶってはいけないとの論理は、財政の専門家を説得することは難しかろうが、国民のレベルではなかなか反論しがたい論理となった。

戦勝国が敗戦国から報復的な賠償を求めてはならないとの論理がでてくるのはようやくウッドロウ・ウィルソンあたりからだろう。しかしよく知られているように、第一次大戦の敗戦国ドイツへの対応は、ウィルソンの希望に沿うようにはならず、賠償金という考えかたは残った。ただ、戦勝国側にとってもその損害は賠償で贖えるようなレベルの損失ではなかったので、大戦後は、戦争を積極的に国民に納得させる論理は、なかなか現れそうもなかった。

ところが、昭和二(一九二七)年に、陸軍大学校二年生向けに石原莞爾のおこなった「欧州古戦史講義」からは、特徴的な変化がみてとれる。石原は言う。財政の貧弱な日本には、モルトケのおこなった対墺対仏戦争のような殲滅戦争はできず、むしろナポレオンの対英戦争のような消耗戦争しかできない。「戦争により戦争を養ふを本旨とせざるべからず。即ち占領地の徴税物資兵器により出征軍は自活するを要す。支那軍閥を掃蕩土匪を一掃して其治安を維持せば、我精鋭にして廉潔なる軍隊は忽ち土民の信服を得て優に以上の目的を達するを得べし」(『石原莞爾資料戦争史論』原書房、四三〇頁)。つまり、中国民衆を苦しめている土匪を掃討するような立場をとる日本軍となっていれば、占領地の民衆の支持をえて自活可能であると言うのである。

石原は、最終的な戦争(対米戦争)を考える際に、「満州」・中国を基地とした日本の陸軍力でアメリカの海軍力と戦うというイメージを形成していた。これは、財政を顧慮することなく戦争をはじめられるという途方もない論であり、「満州」や中国のナショナリズムを考慮していないとの批判は容易になしうるだろうが、陸軍が真剣に戦争を求めた時に、この論理はこの上もなく魅力的なものとして、国民を魅了してゆくことになった。

新進気鋭の政治学者である松浦氏の描いた、日中戦争期の蔵相・商工相池田成彬が相手としたのは、まさにこのような、戦争と経済の摩訶不思議な世界だったのである。

池田成彬は三井合名常務理事として名高いが、昭和一二（一九三七）年一〇月に、財界を代表するかたちで内閣参議に列し、主として中国問題にかかわった。翌年の五月二六日、第一次近衛内閣改造で蔵相・商工相に就任する。この時の改造では、宇垣一成も外相に就任した。著者の対象としたのは、直接的には、この池田の参議就任から、漢口陥落、第一次近衛内閣の退陣までにあたるので、時間的には一年あまりのことが四〇〇字詰にして九〇〇枚に及ぶ浩瀚な書となって、われわれの前に示されたことになる。評者などは、旅先などで本を読んでいて、残りの本のページがだんだんと少なくなってくると不安になってくる活字中毒者なので、本書の二段組の註などをみると無条件に嬉しくなる。

さて、評者のおしゃべりはこれくらいにして、本書の内容を紹介してゆこう。本書は五章からなり、第一章日中戦争収拾へのシナリオ、第二章「池田路線」登場以前の状況、第三章「池田路線」の登場と展開、第四章「池田路線」崩壊以後の状況、第五章「池田路線」の限界と意義、という章立てとなっている。

「池田路線」（以降、カッコはつけない）とは、著者の定義によれば「金融資本等の経済界主流および大蔵省・日銀等の経済官僚を基盤として、為替維持・低物価政策・輸出振興・大企業中心の生産拡充・民間自主統制等を中心とする戦時経済強化を行い、経済の論理の下に日中戦争収拾策や対英米協調政策等の外交政策・軍事政策を規定していこうとした路線」のことを意味する。これは、著者が分析用語として設定した概念なので、当時、池田路線と呼ばれていたものがあったわけではない。

ごく簡単に言いなおせば、つぎのようになろう。予期せぬ戦争勃発で、金現送までおこなわなければならなくなった日本経済の危機的な状況を、誰かが立て直さなければ、戦争は半年ももたなかったはずであった。そうであれば、このような危機的状況にあって登場を請われる人物は、その経済的な手腕ゆえに、政治的軍事的にはもっともファナティックな勢力をも抑える力をもつことができたと予想される。著者は、このような見通しをもって、その人物が池田成彬であったと想定したのだと思われる。

さきほどの石原のネーミングでいけば、日中戦争の初期段階の一大決戦であった、上海・南京の戦いは、日本が予想しなかったし望みもしなかった規模で「殲滅戦争」になってしまっていた。予想をはるかに越える財・資材・人命が、短期間に狭い戦面に集中されてしまった。戦争というのは相手の出方に左右されるもので、戦争を受けて立った中国側が、かねてドイツ人軍事顧問の指導のもとに準備していた複郭陣地を配した、ドイツ流の本格的な反撃にでてきたために、昭和一二（一九三七）年七月に戦争が勃発してから、その年の暮れまでの日本の周章狼狽ぶりは、現在では想像もつかないものだったのだと思われる。

このような日中戦争初期の実態を考える時、著者の設定した野心的な課題、すなわち「金融資本が、戦時体制や日中戦争、あるいは対英米戦争に対して果たした役割を実証的に解明する」ことは、とくに必要なことだと思われる。戦争初期の段階で、池田のような人物が登場していなかったならば、日本が昭和二〇（一九四五）年まで、まがりなりにも戦争を続けられていたかは疑問であろう。

つぎに第一章から第三章までの内容を中心にまとめながら、著者のいわんとするところをわかりやすく述べていこう。

第一章。戦争が勃発した時、日本側にはありうべき四つのシナリオが存在した。著者は、池田路線との対比の意味もこめて、各勢力の思惑を四つにまとめている。第一は局地解決方針、第二は陸軍石原派の即時解決論、第三は陸軍強硬派の蔣介石政権壊滅論、第四は「革新」派のシナリオとなる。石原派は、トラウトマン工作をおこなうが、この工作はその政策的枠組みに説得力がなかったために失敗し、これ以後石原派は基本的には池田路線の支持者として行動するようになる。「革新」派は、資本主義と既成の政治体制の打破を、東アジアにおける既存の国際秩序の打破と連動させることを説いたが、これはあまりに遠大な目標であった。著者は明確には述べないが、基本的に池田路線と対峙することになる勢力として、陸軍強硬派を考えているようである。

これらのシナリオに対して池田は、日本経済の強さを対外的に示すものとみられる対外為替相場の維持と、公債消化率の向上を端的にめざしていたとみなせる。卓越した「財政政治家」を中心として、官僚・軍部・政党の緩やかな結集を図りつつ、前述の目的を達成するというのが、現実的な池田路線であった。

第二章。池田路線が登場してくる経済的背景を述べた章である。日中戦争勃発当時、日本側のエコノミストが、戦争遂行のための日本の経済的負担能力について、いかに低い評価を与えていたか、また外務省に聞こえてくる英米側の情報が中国公債の安全性を日本公債のそれより高く見積もっていた実態などが詳細に述べられている。

さらに門外漢にはなかなかわかりにくいが、日本側が対英為替一シリング二ペンスを維持することの重要性と、その難しさについても語られる。陸軍の一部が望んでいたように、国民政府が重慶に後退し戦闘が一段落すると、今度は占領地統治の問題がでてくる。多くの軍隊が占領地で半自活するとなれば、その必需品の収買について現地の物価が安定していることが望まれる。いっぽうで、戦闘の終結した占領地に向けて日本側から物資の搬入が図られることになる。そのような時に、占領地の通貨をどうするのか、これは当然でてくる問題であろう。このような占領地の通貨統合をめぐっても、池田の専門知識が動員されることになったのである。

第三章。池田が登場してくる政治的文脈を述べた章である。財界を代表して内閣参議となった池田であったが、そもそもこの時期、大本営・政府連絡会議などが常態化すると、通常の閣議などに比べ、大蔵大臣の役割がより重要視されるようになっていた。さらに、昭和一三（一九三八）年五月の近衛内閣改造時に常態化するようになった五相会議も、同様な文脈で注目されるものであった。著者は、「日中戦争収拾工作を一元的かつ強力に推進する制度が、五相会議方式として成立した」（八八頁）と述べている。

このような機構改革を背景にした池田の登場は、戦時経済の強化という点でまことにドラスティックな効果をもたらした。それまで、日本の経済力に懐疑的であった英米側の新聞も、日本の底力を再認識するような記事を載せたし、なによりも三〇億の公債が消化されたことは、日本側当局者をも驚かせた。為替の問題も着実に改善された。池田は一シリング二ペンス水準を堅持し、それを実現するのに可能な国際収支のバランスの範囲内で輸入可能量を決定するという、貿易経済上の枠組みを設定することに成功したといえる。

戦時経済が強化される構造を描くのは、なかなか大変なことだが、第三章第二節で著者は詳細にそれをおこなっている。その記すところをごく簡単にまとめておこう。池田は、外貨獲得のため、採算を度外視するほどの輸出価格切り下げを大規模輸出産業に要求した。しかし、どこかでその損失をカバーしなければ経済は萎縮する。そこで、池田は紡績・製糖・小麦粉などの産業に、インフレーションの進行する円ブロック向けの輸出を許可することで、それらの産業に高収益をもたらすようにした。

第四章・第五章で、著者は池田路線の限界を執拗なまでに指摘している。これは、著者の学者としての良識と良心を物語るものであるが、書評ではこの部分をとりあげることはしない。評者は、本書を丁寧に、そして楽しみながら読んだものの一人として、読みながら考えたこと感じたことを以下に述べてみたい。

第一に、本来は政治の表舞台に立たない、また、立つことを嫌う財界の大御所、あるいは金融資本の第一人者を中心にすえて、その戦時経済の運営に果たした役割を、望みうる確実な史料群を基礎に、著者は描こうとした。このような試みは、静かにみえるけれども大変な胆力を要するものであり、初めて本格的になされた意義のある試みだと思われる。

戦争と金融資本の関係、はたまた粘土足の巨人といわれた日本経済が戦争を担えるだけ強かったのか弱かったのか等々、わかっていそうで学問的には実証されてこなかった、これらの問題を考えるための方法論を、本書はわれわれの前に示してくれたと言えるだろう。池田成彬という人物は、政治史研究者にとっては、これまで「偉大なる暗闇」であったのだが、本書の成果によって「輝ける闇」というほどに、その存在感を増した。

安直な書評子は、おそらく「池田路線」という耳慣れない言葉に噛み付くのだろうが、臍曲がりの評者はそれはやらない。たしかに「路線」という、いささか分析用語として熟さない言葉に最初とまどうが、池田のような人物がおそらく日本の政治を動かしてきたのだろうし、今でも動かしているのだろうと時々想像してみることは、政治史を読んだり書いたりする人間にとっては、大事なことであろう。著者が初めて、金融資本の大御所に与えたこの分析用語を洗練させる試みは、今後の著者自身の研鑽にゆだねられるべきであろう。

第二に、日中戦争初期の危機的な経済状況と、それを解決すべく登場する池田が鮮やかに描かれる点に、池田路線の実証についての説得力のすべてがあると判断できる。その点で、著者がやったように時系列に従って、池田の敵や他の勢力を描き、他の勢力の抱くシナリオと池田のそれを対比して語るという方法は、たしかに有効な一つの方法であろう。しかし、評者としては、ほかの方法からのアプローチが一章分あっても面白かったのではないかと考える。というのは、著者が本書にまとめたようなインスピレーションを最初につかんだのは、蔵相や金融資本の代表者が、軍部大臣や首相にもまして、この時期の政策をまとめてゆくに際して力をもっていたという、そのイメージの鮮烈さにあったのではないか、と考えるからである。

明治期には、元老が政策の統合に寄与し、政党内閣期には、政党の領袖たちが利益誘導策などを通じて、政策の順序だて、政策の統合に寄与していた。挙国一致内閣においては、坂野潤治氏が解明したように、ある種の円卓会議構想で政党の代替をおこなおうとしたプランがあったのだろう。そして、そのつぎの戦時体制期の政策決定の構図として、戦時経済が喫緊の話題となった時の蔵相・経済担当者を中心とした予算配分、物資の配分の決定、政策の統合がなされる図を描けるのではないか、との見通しが著者にあったのではないだろうか。

とすれば、池田が内閣参議になってからの政策の統合の仕方、池田が蔵相になってからの政策の統合の特徴、これらの制度的な分析を前時代と比較してやったら面白かったのではないか。前時代との対比をだすようにすれば、池田路線の、より明確なイメージが描けたのではなかったろうか。

第三に、本書は博士論文として提出された時の五分の三に圧縮された内容となっていると「あとがき」で述べられているが、長い論文の好きな評者は、この元の博士論文をも読んでみたい気がした。というのは、巻末に掲げられている資料目録にある、日本銀行金融研究所所蔵金融関係資料や、東京商工会議所商工図書館所蔵マイクロフィルム、池田成彬日記などが本来もっていた醍醐味が、どの程度まで本になった時に損なわれずに残ったのか、いささか懐疑的だからである。

これらの資料は、著者が独自に粘り強く発掘したものであり、これほど体系的に使われたのを評者は知らないが、本にする際に引用をなるべく抑えた淡々とした叙述を重視したためか、これらの資料のもっていたであろう躍動感が伝わりにくくなったのは、惜しいと思われる。

(『レヴァイアサン』21号、一九九七年七月)

編集・翻訳/石田勇治、編集協力/笠原十九司・吉田裕

『資料 ドイツ外交官の見た南京事件』

大月書店、二〇〇一年

一九三八年五月、ドイツは極東政策に関して、二つの重要な決定をおこなった。中国の蔣介石のもとに派遣されていたファルケンハウゼン将軍を団長とする軍事顧問団を召還するいっぽうで、独満友好条約を締結し「満洲国」を正式に承認した。中国ではなく日本をドイツがこの時点で選びとったのは明らかであったが、このような状況が、半年前の日本軍の南京入城後に起きた南京事件当時に自明であったわけではない。

ここに、「ドイツ外交官の見た南京事件」というタイトルをもつ資料集である本書の第一の意義がある。田嶋信雄氏による「解説Ⅱ」が丁寧に描いているように、五月の決定までのドイツ極東外交は、親中派＝ドイツ国防軍および経済省と、親日派＝駐英大使リッベントロップ・国防軍防諜部長カナーリスが、相互に排他的に進めていた「二股政策」の矛盾を背負いつつ成立していたものだった。

つまり、南京事件を見ていたのは、防共協定締結国同士、つまり反共の同志としての決意の下に日本の行いにも目をつむろうとする外交官ではなく、「二股政策」の矛盾に引き裂かれながら、「中立」をレーゾン・デートルとしてきた自らの政治的立場をどう保持していくかに悩んでいた外交官だったのである。

本書は、おおむね三種類の文書群、①ドイツ連邦文書館所蔵「駐華ドイツ大使館文書」、②同館所蔵「総統専属副官文書」、③ドイツ外務省外交文書館所蔵「中日紛争文書」から構成されており、一九三七年一二月から翌年八月までをカヴァーする一〇五点が採録されている。アメリカ側、中国側、日本側の資料に加えて、ここにドイツの資料が加わったことで、南京事件の実態がさらに詳細に再構成されうることになった。

本資料集によって明らかにされたこと（笠原十九司氏による「解説Ⅰ」に尽くされているが）や、評者が考えさせられたことなどを以下に述べていきたい。まずは、一九三七年一一月、戦火を逃れて漢口に移転したドイツ大使館の留守居役にあたる、ドイツ大使館分館統括者であったゲオルグ・ローゼンの執筆になる外交文書に現れたその極東観である。たとえば、ドイツ外務省宛一九三七年一二月二四日付報告「さまよえる南京分館」（資料3）は、アメリカ砲艦パナイ号とイギリス砲艦レディバード号に対する日本の不当な爆撃を間近に見聞した記録としても貴重ではあるが、その後に続く記述がより重要であろう。

ローゼンは、日本軍の南京での振る舞いに代表されるような状況こそが、中国に共産主義の温床を形成すると指摘している。つまり、日本が、共産主義の蔓延を防止しようとするドイツの政治目標に反することを行っているとの判断を上申していた。

さらに、ローゼンからトラウトマンに宛てた、一九三八年四月一四日付書翰（資料93）では、ドイツにとって懸念されるのはソ連との紛争に巻き込まれることであり、それは日本を契機としてもたらされるはずであるとすれば、日ソ対立を防ぐ最善の策として「強力な独立中国」を存在させておく必要があるのだ（二五九頁）と論じていた。

いずれにしても、本書を通読すると、南京事件の実態を詳細に知りつつ、にもかかわらず駐華ドイツ大使トラウトマンが日本との和平工作を蔣介石との間で進めていたという事実の重みは、よりいっそう際立ってくる。先に述べた「二股政策」の矛盾が拡大し、親日派＝リッベントロップらの政治的立場が強化されるのを恐れたドイツ外務省が、組織的延命をかけて、日中戦争に何らかの和平をもたらす必要を感じ始めてトラウトマン工作に踏み切ったとの田嶋信雄氏の説明（「解説Ⅱ」三三二頁）が最も説得的であろう。

最後になったが、外交文書の形態に応じて文体の調子も変えた訳文は、周到であり格調が高く、訳注も充実している。

（『史学雑誌』110編7号、二〇〇一年七月）

石川準吉『国家総動員史』下巻

国家総動員史刊行会、一九八七年

著者は、戦前に、埼玉県・奈良県の地方課長、内閣調査局・企画庁事務官、企画院調査官、防空総本部事務官、静岡県知事官房主事を歴任し、戦後も、経済安定本部員・宮城県経済部長、行政管理局長を勤めるなど、豊かな行政経験をつみ重ねてきた人物である。このような行政官僚としての自己の軌跡をより所として、昭和戦前期の国家総動員を歴史的に位置づけるという、一連の作業を一〇年がかりで行ったものが、先頃完結した『国家総動員史　資料編』（以下、『資料編』と略す）全10巻にほかならない。そして、本書は、『国家総動員史（上巻）』（以下、『上巻』と略す）とともに、『資料編』全10巻を縦横に使いこなすための解説書の役割を、第一に、帯びている。

『資料編』は、一巻平均一六〇〇ページにのぼる大著であり、全巻の合計では二万ページをこえる。そこで、収録資料の使いがってをよくするために、すでに筆者は、『資料編』の最終巻として、総目次・年表・索引（地名・人名・会社名・事項・資料名）を、その内容とする『別巻』（国家総動員史刊行会、一九八二年）を世に問うている。

『上巻』は、問題別・事項別に『資料編』に収められていた資料を、第一次大戦から昭和一三年末までの国家総動員計画の沿革の説明のなかで編成しなおし、時系列に沿うように、主な資料について梗概を載せたものであった。この形式は本書でも踏襲されており、第一章から第一九章までからなる前編は、昭和一四年度から二〇年度までの、国家総動員計画の沿革とその背景説明にあてられ、著者の想定する総動員概念に従い、貿易・交通・通信・労務・資金などのあらゆる方面にわたる動員の実態が、年度毎に浮きぼりにされるしくみになっている（以上、前編は約一九八〇頁分）。

続く第二〇章から第二三章は、中編「総動員の行われた地理的範囲と治乱興亡の軌跡」との題にくくられているとおり、何らかの総動員の摘要を受けたと思われる、旧植民地・「満州国」・「支那」・南方占領諸地域が、諸列強の角逐の中で、如何なる歴史を有してきたかについての概説となっている。全体の中で、中編にわりふられている役割は、動員の及んだ範囲を、平面において把握するための便宜を図るとともに、諸列強の「東漸」の歴史に終止符を打ったものこそ、日本の朝鮮半島・「満州」の領有であったとする著者の歴史観を、控え目ながら述べるためのものとなっている（以上、中編は約九〇頁分）。

第二四章から第八九章は、後編「戦時体制下における特記事項と戦後処理――戦時重要国策と総合国策企画官庁の沿革」との題の下にまとめられているが、一見するところ、各章の内容に緊密な相互連関があるように思えない。総合国策官庁の沿革についてならば、我々はすでに、同じ著者の手になる、より詳しい『総合国策と教育改革案』（清水書院、一九六二年）を共有財産としてもっているのである。

それでもなお、著者が、第四九章から第五二章にかけて、宮中府中、行幸、栄典制度、貴族院制度改革についての解説を行う時、そこには著者なりの「戦前、戦中の記録を理解するには、その時代の『常識』を必要とする」（『別巻』刊行の辞、五頁）という、思惑が存するもののようである。

また、後編は、第八六章「広田元首相の命とりとなった『国策の基準』」、第八七章「B・C級戦犯裁判」、第八八章「大東亜戦争とは何であったか」、第八九章「大いなる遺産」という題名からもわかるとおり、終盤に近づくにしたがって、著者の考えるところが鮮明に主張されるようになるという特徴をもっている。『資料編』を著した際には、禁欲的に秘匿されていた著者の「真に実証したかったこと」が、ここで初めてやや形をなしてくる。それが何であるかは、東京裁判判決の「粗雑さ」を嘆ずる、次のような部分からも読みとれるだろう。

「たどたどしい表現の英文から、日本語に訳した上、統帥と国務、内閣の責任等についてすら明確な知識なしに書かれた起訴状と、その上に立脚した判決であるから、見当違いも甚だしいのである。（中略）『国家総動員史』全13巻は、正にこの迷妄を正す『浄玻瑠の鏡』となるであろう」（二二八九頁）。このような見地から、例えば、東京裁判で、南進に関する共同謀議の証とされた、広田内閣期の「国策の基準」という決定が、陸軍、海軍、外務の利害の衝突のせいで、実は閣議決定にも至っていないものだったのではないか（二一八五頁）と示唆する。一方で、弁護側から提出されたにも拘わらず、裁判の過程で却下された資料群が、現在、法務大臣官房司法法制調査部戦犯資料室に眠っていることを明らかにし、それを十分に利用することによって、昭和現代史を書き改め、「東京裁判史観」を正すことができる（二一八六頁）との主張を展開している（後編は、約一三〇頁分）。

著者が、「真に実証したかったこと」の第二点は、終章にあたる第八九章に述べられている、次の点であろう。「小国日本が、半世紀余りの間に、世界第一級の陸軍と、三大海軍国の一つと呼ばれる大海軍を作り上げた」が、これら二つの軍備を支えたものこそ、実に「国家総動員」であった。「はじめは善戦健闘、ついで悪戦苦闘の中で培われた、一億国民の資質、訓練、技術、組織力、経営能力の総和が、技術大国、経済大国としての、今日の日本を築き上げたのである」（二一九九頁）。

戦時中の国家総動員が、何らかのかたちで、現在日本の屋台骨を形成するのに寄与したという著者の視点は、『資料編』全10巻に、本書のほか、『上巻』・『補巻』を含めた全13巻の大書物のもつ現代的意味が何であるか、という問いへの答えをも内包するものである。『読売新聞』の八七年一〇月七日付夕刊のインタビューに答えて著者は、「例えば、今はカネ余りとかいって、いい気になっていますけど、なにかの理由で食糧や資源の輸入が途絶してしまったら、どうしますか」と迫り、「需要に供給が追い付かなくなった場合、つまり、モノが足りなくなった時、国民経済全域にわたって、あれだけ綿密に練った総動員計画は、なんらかの形で参考になるはず」という問題意識を確信にみちて語っている。

このように、本書は『資料編』の操作マニュアルとしてのみならず、著者の編集意図や立場を明確に規定している、「国家総動員史観」というべきものを理解する上でも、不可欠のものといえる。

そのような意味で、本書の著しい特徴として挙げられるべきは、総動員の種々の分野で実際の仕事にあたった事務当局者の著作や、回想を重視して、それらを積極的に資料として取りあげている点である。総動員という、それ自体、極めて学際的な問題関心を不断に要求する分野を扱っているからとはいえ、著者の見いだしてくる著作類や回想録の領域の広さには、敬服の念を禁じえないものがある。例えば、『日本港湾修築史』（五四六頁に紹介）は、港湾行政を一元的に支配する管轄機関がなかったことが、戦前の行政機構改革で常に問題とされてきたことを明確に窺わせる。同様に、花岡薫編著『国際通信――歴史と人物』（六八八頁に紹介）からは、中国全土の海底ケーブルと、太平洋横断海底線とが、長らくイギリス系資本に独占されていたというような、極東情勢についての示唆に富む情報が得られる。

更に、昭和一六年二月から、企画院物動総括主任者であった真山寛二の回顧録を、防衛庁戦史部図書館から見いだしてきたり（一一〇五頁）、あるいは、稲葉秀三企画院調査官の後任として、物動計画策定の事務的中心者であった、田中申一の回想を載せてもいる（一二四二～一二六二頁）。また、最も問題をはらんでいた、船舶物動の実態について、元日本郵船社長有吉義弥の著書『海運五十年』（一三〇九頁）が、有益な情報を提供している点についての目くばりも怠りない。

これら事務担当者の記録を丹念に収集する著者の態度は、行政官僚として実務にあたってきた著者自身の体験からくる、自負と、ある種のこだわりに裏づけられているように思われる。総合国策機関としての調査局――企画庁――企画院を歴史的に位置づけることは、昭和戦前期全体を見とおす作業にほかならない。そこで、その転位の実相がいかなるものであったのかについて、調査局事務官・企画院調査官の経歴をもつ著者が、本書の各所で断片的に述べている回顧や感想から、どれだけ多くのヒントを見いだし、豊かな歴史像に肉づけできるかは、本書を利用する者の二つのソウゾウリョクの如何にかかる問題であろう。

(『日本歴史』482号、一九八八年七月)

小澤眞人・NHK取材班『赤紙 男たちはこうして戦場に送られた』

創元社、一九九七年

ひと昔まえの朝の連続テレビ小説では、話が戦時中におよべば必ず、赤紙(召集令状)を受けとる場面や出征兵士を見送る場面が登場した。日本にあっては、赤紙を受けとった驚きや、愛する家族と別れて出征する悲しみを表現することによって、戦争のイメージを喚起したり受けとめたりできる歴史的感覚が培われてきたような気がする。

他の国ではどうだろうか。吉田茂の息子でイギリス文学に詳しかった小説家吉田健一が、どこかでこんなことを述べていた。

ジグソーパズルのように国境のいりくんだヨーロッパ諸国での戦争は、宣戦布告がなされればいつ敵が自分の家のまえに現れてもおかしくない事態のことであり、また当然のこととして自分の国とその文明が亡びることも覚悟しなければならない事態なのだと。これらの国の貴族や国民的作家が、率先して戦場に赴いて「血の代償」を支払うのも、このような切迫した事態を背景にして初めて理解できよう。

この種の切迫感は、日本にはなかった。四囲を海に囲まれ、戦争となれば国の外に戦場を求めてきた日本の戦争を語るには、外の世界に兵士を連れだすための紙片であった赤紙がやはりふさわしいのである。しかし赤紙については、召集令状受領証や在郷軍人名簿などが戦後すぐ焼却されたため、不明な点も多く不正確な理解も流布されてきた。

昨年八月一一日に放映されたNHKスペシャル「赤紙が来た村」の制作にあたった小澤氏の書いたこの本は、日中戦争から太平洋戦争にかけて軍のおこなった動員編制業務についてこれまで書かれた書物の、一つの到達点を示したものと評価できる。

赤紙を叙情的に扱うのではない。富山県東砺波郡旧庄下村に残された八〇〇〇点あまりの兵事係資料と、防衛研究所の所蔵にかかる旧軍資料から、動員という巨大な戦争遂行システムの末端に位置する文書として赤紙を過不足なく描いて、凡百の研究書を圧倒する迫力を持った。

（『東京新聞』一九九七年七月二七日朝刊）

入江昭『太平洋戦争の起源』

篠原初枝訳、東京大学出版会、一九九一年

本書は、ハーバード大学教授である著者がイギリスで出版した *The Origins of the Second World War in Asia and the Pacific* (Longman, 1987) の邦訳である。著者は処女作『日本の外交』（中央公論社、一九六六年）以来、短くて一〇年、長くて一〇〇年のタイム・スパンで外交史を書くという原則をつらぬいており、満州事変から日米開戦までの一〇年を対象とした本書もその例外ではない。

現代史の場合、よほど明確な視角で対象をきってゆかないかぎり、対象期間を長く設定するのはむずかしい。しかし、著者は、一国の外交指導者が死活的であると感ずる事項はなにか、またなぜそれが死活的と感ぜられるようになったのかという点、いいかえれば、外交政策の思想的基盤に焦点をしぼることによって、この難題を克服してきた。ある時期のある国家にとって「安全」とはなにを意味していたかを考察すること、あるいは、ある時期のある国家がどのように外交政策を決定したかそのプロセスを考察すること、この二つを外交史研究の必須要素とすれば、著者はかなり早い時期から前者のアプローチを自覚的にとってきたことになる。

本書の内容は、著者による一連の著作『日米戦争』（中央公論社、一九七八年）、『二十世紀の戦争と平和』（東京大学出版会、一九八六年）によってすでに明らかにされた論点の集大成としてよめる。すなわち、本書でも、①一九三〇年代の宥和政策は、二〇年代の経済的国際主義を再現させようとした試みとして積極的に評価されるべきこと、②日米双方の戦争目的と戦後世界構想を概念化すると、そこには相違点よりも類似点が多いこと、③敗戦から戦後にかけて日米両国がきわめてスムーズに親善関係に移行できた理由は冷戦構造に帰せられるべきではなく、二〇年代にアメリカ側が蓄積した良好な対日イメージ（国際経済のなかで日本は協調的にふるまうことができるというイメージ）が穏健な対日占領計画作成に寄与した点にこそ求められるべきことなど、著者の一貫した論調が確認できる。

一連の旧作と相違がみられるのは、日米戦争への過程のなかでの中国の位置づけの部分である。著者は、中国が日米両国にとって根本的な対立要因ではなかったという旧作の立場を改めたようにみえる。英米両海軍の共同戦略が一九三八年初頭に開始されたこと、ドイツが満州国承認を決断したこと、この二つの事実によって「日中戦争の国際化」（七九頁）がはかられ、アメリカは大西洋とアジア両方の勢力均衡維持を死活的と考えるようになったとされる。つまり、本書では中国が米国にとって「総合的なアジア・太平洋戦略の一環」（二六九頁）として位置づけられているのである。

この変化がどのような実証作業の結果かを推測するのは、新刊紹介の域をこえるので立ち入らないが、少なくとも『中華民国重要史料初編　対日抗戦時期』シリーズに代表されるような、蔣介石政府側の一次史料の刊行開始によって、中国の内情が明らかにされたことと無縁ではないだろう。

(『史学雑誌』101編4号、一九九二年四月)

細谷千博・本間長世・入江昭・波多野澄雄編『太平洋戦争』

東京大学出版会、一九九三年

ここ数年、開戦そして戦後五〇年を意識した書物・映像の企画がめだつが、良質のものや新機軸をうちだしたものはまことに少ない。そうしたなかにあって、よく練られた構成をもつ良心的な本書の出版を喜びたい。本書の原型は、「はしがき」にもあるように、一九九一年一一月に山中湖で開催された国際会議「太平洋戦争の再考察」によせられたペーパーである。また本書は、二三年前に出版され、いまなお学界でスタンダードの地位をしめる『日米関係史』全4巻（東京大学出版会、一九七一〜七二年、一九六九年に河口湖で開催された国際会議の報告をベースとする）

の姉妹編にあたる。

『日米関係史』は、議論の対象を開戦前のほぼ一〇年間に限定したうえで、日米双方の対外政策決定過程に焦点をしぼり、決定にかかわる政治主体のおかれていた制度や機構についての日米比較をおこなったものだった。それにたいして本書は、ソ連の崩壊や中国におけるいくらかの民主化の進展という状況をふまえて、ヨーロッパやアジア諸国、とくにソ連と中国を視野にいれた多国間関係のなかで、太平洋戦争を再考しようという意図のもとに編まれている。また、日米開戦の国際的文脈、戦争の衝撃と遺産、戦争の意味、という三部構成をとって対象に複眼的にせまろうとしている。そうした姿勢は、どのようなメリットを生みだすことになっただろうか。以下、論文の掲載順にこだわらずに論評を加えてゆこう。

まず第一に、欧州を視野にいれたことで、枢軸国内部あるいは連合国内部の軋轢が明らかにされたというメリットがあげられる。B・マルティン「ドイツと真珠湾」は、ヒトラーの人種主義と日本の汎アジア主義の不協和音を三国同盟のうらにみている。マルティンと同じパネルで田嶋信雄が「リッベントロップと第三帝国の政策決定環境」と題し、これ以上望めないようなレヴェルでヴィヴィドに提示した、ナチス外交の担い手たちの荒寥とした光景をあわせて読めば、駐独大使大島浩の没頭した対象がどのようなものだったのか、ひたひたと伝わってくる。

いっぽう、D・レイノルズ「イギリス・太平洋・世界的宥和」、A・ベスト「イギリスの学者の対日政策とヨーロッパ戦争」、I・ニッシュ「太平洋戦争と英帝国」などのイギリスの学者の論文には、多かれ少なかれ、イギリスの帝国防衛をめぐるディレンマに冷淡だったアメリカへの反発心がほのみえる。開戦前のアメリカは、大西洋でのイギリス援助には熱心であったが、東アジアにあるイギリス連邦諸国・植民地をイギリスの代わりに防衛することは一貫して避けつづけた。東アジアをめぐる植民地主義への姿勢のちがいが、英米間に軋轢を生じさせたのである。

第二に、ヨーロッパ、ソ連、北アフリカでの個々の戦闘状況を視野にいれたため、①個々の戦闘状況が現実の対外政策決定におよぼす影響、②そこでの各政治主体による決定の今日的評価がリアルに判断できるようになった。

日米戦争の場合、時々の戦闘の大勢は、おそらく不可逆である。しかし、一九四〇年七月から九月になされた英独間の航空戦、一九四一年六月から一〇月までの独ソ戦については、戦闘の帰趨を実際におきたことと逆に想定することはそれほど困難ではない。

本書のなかでも、W・ハインリックス論文「『大同盟』の形成と太平洋戦争の開幕」は、アメリカの初期対ソ援助の消極性を論じた部分で、「アメリカの慎重な反応は、ソ連は猛攻撃に耐えられず、いくら援助を送っても無駄に終わるであろう、とワシントンでほぼ普遍的に信じられていた」(二六八頁)からだということを明らかにし、一九四一年の秋になってソ連が維持できるみとおしがたったときはじめて、アメリカの対ソ政策が積極化したと述べている。

またレイノルズは、「今日われわれは、ナチスによるノルウェー、デンマーク、低地諸国、そしてなかんずくフランスの征服という話の筋書きにあまりにも慣れすぎてしまったので、当時それが引き起こした衝撃を再現することが、しばしば困難となっている」(三一九頁)と述べる。たとえばイギリスの対外政策への評価は、ビスケー湾から黒海までヒトラーによって征服されてしまったという事実の重みをうけとめながらなされなくてはいけないといっているのである。

第三のメリットとして、蘭領東インド、仏印、タイ、フィリピンなど日本による進駐・占領などを経験した国々へも目配りしているので、脱植民地化という歴史のながれと疾風のごとき日本軍政との関係を吟味する機会をえた点があげられる。同様に、帝国防衛の矛盾に悩むイギリスから、しだいに実質的な協力関係をもとめてアメリカとの関係をふかめてゆく、オーストラリア・カナダ・ニュージーランドについても、塩崎弘明「太平洋英帝国圏の対日戦争への道」が各地の公文書館の一次史料を博捜した成果をみせている。

東南アジア地域の日本軍政期の研究レベルは高く、最近では、日本を主語として戦争の遺産や負債が語られるだけでなく、上述の地域を主語とした優れた研究も多い。それぞれの地域のエリートが「日本側を操縦」すらしてしたたかにふるまっていた点については、後藤乾一「日本のインドネシア支配の遺産」が興味ぶかい。戦争を生きぬいた各地域のエリートが、日本帝国の崩壊という時をえて独立革命をになったという観点は、日本軍政による衝撃を過大評価する傾向にブレーキをかけるものとなろう。このような視角が、中国についても有効であることは、抗戦のなかでの国民政府統治下における国民統合の進展を評価した、石島紀之「日中全面戦争の衝撃」によっても示された。

紙幅の都合上、全論文にふれることはできないが、最後に、本書を通読して考えさせられた問題を二点あげておく。

第一は、日中戦争から日英米戦争へと戦争が拡大してゆくさまを、ひろく南進ととらえれば、南進の原因説明も多様になされうるということである。評者が気づかされただけでも、①高度国防国家思想、②日中戦争解決、③経済事情、④「防共」概念の空洞化、の四とおりがある。

①は、M・バーンハート「日本陸軍の新秩序構想と開戦決定」に代表され、自主的な安全を確保するという日本陸軍の本質的な体質が南進の原動力になったとするものである。②は、波多野澄雄「開戦過程における陸軍」に代表され、日中戦争を武力解決することも二国間和平にもちこむことも不可能になった陸軍が、援蔣ルートの封鎖と援蔣国家の圧迫をはかることによって日中戦争解決をめざしたとする。中堅幕僚層の一次史料をふんだんに使って導きだされた論旨は説得的であった。③は、中村隆英がパネルディスカッションのなかで暗示した鋭いコメントであるが、元来の日本の体質に、一九三九年から四〇年にかけて発生した経済事情(i)日本は加工貿易国でGNPの二割近くを輸出に依存しなければならなかった、(ii)自給できる石炭から自給できない石油へと転換がおこっていた、(iii)生産力拡充計画のための物資の欠乏、(iv)天候不順による米穀を中心とする食料不足)が加わって南進がおこなわれたと考える。④は、酒井哲哉「日米開戦と日ソ関係」が独創的にとなえる論点で、民主政の崩壊をくいとめるために、外務省は、陸軍の華北分離工作に対抗する概念として「防共」概念を導入したとする。しかし、一九三九年の英ソ交渉の進展や独ソ不可侵条約の締結により、「防共」概念は空洞化し、反英の一点のみが、日本の外交方針として残ってしまうことになった。

第二は、『日米関係史』がつみのこした問題の一つである、中国の位置づけをどうするかという点で、本書は興味ぶかい通過点的結論を導いた。それは、W・コーエン「日米関係における中国要因」に明確にあらわれており、日米開戦をまねいたのは日本が三国同盟にふみきったからであって、アメリカが不必要に中国に道義的コミットをおこなったためではない、との見解が示された。五〇年代以来の議論にアメリカ側としては決着をつけたかたちとなった。しかし、その結論は実証に裏うちされた研究の結果生じたものというよりも、戦争責任を認めたがらない日本の学界への不満の表明としてなされた感がある。中国問題はやはり今後の実証研究の深化をまつしかなさそうである。台湾の国史館などでは、国民政府期の一次史料が多数公開されはじめている。希望の曙光はみえている。

（『日本歴史』558号、一九九四年一一月号）

読売新聞戦争責任検証委員会『検証　戦争責任I』

中央公論新社、二〇〇六年

仕事柄、時間があれば史料を読むため、いろいろな史料館に出かけてゆく。行く夏を惜しむように鳴く蝉の声を聞きながらじっと史料を読んでいる時など、歴史家でよかったとしみじみ思う。公開を意図して書かれた日記などとは違い、後世の人間に読まれることなど意図せず書き残された記録に接した時など、殊にそう感じられる。国民への説明責任などという言葉もなかった時代にあって物事に対処していたはずの個人個人、その真摯な奮闘のあとが、読む者にゆっくりと、しかし確実に伝わってくるからだ。

ある夏、恵比寿にある防衛庁防衛研究所戦史部図書館の史料閲覧室で史料を読んでいた。夕方近くになって、閲覧室に二人ほどつめている相談係の電話がやむことなく鳴り出した。机が近かったので電話のやりとりは手にとるようにわかる。電話の主の多くは、地方在住の人々だった。電話の内容はおおよそ次のとおり。自分はこれこれの部隊に属しており、これこれの輸送船に乗せられてレイテ島に上陸した、この部隊の乗船名簿は保存されているのだろうか、もしあるならば、是非ともそれを見に行きたい、ついては戦史部図書館の場所を教えてくれ、との電話である。

このような話が耳に入ってくると、史料を書き写す手が止まり、しばし夢想にひたってしまう。電話の主、たとえば、二三（大正一二）年生まれの「彼」は、第一師団第五七連隊に属していたのだろう。支給された普段用の軍服は、なんと自分の生まれた年に製造されたものだった。それまで満州の孫呉に駐屯していた連隊に四四年一〇月、南方転出命令が出て、レイテ島西岸のオルモックに上陸、一一月、リモン峠で米軍との戦闘が始まった。あいつぐ激戦と飢餓などのために、孫呉を出発した時には二五四一名いた連隊の人員は、終戦の時点において一一四名に激減していた。

復員後は職を得て懸命に働いた。辛くも戦争を生き延びた彼は、子女の教育、日々の暮らしだけを見つめ、戦争のことを忘れて生きてこられた。しかし、病を得て病床に伏した今思い出されるのは、レイテに向けたあの船に共に乗った人々の顔なのだった。やむにやまれぬ思いで今、「彼」のように電話をかけてくる人は存外多いのではないか。

以上は私の夢想にすぎない。しかし、電話の主の最大公約数のイメージはそれ程ずれていないように思う。元兵士たちの「これからの時間」はもはや限られている。彼らはもう待てないのだ。先の大戦について、何らかの総決算が必要なのではないか。ここに採り上げる『検証 戦争責任I』を手にしながら、このようなことを考えていた。

本書は、昨年八月から今年三月まで『読売新聞』に掲載された「検証 戦争責任」を軸とする一四の章からなる第一部と、シンポジウム「昭和の再検証『戦争責任』を考える」からなる第二部で構成されている。「あとがき」によれば、読売新聞社内に戦争責任検証委員会なるものが設置されたそもそもの契機は、渡邉恒雄主筆の提唱にあったという。

二六（大正一五）年生まれで、四五年七月、東京帝国大学文学部在学中に陸軍砲兵連隊にとられた渡邉氏は、最末期の帝国陸軍を末端から眺めたという稀有な経験をもつが、それは「理不尽」の一言につきるものだった。私的制裁は禁じられているとしながら公的制裁ならよいといって毎朝毎晩ひとを殴りつける。こうした体験は、当時、海軍特別幹部練習生であった作家の城山三郎氏が語ってやまない体験に通ずるものがある。

大義の前には死をも恐れぬはずの軍人が、なぜかくも「人間らしい」狂態を他に強いるようになったのか。E・H・ノーマンのいうように「最も残忍で無恥な奴隷は他人の自由の最も無慈悲かつ有力な強奪者となる」からなのか、あるいは丸山眞男が述べたように軍国支配者の精神形態が「無責任の体系」に貫かれていたからなのか。あまりにも理不尽なことをされた時、ひとはそれがなされた理由を知りたいと思う。理由がわかれば救われるわけではないが、とにかく説明を求めたい気持ちはよく理解できる。

よって、渡邉氏の提唱をもとに戦争責任検証委員会が設定した設問は次の五つとなる。①なぜ、満州事変は日中戦争へと拡大していったのか、②勝算がないままアメリカとの戦争に踏み切ったのはなぜか、③玉砕・特攻を生み出したものは何だったのか、④アメリカによる原爆投下は避けられなかったのか、⑤東京裁判で残された問題は何か、である。

これらの問いに対して、第一部の章がそれぞれひとつずつ対応した答えを出しているわけではない。第一部は全体として、これらの問いに答えるための基礎工事の部分に相当する。たとえば、日中戦争へとつながってゆく満州事変、熱河作戦などの作戦計画を立案したのは参謀たちであった。日本ほど参謀が力を持った国もないと思われるが、その参謀たちは実のところ東京裁判では裁かれていない。それはなぜだったのかが説明される(第二章)。また、日本の国際情勢認識も検証されている。二〇年代の東アジアを秩序づけたのはワシントン体制であり、当初日本はその忠実な信奉者であった。しかし、この体制は中国とソ連をその内部に組み込むことに失敗し、のみならず中国とソ連二国は、その後の一〇年間に世界で最も激しい変貌をとげた。このふたつの大国に対して日本は最後まで適切な認識を持つことができなかった。それはなぜだったのかも説明される(第五章)。いずれも、五つの設問に答えるためには必須の論点であろう。

本書は歴史家のインタビューも載せている。なかでも、劉傑氏のコメントが深い。当時の平均的な日本人にとっては、日米交渉でアメリカの要求した条件が、明治以来の近代日本の財産目録と歴史への全否定に他ならないと考えられていたはずだと指摘する。

たしかに昭和戦前期において、国民が振り返るべき好ましい近代は、天皇制とともに始まっていた。近世社会の内包していた教育的基盤の深さや産業経済の発展レベルの高さが想起されることは絶えてなく、戦勝による大国化が自らの誇るべき「歴史」であると解釈されたのである。考えてみれば、戦争というものは常に、相手国の国民が信じている社会契約や基本的な秩序をめぐって戦われてきた。太平洋戦争は、天皇制のもとでの戦勝により近代国家として成功してきたと考える日本人の社会契約＝「国体」観をめぐる、日本と連合国との戦争であったと総括できる。そうであれば、戦争責任の検証のため次に必要なのは、近代日本という国家に対する日本人の自己認識がいかなるものであったのかを研究することだろう。本書はこうした展望を抱かせるに足る土台をしっかりと作ってくれた。

（『週刊　読書人』二〇〇六年九月一日号）

高木惣吉
『自伝的日本海軍始末記　帝国海軍の内に秘められたる栄光と悲劇の事情』

光人社、初版一九七一年、文庫版一九九五年

絢爛たる歴史学の名著が並ぶであろう本書（石井進編『歴史家の読書案内』）のなかで、一海軍軍人の自伝を挙げるのは、なんだか韜晦《とうかい》しているようにもみえ、この一冊にしようと決心するまで、多少の躊躇があった。しかし、私の短い研究歴のなかで高木惣吉『自伝的日本海軍始末記』のもった意味は、ふりかえってみるたびごとに、その大きさを増している。拙い卒業論文を書きおえて、いまだ足元のふらついていた大学院一年生が、なんとか修士論文を書きおえて研究者としての一歩を踏みだすまでのその過渡期を、本書との出会いによってなんとか乗り切れた気がするからである。転機となった一冊としてこの本をとりあげる理由を、これから少し述べていこうと思う。

東京大学文学部国史学科に学んだ私は、卒論のテーマに、近衛文麿のブレインとして有名な昭和研究会のメンバーだった佐々弘雄の政治思想を選んだ。佐々弘雄といってもいまではピンとくる人は少ないだろう。東京帝国大学法学部で小野塚喜平次や美濃部達吉に教えを受け、九州帝国大学法学部教授となるが、一九二八（昭和三）年四月二四日、向坂逸郎・石浜知行らとともに、「赤化」教授追放で免官となった人物である。その後は朝日新聞の論説委員となり、しだいに近

衛の政治面でのブレインのひとりと目されるようになる。

学生時代は新人会に属し、「赤化」教授として象牙の塔から放逐され、その後は「ファシズム」理論に強い政治部記者として評判をとり、最終的にその憲法学・政治学の専門知識を資産としながら総理のブレインとなってゆく人物が、いったいどのようなことを考えていたのか単純に興味があった。また、共産主義にシンパシィを感ずる思想的立場から、ひとはどのようにして離れてゆくものなのか、個人的にも切に説明を欲する気持ちがはたらいた。

指導教官であった伊藤隆先生が『昭和十年代史断章』（東京大学出版会、一九八一年）を執筆された時に収集された「昭和研究会資料」や「海軍調査課資料」を、幸いにも使わせていただくことができた。史料は質量ともに実によいものだったが、卒論の出来は惨憺《さんたん》たるもので、今でも私はその論文を読みなおす勇気がない。周到な分析概念をつくるでもなく、かといって佐々弘雄の書いたものや、個々の会議での佐々の発言などを、網羅的に集めつくしたものでもなく、ひとつのありきたりの転向物語を書いたに終わった。

こうして、大学院一年生になってしまった私の前に、発展させるべき構想や継続してやるべき課題というものは、いっさいなかった。スタートからやりなおさなければならないことは、自分がいちばんよくわかっていた。いろいろな史料を閲覧した際のカードや読書ノートを何度もながめたり、古本屋を歩き回って、なにか修士論文にふさわしいテーマをみつけるヒントがないものかと考え続けた。

その年の夏、それは一九八三（昭和五八）年のことであるが、青山学院大学の近くの古本屋で、

『三木清全集』（全20巻、岩波書店、一九六六～八年）と高木惣吉『自伝的日本海軍始末記』をみつけた。「構想力の論理」、「人生論ノート」の著者として名高い三木清も、私にとっては、昭和研究会の会議に登場する哲学者にすぎなかったし、高木惣吉とて、東京帝国大学教授矢部貞治などを海軍調査課のブレインとしてひっぱった人物、佐々とともに終戦工作に動いた海軍の知恵袋くらいに考えていただけだった。しかし、よく考えもせず、全集を二万五〇〇〇円、高木の本を七五〇円でふらふらと買ってしまった。全集の方は一読後、再び読むことはなかったが、高木の本の方はこれ以降何度も読みかえすことになった。

いわば、佐々に導かれて高木の本と出会ったわけだが、これは凡百の軍人の自伝の類いとは違って、最初のページからいっきに読ませた。本書の書きだしは、「高木生徒は、どんな理由で本校を志願したのか」という、海軍兵学校の面接の場面から始まる。高木の持ち味はボヤキにありそうで、このすぐ後はつぎのように続く。

おおよそこんなくだらぬ質問ほど答えにくいものはない。まさか海兵生徒のジャケツに短剣姿のカッコのいいのにあこがれて（実際はそうだったが）ともいえないし、そうかといって、貧乏で高校へ行けないから（これも大いに事実だったが）とも答えられないし、海が好きで、立派な海軍将校になり、海国日本のために献身したいから、などという体裁のいいうそをついてしまった。

上下二段組で二九八ページ、四〇〇字づめでいえば八〇〇枚を優にこえる分量の本だが、長さを感じさせない。高木は、熊本県の人吉の小農の出身で、高等小学校をでた後、三年間の通信講義録での独学の後上京し、大学教授宅の玄関番をしながら東京理科大学の前身である物理学校の夜間部を経て、一九一二（大正元）年九月、海軍兵学校第四三期生として入校を許されている。三年三ヵ月の教程を終わった一九一五（大正四）年一二月の卒業時には九四名中二七番だったが、一九二七（昭和二）年、海軍大学校二五期生として卒業する時には、首席となり恩賜の長剣を貰っている。

第一章を読み終わったころには修論のテーマのことなど忘れて、ひとりの少年がどのように先達と出会い、どのように海軍のなかで成長していったのかという、教養小説（ビルドゥング・ロマン）として本書をわくわくしながら読んでいる自分に気づいた。

しかし、読みすすめながら、一種異様の感に打たれたことも事実である。いくら自伝とはいえ、六〇年も昔のことを、登場人物はフルネーム、その下には略歴までも丁寧に括弧にくくって補いながら語れるものなのだろうか。海大で首席ともなる人物は記憶力がひとなみ以上に優れているのだなと考えながら読みすすむと、はたして七九ページめに「当時のメモ（昭和四年七月五日夜）に記入」との記述があらわれ、一一二ページの二・二六事件の模様を書いた部分では「走りがきした私の日記をみると」と断って一〇行にわたって引用がなされていた。

高木としては、肩の力をぬいた自伝を、史料の存在を感じさせずに書こうと考えて著述をはじめたのかもしれない。しかし、昭和一〇年代に海軍調査課長の職にあり、大臣の議会答弁資料の作成や、各列強海軍艦艇の要目・性能・装備、軍備計画などの調査カードの整備にあたり、日中戦争の勃発後には元老西園寺の秘書であった原田熊雄などに政界の情報を提供し、太平洋戦争末期には終戦工作に従事していた明敏な高木であったから、この大部の自伝が、凡庸な老人の繰言としてとられかねないものに堕すのは堪えがたいものであったのだろう。後半にゆくほど、史料の裏付けのあることを示唆する記述が多くなる。

さて、実際に起こったことを起こらなかったことのように書くのは高木の場合おそらくなかっただろうと判断されるが、実際に起こったことを述べない、あるいは逆に、実際に起こったことについて、過度に弁明を加えている箇所は、当然ながらある。それがいちばん目についたのは、一九三九（昭和一四）年の日独伊三国間における防共協定強化問題を述べたくだりだった。

一九四三（昭和一八）年ころから、井上成美のもとで終戦工作に従事した高木であるから、私はてっきり、この防共協定強化問題の時も、米内［光政］海相・山本［五十六］次官・井上軍務局長のもとで高木も、ソ連だけではなく英仏も対象とする同盟案に、きっぱりと反対していたと思っていた。しかし、つぎのような記述にぶつかる。

私は翌七日（昭和一四年三月七日のこと、引用者註）、太田［耕造］秘書官が来訪したので、協定問題の打開策について懇談し、田辺［治通］書記官長が陸海軍次官と五相会議開催のまえに十二分に懇談して意見の調整をはかる必要を力説した。（一六〇ページ）

陸軍寄りといわれた平沼［騏一郎］首相とその秘書官に、高木がアドバイスしていることがわかる。そしてさらに一六二ページで「私がなぜ太田秘書官と親しく往来したかという理由を、少しここで弁明しておきたい」として、高木と太田秘書官の知り合った経緯を詳述している。

この「ほころび目」はさすがに目立った。教養小説を読むように読んできた私であったが、このあたりから付箋を貼りつつ、ノートをとりつつ読むようになった。そして、平沼はなにを考えていたのか、太田と高木の会談はどのような内容だったのか、猛烈に気になりはじめて、正攻法とはいえないが、諸種の新聞・雑誌の報じた内閣評、はたまた陸軍・海軍・外務など当事者たちの内閣評を集めることからやってみた。

その結果、近衛内閣と平沼内閣とのある種の断絶や、独伊との同盟に対する、平沼の消極性を浮き彫りにすることができた。以上のような大雑把な印象を、一九八三（昭和五八）年秋、伊藤隆先生の大学院演習で報告した。そして、修士の二年生となった翌年の春には「平沼内閣期の日米関係について」との報告をしているから、高木の本がきっかけとなって、研究がようやく緒についた様子が知られる。

手帳で確認しながら書いているので時間的には正確なはずだが、自分が苦境に立っていたころの時間は追憶のなかでさえゆっくり流れるものらしく、実際は一九八三年秋におこなったこの報告が、ずっと後になされたことのように思えてならない。

内閣評を調べ終わったので、今度は高木惣吉自身の史料はないものかと、防衛研究所戦史部図書館にいき、そこで「政界諸情報」という、高木の遺した史料の一部を幸運にも閲覧することができた。ついで、大島［浩］駐独大使や白鳥［敏夫］駐伊大使が政府の訓令を無視したというが、実際に彼らがドイツやイタリア側にどのように説明していたのか気になってきた。

ドイツについては、*Documents on German Foreign Policy, 1918-1945* としてドイツ外交文書（本来これはドイツ語の英訳であり正確さの点で当然問題があったが、ロシア語を第二外国語としていた私にはドイツ語は読めなかった）が利用可能だったので、かなり詳細にドイツ側の反応を知ることができた。また、日本と独伊の接近に神経を尖らせていたアメリカの外交文書［*F.R.U.S*］やイギリスの外交文書［*G.B.F.P*］も刊本のレベルではあるが利用することができた。とにかく、どこの国の史料であろうと、それが日本についての新たな情報をもたらしてくれるならば使うべきだと考えた。

防共協定強化について、高木が、米内海相や山本次官らとは異なった対応をとっていたらしいこと、そして四〇年も前のそのことを、高木自身がいまだ自伝に書けなかったこと、高木のこの正直な「躊躇」が、私に水の在りかを教えてくれたことになる。

（石井進編『歴史家の読書案内』吉川弘文館、一九九八年）

福田和也『山下奉文 昭和の悲劇』

文藝春秋、二〇〇四年

福田和也氏の書くものが気になりだしたのはいつからだったろう。少し前までは、『年収300万円時代を生き抜く経済学』（知恵の森文庫、二〇〇五年。初版は光文社、二〇〇三年）などでお馴染みの森永卓郎氏と顔の区別がつかなかった（失礼！）。生活の愉しみ方という点で正反対のお二人を識別できなかった自分を思うと、憂鬱になる。

昨年の春、光文社の高橋靖典氏から、こんな本を作りましたといって贈られた『贅沢な読書』（ちくま文庫、二〇〇六年。初版は光文社、二〇〇三年）が最初の福田体験だったか。この本は、慶應大学で福田氏が担当している現代文芸に関する講義の形式にのっとって、読書が、贅沢で豪奢で背徳的なまでに甘美な行為だとわからせてくれる本だった。

これは、と思っていたら、すぐに二度目の福田体験がやってきた。将来を嘱望されたドイツ史研究者の地位を捨て作家に転業した悪友にして、最近、『麝香《じやこう》姫の恋文』（講談社、二〇〇四年）を上梓した赤城毅が、くっくっと笑いながら寄って来て耳打ちした。「福田和也先生がやってくれましたよ」と。

聞けば、精神科医の香山リカ氏と、ナショナリズムを論じたはよいが、担当者の理不尽な仕打ちに対して腹に据えかね、完成した本『「愛国」問答』（中公新書ラクレ、二〇〇三年）の「あとがき」で、事の顚末を赤裸々に書いてしまったという。これは一大事と、すぐさま書店に走った。夜遅い時間に、空腹のままの二人を街に残して消えた編集者氏の行動が見事活写されており、編集者氏には気の毒ながら大いに笑った。しかし、活字中毒者たる者、あとがきだけで済むはずもなく、対談も読み、その中で福田氏が「自分たちの肯定したいポイントだけ継ぎはぎして歴史を使う」人々を、想像することから逃げている、と批判しているのを知った。

この部分を読んだ時、私と同年、六〇年生まれの早熟の文芸批評家が、歴史についてすでに何かを摑んでしまっているのではないか、と思ってぎくりとした。島田雅彦氏が『美しい魂』(新潮文庫、二〇〇七年。初版は新潮社、二〇〇三年)などで登場人物に語らせた「歴史というものは、後世の人間に語り継がれなければならないし、あったことをなかったことにしてはならない」という、正面から綺麗な声で歌われるような真理に比べ、より深い位相で捉えられた言葉が発せられている気がしたからだ。

歴史を専門として学ぶ過程では、実証とは、対象の歴史的個体性を明らかにすることによって対象を相対化し、相対化することによって正当化することだ、と徹底的に叩き込まれる。これは実のところ、福田氏のいう、想像することから逃げない姿勢と同じ学問的所作にほかならない。福田氏には、司馬遼太郎の歴史小説を批判して「人間を超えるものの不可避な力かつ残酷な力の祭り」としての「歴史」がないと述べた文章もあり、ここからも、その独特のスタンスが察せられる。

さて今回ご紹介するのは、『乃木希典』(文藝春秋、二〇〇四年)に続き、福田氏が上梓した

『山下奉文《ともゆき》』（文藝春秋、二〇〇四年）である。副題を「昭和の悲劇」とする。徳義ある人物を作為的に演じた明治の乃木の後、次に誰を取り上げるのか。想像しつつ待つのは愉しかった。

政治家の伝記として、不朽の名著とされる岡義武著『山県有朋』（岩波新書、一九五八年）の副題は、「明治日本の象徴」だった。興味ぶかいのは、続いて書いた『近衛文麿』（岩波新書、一九七二年）の副題を、岡が『運命』の政治家」としたことだろう。明治に続いて昭和を書く時、ひとはどうしても暗澹たる思いにとらわれ、悲劇や運命という文字を思い浮かべないではいられなくなる。

近代史を専攻する者にとって山下とは、満洲事変後、陸相となった荒木貞夫の露骨な皇道派人事により、陸軍省軍務局軍事課長となった人物として記憶されている。前任者が切れ者の永田鉄山だったこともあり、省の予算を一手に握るこのポストは山下の手に余る、との評価も当時からあった。

それにしても、なぜ山下なのだろうか。敵将ステッセルを名誉ある軍人として扱った乃木と、敵将パーシヴァルを「イエスかノーか」と机を叩いて威圧した山下と。この二者にこれ程の落差を生じさせた要因は何なのか。この点について、乃木と山下の人格の差として描くのではなく、あるいは、合理的精神に貫かれた明治と、慢心して非合理に堕した昭和との差として描くのでもなく、当事者の置かれた現場から描きたかったのだろう。

文中、昭和の軍がなぜ愚行に走ったのかを論じた部分がある。日露戦争の勝利に驕り、成功体験に慢心したからだ、という説明は、司馬遼太郎をはじめ半藤一利氏などによってもなされており、それなりに説得的だが、福田氏は次のように反駁する。

「あえて云わせてもらえば、事はそんなに簡単なのか、と。」

昭和戦前期の軍を痛烈に批判する良心的な所作も、実のところ、想像することから逃げ、本当は考えていない故にとれるのではないか、と言いたいのだろう。

この本で一番面白かったのは、井伏鱒二と山下との関わりを論じた部分だ。戦時中「マレーの虎」と持て囃された山下を、徴用作家たちはさまざまに描写した。現場の苦境を想像しながら読む態度で比べてみると、里村欣三などの描く山下像などに比べて、温厚そのものに見えながら猛禽類と言われる一面も持っていた井伏、その井伏の描く山下像の方が、ある意味、「無恥な御用作家的文章」となっている、と指摘する。なぜそう言えるのかは、読んでのお楽しみ。

（『本の話』二〇〇五年一月号）

粕谷一希『鎮魂 吉田満とその時代』

文春新書、二〇〇五年

ひと昔まえまでは、時代を代表する総合雑誌があり、名物編集長がいた。『中央公論』の滝田樗陰が、吉野作造を論壇の寵児とした話はご存知の方も多いだろう。著者の粕谷もまた、知る人ぞ知る名編集長として『中央公論』の輝かしい一時代を築いた。

一五歳で敗戦を迎える直前、粕谷が、勤労動員された級友有志を募り、決戦を覚悟していたとは本書で初めて知った。戦時下の行動に対する自己批判として、粕谷は戦後、非政治的人間として生きることを決意する。

こうした粕谷の覚悟は「過去は過去、いまはいま」といった発想に、自分は「全身を賭けて反対する者である」と告白するほど徹底したものだった。粕谷と『戦艦大和ノ最期』（講談社文芸文庫、一九九四年。初版は創元社、一九五二年）の著者・吉田満を結びつけるものは、強い責任の感覚なのだろう。東大法科を繰り上げ卒業し、少尉として戦艦大和に乗り組んだ吉田は奇跡的に生還し、戦後、日本銀行監事にまでなる。

乗組員三千余人のなかで生き残った者わずか二七六人。自分は「狡猾」だったから生還できたのではないか。自責の念が吉田をさいなむ。まして吉田は運命の日、艦の心臓である艦橋にいて、伊藤整一司令長官以下の一挙手一投足を実見する立場にいたのだ。

吉田は、戦争の実態と戦争に命運を賭けなければならなかった人間の最期とを清冽な文体で書き残すこと、これを、生き残った者の第一の責務として自らに課した。

しかし、高度成長後の日本は、成長を律する節度を自ら持たず、国の伸長力を何に使うべきかの目標を欠いたまま流されつづけた。こうした事態を、日本経済の艦橋ともいうべき日銀にいて観察していた吉田の憂慮の深さは、いかほどのものだったのだろう。

「日本は進歩を軽蔑してきた」「俺たちはその新生に先がけて死ぬのだ」と言い残して死んでいった人々に、われわれはどう答えたらよいのか。

吉田は、戦争責任が「究明されることなく、なれ合いの寛容さのなかに埋没」したのを、今日の混迷の原因とみた。粕谷は、戦中派の責任を問いつづけた吉田の姿を、時代の思潮の流れに寄り添いながら見事に描き切っている。

（『信濃毎日新聞』二〇〇五年八月一四日朝刊）

藤山楢一『一青年外交官の太平洋戦争 日米開戦のワシントン→ベルリン陥落』

新潮社、一九八九年

どんな戦争でも、そこに当事者として立ち合うことを余儀なくされた外交官の想い出は、自然と重い口調にならざるをえない。ほとんどの場合、彼らはその時すでに熟年の域に達しており、本書の著者のような「一青年」ではない。そして、彼らの語る言葉は、上品なコーティングが施されているのに、聴く者を苦しくさせる弁明でありがちであった。なぜ「私」は戦争を阻止できなかったのか――。この問いに、敵対する国家の狭間で眥《まなじり》を決して立ち、現地情勢を考慮しない訓令への対応に苦慮する「私」を回想することで答えてしまおうとする。
これは、その系譜を陸奥宗光の『蹇蹇録』にまで溯ることのできる、外交官の自叙伝の一つのパターンである。読者はどうしても苦しくさせられる。動かし難い国家意思決定回路の中で、個人の奮闘が一体どれだけの意味をもつのかという解答不能にみえる問題に、そのように無造作な結着をつけてしまっていいのか。自叙伝のもつ自己完結性は、苦悩の木霊《こだま》を感動として受けとめることを妨げる。

さて、本書の紹介に移ろう。

この書は、ディレンマの安易な解消という、自叙伝の陥りがちな性癖から完全に免れている。従来のパターンを脱して稀な読み物となりえたのは、著者が表題のごとく青年として戦争を迎えた（二六歳）からというよりも、おそらく、その本来的な資質によるところが大きいであろう。本書には、エスプリではないユーモアがちりばめられている。

たとえば、二度の抑留生活（開戦直後およびベルリン陥落後）を経験している著者に対して、陸軍武官が抑留生活者の贅沢ぶりを「握り飯一つで闘っている将兵に申し訳ない」と糾弾した際の怪答が面白い。「たとえ鶏一羽でも牛肉一ポンドでも食べる方が敵の資源の消費につながるのではないか――」

著者の〈高思低処〉の資質は、外交官補としての研修地選択にもいかんなく発揮されている。ギルフォード・カレッジ――そこはエリート外交官なら見向きもしないアメリカ南部の大学であった。あの時代に、あの南部に自然な眼差を向けられただけでも十分な評価に値しよう。

文体は流麗とはいいがたく、構成もやや見せ場に欠けるきらいがないわけではない。しかし、したり顔の警句にはこと欠かない日本にあって、自身を引き合いにだしておおどかな笑いを誘う類のユーモアは滅多な存在ではないこと（河盛好蔵の言）をふまえるならば、本書の味わいは一段とその深みを増してくれる。読後の清涼感が印象的な一冊である。

（『外交フォーラム』10号、一九八九年七月）

若井敏明『平泉澄　み国のために我つくさなむ』

ミネルヴァ書房、二〇〇六年

少し前のこと、私の職場・東京大学文学部では、文学部の姿を内外に宣伝する冊子を作ろうということになった。

そうしたおつとめの場合、必ず召集される運命にあるのが不肖私。ならばと、業績評価などは書かずに、「書物に描かれた文学部」という視角から書いた。中勘助が漱石の講義風景を、龍之介が卒業式を語る文章を紹介するのは楽しかった。

だが、楽しんでばかりもいられない。どうしても平泉澄の問題を避けて通れないからだ。国史学科教授だった平泉は、皇国史観を説きつづけたゆえに戦後厳しく断罪された人物である。一九三七年に国史学科を卒業した家永三郎は回想のなかで、平泉の率いる学科の雰囲気になじめず、一時は自暴自棄の心境になったと告白している。

いっぽう、実証的近代史研究の創始者のひとり大久保利謙はこう述べる。

皇国史観の唱道者となる平泉先生は、この頃は、まだ若かった。（中略）講義は際立っていて、歴史とはこうやるのかと感銘をうけた記憶があります。（『日本近代史学事始め』岩波新書、一九九六年）

大久保のいう「この頃」とは、二六年頃をさす。平泉をめぐる回想は、光と陰の間を大きく揺れているかのようだ。いったいどう評価すればいいのか。

この本は、歴史学が今日よりずっと重い学問であった時代を我々に思い出させる。古代史を専門とする若き歴史家が、膨大な著作や史料を精緻に考証し、平泉の生涯全般にわたる本格的評伝を初めて書いた。壮挙といえるだろう。

著者は、平泉の中世史研究の意義、教化に走った頃の研究室の実態などにつき、バランスよく書き進めていく。

その際の著者の視線には、平泉の肩越しにそのペン先を覗き込むようなやわらかさがある。中世という時代が、その前の上代とその後の近世と区別されるのは、社寺の社会に占める位置による、と「序」で高らかに謳った平泉の名著『中世に於ける社寺と社会との関係』（国書刊行会、一九八二年。初版は至文堂、一九二六年）を語るときの、著者の筆の冴えはどうだろう。

「百姓に歴史がありますか」「豚に歴史がありますか」という、平泉の発言の同時代的意味を、当時、柳田国男が主張していた民俗学への対応にあったと位置づけるときの落ち着きはどうだろう。

いっぽうで著者は、開講講義題目一覧と学生の残した記録双方から、三二年度以降の平泉が、中世史の講義と称しその実、水戸学やフランス革命史を論じていたさまを描く。さらに、三四年度以降、研究室の助手などが、平泉門下によってほぼ独占されていた事実にも目を向ける。公平な書きぶりといえるだろう。

国家にとって革命とは個人にとっての発狂と同じことで、断絶である、よって革命のない日本においてこそ「歴史」が成立する、と平泉は考えていた。しかし、こうした思想は、内に向っては学生の教化や支配となって顕現するが、軍部や宮中など外の勢力にとっては、より過激な運動や思想から自らの組織を守る楯としての役割を実のところ果たす。

平泉の楯は近衛文麿も守ることになった。二度目の首相となった近衛はラジオ演説「大命を拝して」の原稿を平泉に書かせる。しかし近衛は、実際の録音で、平泉の書いた原稿中、政党政治を明確に否定した部分を完全に飛ばして読みあげたという。著者が発掘した新事実だ。

歴史と随走してきた血脈を背負うこの公卿にしてみれば、平泉の「歴史」への思いを裏切ることなど、赤子の手を捻るより簡単なことだったろう。平泉の不幸が酷薄にあぶりだされている。

（『文藝春秋』二〇〇六年六月号）

瀬尾育生『戦争詩論　1910-1945』

平凡社、二〇〇六年

今年の夏も終わった。祖先の霊を迎える時期と、先の大戦での敗戦が重なったことで、日本人にとって夏という季節は特別な意味をもつ。

だからこそ夏には、戦争を考え、見つめ直す本に出会いたい。この夏、私はこの本に出会い、読み終えた後、静かな感動に満たされた。

大学でドイツ文学を講じつつ詩も書く著者によって、近代日本の戦争に対して、詩人と詩がどのような関係に立ってきたかが描かれる。

これまでも、短歌と戦争については加藤淑子『斎藤茂吉の十五年戦争』（みすず書房、一九九〇年）が、絵画と戦争については田中譲『評伝　藤田嗣治』（芸術新聞社、一九八八年）が、鋭い分析をおこなってきた。この二冊は、戦争に加担した芸術家の節操のなさを責めるのではなく、より深く芸術家の内面を掘り下げた名著だった。

しかし、詩と戦争については本格的な分析はなかったといえるだろう。その空白を著者が埋めたことになる。

この本は四つの評論からなっているが、戦時中に戦意昂揚詩を書いたある詩人の詩を、みごとな手さばきで読み解いた「大江満雄の機械」がことによい。この章から読み進められることをお薦めしたい。

日本文学報国会が軍艦建造の献金を募るため作った詩集に、詩人・大江満雄は、次の言葉で始まる戦争詩を書いた。「日本列島は不滅の巨艦」。大江は心から戦争を肯定しているかのようだ。しかし、この詩の最後は次の言葉で締めくくられていた。「おもひ見よ機械と機械との戦ひ」。出だしと終わりでズレがある。不滅の巨艦にたとえられる国家よりも、戦争の論理の方が強く、さらに、戦争よりも「機械」の論理の方が強いのではないか。大江はこう考えていたのではないか、と著者は思いいたる。

著者のこうした発見は大きな意味があろう。詩と戦争を考える場合に、権力に対して抵抗するとか屈服するとかの選択肢とは別に、権力に自己投入して、それを突き抜けるという道筋があったことを教えるからだ。

国家と個人の間の緊張を描くのも一つの文学だとすれば、大江の詩は、戦争の時代に国家を相対化しえたという点で特筆にあたいする。著者もまた、詩と戦争を描く新しいスタイルをみごと生み出した。

（『信濃毎日新聞』二〇〇六年九月一〇日朝刊）

長谷川毅『暗闘　スターリン、トルーマンと日本降伏』

中央公論新社、二〇〇六年

日本に日々暮らす者の感覚からいえば、世界地図上の国土は、ユーラシア大陸の端に浮かぶ小さな島々としてイメージされる。

だが、世界第三位、三万キロの海岸線をもち、宗谷・津軽・対馬の三海峡が大陸から太平洋への出口を扼する地形ゆえに、日本は、東アジアと太平洋に利害を有する国々にとって、一貫して死活的に重要な場所と目されてきた。

よって、太平洋戦争の最終盤、大日本帝国の崩壊が秒読み段階となった時、戦後の日本あるいは極東に、最も効果的に影響力を行使しうる戦争終結のかたちをめぐり、米ソ間に熾烈な闘争が繰り広げられたことは想像にかたくない。

本書はまさにその点、太平洋戦争はいかに終結されたかを、日本側史料だけでなく米ソ史料の博捜により、対外関係と国内政治との相互作用にも配慮しつつ、本格的に実証した初めての本である。

著者が明らかにした事実の数々を読めば、本家のマキャベリも裸足で逃げ出すのではないか。

まずはアメリカ。最後通牒であるポツダム宣言を日本側が拒否したためやむなく原爆投下を決定した、との神話は歴史的事実に反する。こう著者はいう。原爆投下決定は、宣言の一日前、七月二五日に既に発令されており、宣言は原爆投下正当化のために出されたとする。アメリカはソ連参戦前に日本を降伏させる必要があった。

対するソ連はどうか。戦後の安全保障上の必要から、ソ連は南サハリン（樺太）とクリール諸島（千島）を必要としており、いかなる犠牲を払っても対日戦に参加する必要があった。参戦前に日本が降伏し終戦になっては困るのである。そこでソ連は、ソ連を仲介とする終戦に最後の望みをつなぐ日本側に、空疎な夢を紡がせ続けることにした。驚くべきことにこの方策は、八月七日まで成功を収める。

著者に導かれて終戦の政治史を目の当たりにすれば、日本の降伏が無条件降伏であったのか、有条件降伏であったのかなどといった、戦後なされた論争の底の浅さも見えてくる。日本は降伏の時間割すら自ら決定しえない場所に一人立たされていた。本書はこの酷薄な真実を教えていて貴重である。

（『日本経済新聞』二〇〇六年三月五日朝刊）

野中郁次郎・戸部良一・鎌田伸一・寺本義也・杉之尾宜生・村井友秀『戦略の本質　戦史に学ぶ逆転のリーダーシップ』

日本経済新聞社、二〇〇五年

今や日本は筋金入りの借金大国である。国債や借入金など「国の借金」は、本年七八〇兆円を超えた。こうなると、一〇年ほど前の住専騒ぎなど、可愛いものにみえてくる。巷では、いっとき、なんの値段にも「億円」を付けて会話するのが流行った。そして、その頃の書店には、「戦略」を題名に冠した本が溢れていたように思う。

戦略本人気の理由はなんだったのだろうか。土地神話崩壊後の日本社会が、「主要な敵とそれに対応すべき味方の配置」を定め直すこと、すなわち、オーソドクスな意味での戦略の再検討を必要としていたからだろうか。いや、そうではなかったと考える。当時の戦略本バブルもまた、土地資本主義、略して地本主義の夢に、いまだすがりついていたい人々に支えられていたのではなかったか。不安だが、まだこのまま行けると思いたい人々の、根拠のない希望につけこむことで戦略本は売れたのだろう。

だから、嘘のつけない友人Aなどは、今度「戦略」が題名に入った本を書評するよといった私に対して、きっかり五秒間私の顔を見つめ、「とうとうあなたも、お腹の出た中小企業のオヤジの仲間入りですか」とのたまわったものだ。恐るべし女友達。しかし、戦略本を買う人種を、かようにオーソドクスな語彙でしか表現できない人間もどうかとは思う。

友人Aは現代社会に興味がないので、知らなかったのだ。一〇年前とは異なる今の時代が背負う社会の亀裂がどれほど深いものなのかを。社会学者山田昌弘はそれを希望格差社会と名づけ、また、ある推計は、高齢世代が将来世代に背負わせる負担を一世帯あたり五〇〇〇万円超、とはじきだしている。このままでは、日本は世代間格差が最も激しい先進国の一つとなってしまうという。

これだけ社会の方が難しくなってしまうと、もはや容易には、戦略本など書けなくなるのは道理だろう。かわりに書店には、特定国への排外熱を煽った本が溢れることになる。今の時代、戦略の本質を語ろうなどと考えるのは、荒野をめざす、真に野心的な行為なのだ。

著者らはかつて、名著『失敗の本質』(中公文庫、一九九一年。初版はダイヤモンド社、一九八四年)を上梓したメンバーである。いかに国力に大差ある敵との戦争であっても、そこにはそれなりの戦い方があったはずだ、と前提したうえで、日米戦争で、敗北を決定づけた各作戦での失敗、なかんずく「戦い方」の失敗を扱った。なぜ敗けるべき戦争に訴えたか、などは最初から扱わない、との見切り方が潔かった。

『戦略の本質』における彼らは、またしても、クールに潔いことを述べる。「戦略のハウツーもの、これを実行すれば戦略的に成功するといったチェックリストをつくるつもり」はない、と。そこで彼らの採った方法は、日本人に最も欠けていると思われる資質、すなわち、敵対する意志を前提とし、その相互作用の中で自らを不断に位置づけ直す強靭な資質を、世界の戦史から学ぶことで鍛えよう、というものだった。よって、相互作用の中でも、特に逆転を可能とする戦略の本質を、逆転の戦史から抉りだすことに全力が傾けられることとなった。

いわく、①第二次世界大戦でイギリスがドイツ空軍の本土爆撃を迎え撃ったバトル・オブ・ブリテン、②ソ連軍がドイツ軍の進撃を食い止め反撃に転じたスターリングラード攻防戦、これに、③アメリカ軍が仁川上陸によって戦勢を転換させた朝鮮戦争、④劣勢のエジプトがイスラエルに挑んだ第四次中東戦争、⑤毛沢東の反「包囲討伐」戦、⑥ベトナム戦争が加わる。

評者にとっては、イギリスの事例がことに感慨ぶかかった。本土爆撃に耐え、それによって戦争の全体的帰趨をも変えたイギリス人とその指導者チャーチルの資質には、やはり驚きを禁じえない。本土での戦いは、有利な空間に敵を引きつけ、レーダーの効用を最大化する。当時、ドイツ機は六分で海峡を越えたが、イギリスは、そのスピードに由来する敵の時間的有利さをまずレーダーで相殺し、つぎに航続距離の限界から発する敵の時間的な不利、すなわち滞空時間の短さを徹底的に衝き、利用し、反撃した。

奇襲や速戦即決好みの日本人は、逆転もまた、鮮やかな一瞬の返し技だと思いがちである。しかし、本書の事例は、逆転もまた、長く続く絶望的状況にじっと耐える強靭な資質から生みだされることを教えていて、真に貴重である。

（『文藝春秋』二〇〇五年一一月号）

粟屋憲太郎『東京裁判への道』上・下

講談社選書メチエ、二〇〇六年

極東国際軍事裁判の判決が出されたのは一九四八年一一月。それから六〇年近い月日が過ぎた。「文明の裁き」か「勝者の裁き」か。東京裁判を二元論的に捉える見方は今なお根強くある。

裁判は日本の敗北の翌年五月に開廷した。当時、小説の女神に魅入られていた若き医学生は、五月六日午後、市ヶ谷から巣鴨方面に走る大きな護送車を目撃し、次のように日記に記した。〈彼等が残虐極まる戦犯であることを、今疑う者は一人もないが、もう十年たつと、やっぱり日本の英雄達に帰るから、輿論とは笑うべきものである〉（『戦中派焼け跡日記』小学館、二〇〇二年、一九八頁）。その通りになった。歴史はそれを教える。怜悧な観察眼の持ち主こそは、後に忍法帖シリーズで世に出る山田風太郎その人だった。

本書は、米国立公文書館に収蔵された史料の博捜によって、東京裁判にまつわる幾多の俗説を正してきた、この分野の第一人者によって書かれた。上・下巻合わせて優に四〇〇頁を超えるが、『朝日ジャーナル』の連載をベースに書かれているので、とても読みやすく面白い。

読みやすいのには他にも理由がある。それまで、内外の研究者に知られることなく米国立公文書館に眠っていた国際検察局文書が本書では縦横に用いられている。検察局は、被告の選定にあたる部署だったので、裁判前、A級戦犯容疑者、関係の証人・参考人に対する数多くの尋問を行っていた。その尋問調書がそっくりそのまま残されていたのである。極限状態に置かれた政治家・軍人・官僚などが何を語り、誰の名を戦争責任者として名指ししていたのか。調書は、あまりに人間的な、としか言いようのないドラマにあふれていた。日本であればこうした記録は、未来永劫、世に出ることはない。しかしアメリカは、東京裁判とて例外ではないとして、ルールに則り、史料の多くを七五年に公開した。

予想外のところから白日のもとに引き出された人間ドラマが描かれるのだ。面白くないはずがない。他人と自己のエゴイズムを見つめるのが文学の仕事だとすれば、ここに描かれる人間模様は文学に近い。よって、読みやすくもなる。

人間ドラマの例を二、三挙げておこう。太平洋戦争開戦時に内大臣であった木戸幸一は、自分が有罪となれば天皇も有罪となるとの覚悟で尋問に臨み、悪いのはすべて軍人だと説明すべく腹を括った。松岡洋右と広田弘毅は少し違う。結核の末期にあった松岡は尋問中、他人の責任を告発しなかった。広田も他人を陥れることなく、「何か思い出したこと、言いたいことがあれば、遠慮せずに言っていただきたい」との尋問官の問いに対しては、次のように答えていた。〈しかし、今も言った通り、自分の刑罰を軽くするために説明をするのは、ご免こうむりたい。そんなことは嫌いなのです〉(下巻一七二頁)。

裁判から生還した人は、いくらでも自分の言葉で「歴史」を作為できる。だが松岡や広田など、死んでしまった人の再評価を可能とする史料が、検察局の遺した史料だったという事実は、人を厳粛な気持ちにさせる。

尋問中、日本側は平和を希求する「意思」はあったのだと盛んに抗弁した。対する検察側は、問題は「意思」にあるのではなく、それに伴う「行動」だったと論駁した。政治責任の核心は意思ではなく行動にあり、とは深い真理だと思う。文明の裁きか勝者の裁きかといった二元論はどちらも他律的なものである。真理の囁きと捉えれば、腹も立つまい。

（『文藝春秋』二〇〇六年一一月号）

日暮吉延『東京裁判の国際関係　国際政治における権力と規範』

木鐸社、二〇〇二年

I

「文明の裁き」として肯定するか、「勝者の裁き」として否定するか――。五〇年以上たった現在でも、東京裁判をめぐるこの二元論的対立傾向は、時に新たなエネルギーを供給されつつ、いっこうに終熄する気配が見えない。神奈川県近現代史フォーラムが一九九六年冬、東京裁判五〇周年を記念して開催したシンポジウムに、評者もたまたま著者の日暮氏とともに報告者の一人として参加したことがある。その際の一種異様なまでの会場の「熱気」を評者は忘れることができない。その熱気がいかなる種類のものであったのかについては、北岡伸一氏とともにシンポジウムを企画された五十嵐武士氏が、次のように書かれているのが参考になる。

シンポジウムの熱気が、企画した意図とはかなり違ったところで醸し出されていたのではないかと、一抹の不安を覚える（中略）歴史認識は、必ずしも個人の体験と一致するものではない。（中略）性急に合意や結論を求めるとすれば、それは逆に一種の権威主義であり、自らの思考を停止することになるのではなかろうか。（『争論 東京裁判とは何だったのか』築地書館、一九九七年、v頁）

たしかにそこには、自己の体験や感想の一般化を性急に求めてやまない熱気があった。しかしながら、権威主義に陥ってはならない、思考停止に陥ってはならないと冷静に説くだけでは、単純明快なだけに迫力のある二元論が世の中に広く受容され続ける状況を変えることはできないだろう。出口のない迷路を突破するには、論争の二元論的構図こそが東京裁判の実像を引き裂いてきたことを、学問的に指し示す以外にはないのである。ここに、東京裁判を外交政策の評価軸の上に実り豊かに描いた七〇〇頁を超える大著が著された所以があった。

われわれは通常、外交政策を評価する際、その理想主義的な側面と権力政治的な側面の双方を視野に入れて評価を下す。対象が外交政策であれば、理想と権力を複合的に見る所作は自然に導きだされる。そうであれば、対象が東京裁判となっただけで、たとえば、東京裁判を、日本に対する合衆国の外交政策として、あるいは連合国の外交政策として、さらにはフィリピンやインドの外交政策として描くことによって、東京裁判の理想主義的な側面と権力政治的な側面を、肩に力を入れることなく複合的に分析することは可能なのではないか。

著者が、東京裁判研究の決定版となるであろうこの本を書き始めたスタンスはここにある。非常に重要なことが、あまりにもさらりと述べられているので、われわれはその意義を受け止めそこねそうになるが、東京裁判を「外交政策として」見立てるのは、ある時代の認識の枠組みを大きく変える程の画期的な視角の創出にあたるだろう。

著者は序章において、正確かつ公平に研究史を振り返りつつ研究史のもつ問題点を指摘するとともに、それを克服するための三つの課題を設定する。起訴状や判決文の作成過程などといった、実に基本的な事実関係がこれまで解明されてこなかったので、まずは、こういった研究史上の空白を埋めること、これが第一の課題。前述のように、東京裁判を外交政策として評価すること、これが第二の課題。連合国内部の相互関係、諸国家・諸組織の競合過程、対独政策と対日政策の有機的関連について注目し、ことに合衆国陸軍省、イギリス、極東委員会の果たした重要な役割に着眼すること、これが第三の課題である。

Ⅱ

本書は、①両世界大戦から一九四六年の開廷に至る政策立案過程（第一章～第三章）、②開廷から四八年の判決に至る政策執行過程（第四章～第六章）、③対日戦争裁判の終結過程（第七章）、④終章、から構成されている。東京裁判の歴史的な展開について、著者の論述をたどっておこう。

連合国の対日戦犯処罰政策の起源を考察するためには、その対独政策を見る必要がある。対独戦犯処罰構想の主導権を握ったのは、戦犯の即決処刑とドイツ「田園」化策＝超峻厳路線を唱える財務長官モーゲンソーではなく、スティムソン率いる陸軍省であった。スティムソンはヴェルサイユ条約の苛酷さがドイツ国民をナチスの手に追いやったと考えるいっぽうで、侵略戦争のコンスピラシー、その過程で生じた残虐行為を、国際裁判で裁きたいとの意欲をもつ勢力の代表であった。スティムソンは戦争違法化の成果が、起訴を正当化する（侵略戦争は犯罪であるということ）ほどには現状において認知されていないことを自覚しつつ、不戦条約を再解釈する方向を選択した。

ついで、ニュルンベルクで確立された方法をどのように日本に転用すべきかという問題が生ずる。東京裁判は一一か国から構成されるので、法廷と検察機関について、ドイツの場合にみられたような、連合国協調方式ではなく、合衆国が決定的イニシァティブを掌握する、合衆国主導方式が選択された。

一九四五一二月、国際検察局が仕事を始める。検察側にとって、資料と時間の不足を補える「コンスピラシー」の概念は非常に有効だと認識された。日本の目標は「民族的優越感による世界支配」であったとして、起訴対象の大枠が決定された。その際、起訴状作成をリードしたのは合衆国ではなく、執行委員会体制を作り上げた英連邦検察陣であった。

一九四六年五月三日開廷した東京裁判構成国にとって、公判の長期化は行為主体間の軋轢や相克を激化させた。合衆国のイニシャティブは起訴状完成までは維持されたといいうるが、開廷後は、法廷の独立性や各国の利害対立によって、合衆国の意図は砕かれた。公判の過程で正義を社会に知らしめようとした検察側の意図と、歴史に汚名を残すまいとした弁護側の意図は平行線をたどり、すべては判決の帰趨にかかってゆくことになった。

戦争の犯罪性について不戦条約の再解釈が行われるべき時が来たとスティムソンが考えていたことは述べたが、一一名からなる判事団にあっては、この問題、すなわち戦争の犯罪性という核心的な〈規範〉をめぐって、鋭い対立がみられた。そのような折、混乱を収拾し多数派意見を起草したのはイギリス判事団であり、彼らの理論が多数判決をリードしていった。しかし、このことは、裁判に対するイギリス政府の関与の強さを意味するものではない。検事に対して各国政府が行政的に訓令することは可能だったが、裁判という事柄の性質上裁判所は独立した権力であり、〈規範〉ないし司法の独り歩きを阻止できない状況が生じていった。なお、判決起草過程の分析から、「平和に対する罪」のみでは死刑を正当化できないと判事団が考えられていたことも明らかにされた。

Ⅲ

本書が、東京裁判についての名著の一つとして、日本の政治学における新しい時代を画するに足る業績として、将来に残るものであることについて、おそらく既に異論はないであろう。これ以上の東京裁判論が書かれることはないのではないかとの思いも生ずる。一貫して抑えた冷静な筆致で法と政治の交錯が描かれる本書であるが、七〇〇頁を超える大著にしては、読み進めるのに困難を感じなかった。むろん、新事実が次々と解明され確定されてゆく面白さに惹かれるからであるが、それ以外の理由としては、読みながら、対象に対する著者の思いの深さに打たれるからだと思われる。

著者の思いの深さを理解するためのキーワードは、「証拠」と「記録」という言葉である。まず、エピグラムに、「私はまた、注視し続け、証拠を記録するよう求める。それは、いつの日か、有罪を宣告するために使用されるであろう」というF・D・ローズヴェルトの一九四四年三月二四日のラジオ演説が掲げられている。さらに、主要戦犯を即決処刑とするか裁判方式とするかが合衆国内で問題となった際、後者が選択された第一の理由として、ナチの犯罪性の「記録」、「永遠の記録」を残せる利点があると判断されたこと（二一六、二一七頁）を著者は指摘している。また、ニュルンベルクの米代表首席検事が、証人ではなく文書を立証の根拠とする方針について「文書の方が、より確実な立証の基礎になる、それは特に歴史家が裁判記録を検討する時に当てはまる」と述べた部分（二五五頁）を著者は紹介している。

「英米の裁判というのは証拠裁判だから、証拠が出ているとそれを消すわけにはいかない」、よって、（広田の場合も）「事実はこうです、ああですってことはいえるんだから、それをやられただけでも、恐らく死刑にはならなかったと思う」との木戸幸一の言葉（六〇八頁）を著者は引用しているが、これも「証拠」と「記録」につながっている。

ここまで、「証拠」と「記録」に関する著者の指摘を評者は四つ挙げてきたが、ここからは、「証拠」と「記録」を組織的に欠いたままになされた弁護段階に対する著者の、飽き足らない思いが伝わってくるのではないだろうか。東京裁判は、〈規範〉と〈権力〉を〈安全保障〉でつないだ複合的な論理から構成され、そのかなりの部分は〈権力〉によって導かれていたということができる。しかし、起訴状完成以降は、検察団・判事団・弁護団内部の対立・抗争の激化と、裁判の長期化とによって、裁判所は、〈規範〉や司法が独り歩きを始める場所ともなり、独自の空間が形成されていた。

そのような、特殊な空間に生じた〈規範〉や、行政と司法の亀裂に訴えかけることのできるものがあったとすれば、それは日本側の「証拠」と「記録」しかなかったはずなのである。焼いたり隠滅したりせずに、「証拠」と「記録」を昂然と握りしめて戦をやめる敗者がいてもよかったはずだ、との思いが、本書の深部には流れているように思われた。公判審理を直接扱わなかったことにもよるが、著者が唯一内在的な筆致で描いていない場所が、弁護側の裁判準備と反証部分（第三章第二節、第四章第二節）であることからもそれは知られる。

著者の包括的かつ迫力ある分析によって、裁判の全過程における合衆国陸軍省と英連邦検事団・判事団の影響力の大きさが新たに実証された。そのことはまた、起訴状作成過程や判決起草過程において、米英法的な理解からすれば異質な日本の制度について、かなり核心的な部分が裁判の過程で脱落したことを推測させる。たとえば、一つだけ例を挙げれば、日本の陸海軍における、参謀の政治的意味の大きさは、米陸軍省に比して格段に大きかったはずである。マッカーサーと合衆国の裁判、との見方が本書によって完全に崩されたことで、問題は何であったのかがようやく見えてくるようになった。

（『レヴァイアサン』34号、二〇〇四年春）

粟屋憲太郎・伊香俊哉・小田部雄次・宮崎章編
『東京裁判資料　木戸幸一尋問調書』

岡田信弘訳、大月書店、一九八七年

木戸幸一は、昭和五～一一年内大臣秘書官長、一五～一一年内大臣を務めた宮廷官僚である。その間、第一次近衛内閣の文部大臣・厚生大臣、平沼内閣の内務大臣をも歴任したが、基本的には、昭和戦前期の宮中グループの中心的人物であったと言ってよいだろう。本書は、この木戸が極東国際軍事裁判（東京裁判）の開廷前に国際検察局によって実施された三〇回に亙る尋問調書の全訳・校訂であり、一五年戦争史研究の一環として、東京裁判関係の法廷記録を、アメリカ公文書館所蔵の膨大な資料群より見出すという作業を近年続けてきた編者による成果にほかならない。検察側尋問の内容は、従来、『木戸幸一日記　東京裁判期』（木戸日記研究会編、東京大学出版会、一九八〇年）の記述中の、「取り調べ記録」によって知られてきただけであり、ここに、尋問官と木戸との応酬を忠実に記録した尋問調書が全訳されたことの意義は大きい。編者の一人である粟屋は、八三年五月に開催された『国際シンポジウム 東京裁判』において、「単に法廷で提出された資料だけではなくて、提出されていない膨大な資料のなかにも、一五年戦争の重要な真実を明らかにする資料というのは、いまだに埋もれていると思っておりますし、東京裁判の資料というのはいまだに歴史の宝庫だというふうに考えております」（『東京裁判を問う』講談社学術文庫、一九八九年。初版は講談社、一九八三年、一七七頁）と、新資料発掘の重要性とその抱負を述べ、翌八四～八五年にかけて『朝日ジャーナル』に「東京裁判への道」を連載してきたが、本書はその一連の仕事の集大成としても位置付けられよう。

さて、木戸尋問調書の特徴は、木戸によって検察局に提出されていた日記（昭和五年一月一日～二〇年一二月一五日。木戸日記研究会編『木戸幸一日記（上・下巻）』として既に東京大学出版会より公刊済）に基づいて、尋問官と木戸との間で満州事変と太平洋戦争の勃発経緯及びその推進グループの確認作業が行われたということである。このことは、本資料が、検察局の尋問調書というアクの強い資料であるにもかかわらず、他の被告の尋問調書に比べ、事実の確定という最低限度の資料批判を行い易くしている。更にその点、本書は、調書中に日記の対象部分を組み入れることや、編者註を巻末に付すこと、本資料の歴史的意義を明確にした解説を付すことを以て、利用者の資料批判の便宜についての考慮も怠りない。

尋問の対象となった時期は、日記の内、昭和五～一一年と一六年であり、一二～一五年については、検察側の都合により、割愛されている。木戸が、内大臣秘書官長あるいは内大臣として宮中にいた期間に尋問が集中していることは、「翻訳が間に合わない」という尋問官の釈明を裏切って、速やかな被告選定を迫られていたという第一の理由と、尋問の最大の関心が、天皇の下に集まった情報を検証することによって、日本政府最高指導層の戦争への決意（共同謀議）を確認するということにあったという第二の理由を我々に推測させる。当時は、日中戦争遂行という重圧下にあって、多少は総理大臣の下に国務と統帥との統合が図られたが、憲法体制の枠内において最終的には天皇の下に両者の情報が集積される仕組みであったから、検察局が天皇の戦争責任の訴追を放棄した後にも、尋問官が天皇と内大臣の果たした役割を注目し続けたのは当然である。尋問に対して木戸は、内大臣の職掌を殊更宮中方面の非政治的な役職として説明していたが、一貫したその供述方針は、「内大臣が罪を被れば陛下が無罪となららるると云ふにはあらず、内大臣が無罪なれば陛下も無罪、内大臣が有罪なれば陛下も有罪と云ふ考へ方」を米国が採っているとの情報を得た時点で決意された模様である（解説五三六頁）。そして、満州事変・太平洋戦争へ日本を駆り立てたグループは、真崎甚三郎・荒木貞夫・石原莞爾・佐藤賢了・武藤章・松岡洋右であったと強調するのである。木戸による戦争犯罪者選定の結果は、解説が「木戸が言明、あるいは示唆した人物のうち、結果として裁判の被告に選定されたのは、一五人で全被告の過半数をこえ」（解説五四一頁）たと指摘している通りである。即ち、東京裁判の被告選定に及ぼした木戸の影響力の大きさを本書は余すところなく語っているのである。同じ編者・訳者による東京裁判関係資料のさらなる探索・翻訳・出版を願ってやまない。

（『日本歴史』477号、一九八八年二月）

小学館、二〇〇五年

山田風太郎『戦中派復興日記 昭和26年 昭和27年』

虫けら、不戦、焼け跡、闇市、動乱、ときて、次は何をもってくるのかと思っていたら、復興ときた。ご存知、山田風太郎の一連の日記に付された「戦中派」以下の部分を彩る言葉のことだ。『戦中派復興日記』は、一九五一（昭和二六）年一月一日から翌年一二月二日までの日記を収める。五一年九月八日、サンフランシスコにおいて対日講和条約が調印され、翌年四月の発効をもってアメリカによる占領は終わった。独立した日本が、講和条約と同じ日に調印された日米安全保障条約のもとで、大海へ向け新たな舵を切りはじめた時期に相当する。「復興」と題されたゆえんであろう。

しかしながら、復興とは、敗戦以前の歴史を忘れ去るところから始まるのではないと考える人間もいた。敗戦時の内大臣木戸幸一はその一人であろう。講和条約調印から一月余りたった一〇月一七日、未だ巣鴨拘置所にいた木戸は、天皇に退位をすすめる。

「今度の敗戦については何としても陛下に御責任あることとなれば（中略）、講和条約の成立したる時、皇祖皇宗に対し、又国民に対し、責任をおとり被遊、御退位被遊が至当なりと思ふ」（『木戸幸一尋問調書』解説）と。

当時、二九歳にして人気探偵作家の地位を既に築いていた山田風太郎もまた、過ぎ去らない過去として戦争を懐に温め続けた一人だった。東条内閣打倒に力のあった重臣・岡田啓介の回想『岡田啓介回顧録』（改版は中公文庫、二〇〇一年。初版は毎日新聞社、一九五〇年）が出版されれば読み（八頁）、戦時中、枢密顧問官であった深井英五の「枢密院重要議事覚書」が『文藝春秋』に掲載されればすぐさま購入し、傲岸にして卓抜な感想を記す（二二六頁）。

この顧問官らの考えること、実に当時の二十才前後の余の考えおりしこととあんまり変りなきに一驚を禁じ得ず。歴史の暴風の中にありてはこの枢要の老人らも小児のごとしというべきか。

この戦中派の天皇観は、私にとって実に興味ぶかい。五一年九月一四日の条。「現天皇はその心に「悪」のないこと、つまり純粋の善人であることにおいて日本一であろう。（中略）しかし、これが天皇として最大の美徳であったかどうかは疑問である」（一七五頁）とした上で、天皇をドストエフスキー『白痴』（新潮文庫ほか）の主人公ムイシュキン公爵に譬えた。

むろん作家が、過去の戦争にだけ眼を向けていたはずはない。初期の探偵小説からの離陸がはじまるのは五八年の『甲賀忍法帖』（講談社文庫ほか）を嚆矢とするので、この日記に描かれた頃は作家にとって、まさに試行錯誤の時期に当たっていたのである。

この作家は、読了した本を日記の最後に記す習慣を『戦中派虫けら日記』(ちくま文庫ほか)以降、律儀に守った。よって我々は、鷗外、漱石、藤村、潤一郎などの名を確認できる寸法だが、その書名を眺めれば、大衆誌への猛然たる執筆の合間、はたまた、痛飲と泥酔の合間、よくこれだけの本を読めたものと感心する。

身体を内から蹴破る情熱というべきものが、作家をして名作との対話に向かわせたのだろう。この時点で作家は、作品が読者を打てるか打てないかの差を、作家の「一辺倒の情熱」(一六七頁)の有無にみていた。その上で、作家は次のように記す(二二九頁)。

『明暗』読了。漱石真に恐るべし。

この感慨が、漱石の読者としてのそれではなく、人間を描く点で漱石と同じ土俵に立つ作家としての感慨であることに気づけば、山田風太郎もまた、真に恐るべし、ということになろう。

(『文藝春秋』二〇〇六年二月号)

ドン・オーバードーファー
『マイク・マンスフィールド 米国の良心を守った政治家の生涯』上・下

菱木一美・長賀一哉訳、共同通信社、二〇〇五年

背が高く痩せたその人は、日本の歴代首相とのスナップ写真の中で、静かに微笑んでいる。何枚もの写真を眺めていると、おやと思う。その人と写っているのが、福田赳夫であり、大平正芳であり、鈴木善幸であり、中曾根康弘であり、竹下登だからだ。一九七六年に首相となった福田からはじまり、八七年の竹下まで、その間一〇年余の時間がたっている。

そう、その人、マイク・マンスフィールドは、一一年半という記録破りの長期にわたり、駐日大使を務めたアメリカ人にほかならない。ちなみに、それまでの記録保持者は、太平洋戦争開戦前の大使ジョセフ・C・グルーである。

ワシントン・ポスト紙で長らく外交専門記者を務めた本書の著者は、東海村の核燃料再処理をめぐる七七年の日米対立において大使が果たした役割を、豊富な史料から明らかにした。大使は、日本側が切実に望んでいたエネルギー分野での核利用を、原則論から批判していたカーター政権の対日方針に対し、大統領を直接説得することで、福田内閣との妥協的合意へと導いた。

北太平洋を「世界で最も戦略的な地域」だと認識し、日米関係はそれゆえ「比類なき最も重要な二国間関係」だと捉えていた大使は、ただただ誠実で力があっただけではない。ものの見方そ

れ自体にユーモアがあった。核武装した米原子力潜水艦が、日本の貨物船を当て逃げした事件に際しては、直ちに園田外相を訪ね、四五度の深々としたお辞儀をし、あえてその姿を報道機関に撮らせた。その真意について大使が副大使に語った言葉。

日本人は米国人にとても似ているからな。彼らは新聞の一面を飛ばしてたぶん、スポーツ面を読むのだ。だが写真は目に入る。その写真は日本中のどの新聞にも載るだろう。

この発言を、スポーツ面を第一に読む日本人を軽くみた発言と取ってはならない。貧しいアイルランド移民の子として生まれ、教育もそこそこに軍隊に志願し、最下級で兵役を勤め上げた人だ。その後、「禁煙」標示が英語と一六カ国語で書かれている、移民の吹き溜まりのような銅山でも鉱員として働いている。

だから、新聞はスポーツ面、コーヒーはインスタントコーヒー、といった生活態度は、マンスフィールドにとって、よく馴染んだ世界のものだった。

愛すべき妻との出会いが、彼を大学に導き、東アジア史を専門とする歴史学教授、政治家、そして民主党の上院院内総務の道へと引き上げていく。その夢の過程はまさに、欧州にとっては田舎者にすぎなかったアメリカが、大国、さらには超大国へと歩む過程と重なっている。

最後に、オーバードーファーという、いささか読みにくい名前をもつ本書の著者に、浩瀚な伝記を書こうと思わせた動機は何なのか、それを考えておきたい。著者はベトナム戦争の時、既にベトナム関係の記事を書いていた。アメリカは何故泥沼にはまってしまったのか。著者の問いはやはりそこにあるのだろう。

ケネディ、ジョンソン、ニクソンと三人の大統領に対して、最も影響力を行使できた上院議員の一人マンスフィールドが、戦争反対の気持ちを胸底に秘めながら、戦争が拡大してゆく過程でいかに行動したのか、それが描かれる。本書のおかげで我々は、この上院議員が大統領に提出した政策や勧告を読めるようになった。戦争終結への道を周到に準備したマンスフィールド。この比類なき政治家が最後についた公職が駐日大使であったこと。それを日本人として誇りに思う。

（『文藝春秋』二〇〇六年三月号）

佐藤優『国家の罠　外務省のラスプーチンと呼ばれて』

新潮社、二〇〇五年

深すぎる学識と的確すぎる表現によって、俎上に上げられた書物を語り倒してやまなかった、華麗なる三悪人による鼎談書評が先月で終わってしまった（注：『文藝春秋』誌上で連載されていた鹿島茂・福田和也・松原隆一郎の三人による鼎談形式の書評のこと）。読書は豪奢な体験なのだと骨の髄まで読者にわからせてくれた先生たちは、生ける風俗資料、キャバレー「ハリウッド」見学と称して夜の街に消えておしまいになった。ならば、先生たちが休息しタメを作り英気を養い再び戻ってこられるまで、しばし留守番をつとめることとしよう。

今月の留守番のお供は佐藤優『国家の罠』(新潮社)。副題の「外務省のラスプーチンと呼ばれて」の文字を読めば、著者はあの「鈴木宗男事件」で二〇〇二年五月逮捕されたロシア専門の外交官(外務省国際情報局第一課主任分析官)かと気付かれるだろう。ただその後の著者の動静については、遅い夕食とともに夜一〇時のニュースを漫然と眺めるだけの私のような人間には、全然伝わってこなかった。背任といま一つの容疑で起訴された著者は、東京拘置所に勾留されること五一二日、今年二月一七日の第一審で、懲役二年六ヶ月執行猶予四年の判決を受け、即日控訴していた。落胆も怒りもせず昂然たる表情で逮捕された人物は、塀の中の長い生活を経て、何をその手記で語ろうというのか。戦前期の外交と軍事を専門とする私としては、興味はいやが上にも増す。

事件の背景は次のようなものだった。外務省を機能不全に陥れた田中眞紀子外相を放逐するために、首相官邸と外務省は鈴木宗男氏の政治力を最大限に利用し、今度は「用済み」となった鈴木氏を整理し、その過程でこれまで鈴木氏とともに対ロシア外交を展開してきた著者をも検察の腕の中に押しやった——。著者が上述のような文脈で、自らを裏切った組織に対する意趣返しのため、「こと」の全容を暴露してみせたのだとすれば、この本はつまらないものになっただろう。だが、著者はそのようなことをしなかった。いやしくもここ十数年、西側外交官としてトップレベルの対ロ情報活動に従事してきた人物である。一冊ぐらいのベストセラーの印税で溜飲が下がるレベルの暴露などするはずがない。

著者が書いたのは、日本の国策レベルの話である。小渕政権下の九八年夏、官邸からの特命で、外務省欧亜局ロシア課の下にではなく、国際情報局第一課の下に「ロシア情報収集・分析チーム」がなぜ置かれなければならなかったのか。当時、自民党総務局長であった鈴木宗男氏の政治力はなぜ必要とされなければならなかったのか。こうした構造的な歴史的経緯を活写している。「こと」の発端は、九八年四月、橋本首相がエリツィン大統領に対して行なった、北方領土問題解決と平和条約締結に向けた秘密提案＝川奈提案にあった。この提案の詳細はいまだ外交機密だが、著者が背任に問われたのはこの川奈提案実行上における金の使途をめぐってだった。よって、著者が背任の事実関係を認めない第一義的な理由は、自らの容疑を晴らすことなどにあるのではなく、この川奈提案方式こそが今でも北方四島問題解決のため有効な方略であるとロシア側にシグナルを送ることにある、と私は推測する。二六年後にこの一件書類が外交史料館で公開されるのを楽しみに待つことにしよう。もう死んでいるかしら。著者も私も。

この本は読んでいて実に楽しい。絶体絶命の場面で役立ちそうな洞察が満載されているからだ。いわく「利害が激しく対立するときに相手とソフトに話ができる人物は手強い」、「検察は本気だった。本気の組織は無駄なことをしない」云々。さて、国家がどれだけ人間に苛酷になれるかを描きながらも、人間の偉大さをなぜかしみじみ語ってしまえる『死の家の記録』や『収容所群島』を生んだロシア、そのロシアを長年相手としてきた外交官であるからか、自分を担当した敵役・西村尚芳検事とのやりとりを描くその筆致に独特の味わいがある。この魅力的な敵役を配したからこそ、国民のナショナリズムを刺激することによってではなく、玄人好みの政治手法で交渉困難な相手に対し国益の増進を図ってきた著者の姿勢が、正当かつ現実的なものであったとの印象がしっかりと読み手に伝わるのである。読後、表紙をよく眺めてほしい。霞ヶ関の外務省方向から、永田町の国会議事堂正面方向を撮った払暁の写真で富士山を遠くに配す。官僚、政治家、国家の絶望的な距離とともに、なおほのかな希望を感じさせる。

（『文藝春秋』二〇〇五年六月号）

安倍晋三『美しい国へ』

文春新書、二〇〇六年

昭和戦前期の政治を専門とする私は、学生を除けば、すべて死んだ人間あるいはその遺した史料を相手にしている。「後世の史家の判断を仰ぐ」と言ったまま死んでしまった政治家や軍人を、いわば冥土まで尋ねて行く仕事をしている。

では、歴史の墓堀人たる私が、次期の自民党総裁・内閣総理大臣の最有力候補者たる安倍晋三氏の著書『美しい国』を論じているのはなぜなのか。

その理由は、この本のなかで安倍氏が「その時代に生きた国民の視点で、虚心に歴史を見つめ直してみる」(二六頁)ことの大切さを説いていたからだ。実際本書には、安全保障問題を軸に、憲法・講和・安保などにつきその歴史が書かれている。歴史の書かれた場所ならば、私が出没しても罰はあたるまい。

そもそも、この本はなぜ書かれたのだろうか。田中明彦教授が指摘するように、小選挙区制導入によって総選挙が実質的に政権選択の機会として位置づけられるようになった今、自民党が自らの総裁選のみによって首相を代えてしまえば、国民の信託の不明確な首相が誕生してしまう。だが、信託を問うため、新首相が解散・総選挙をなす法的義務はなく、また実現も困難だ。その隘路を解決する方策として、自らの言葉で国民に語りかけてみたいとの意欲を、安倍氏が感じた可能性は高い。

安倍氏は本書を「いわゆる政策提言のための本ではない」(二三一頁)という。それでは本書にはなにが書かれているのだろうか。以下の章から構成される。わたしの原点、自立する国家、ナショナリズムとはなにか、日米同盟の構図、日本とアジアそして中国、少子国家の未来、教育の再生、の七章だ。最後の二つの章は、実際には、少子化と教育問題についての具体的な政策提言となっている。

残りの五章の性格は異なっている。安全保障問題について、基本的には一貫したスタンスで二つのことを論じたものだ。一点目は、安全保障を論ずるのは、自由と民主主義を守ることと同義なのに、日本では、国家主義や軍国主義と短絡されて警戒されてきたとの主張である。

二点目は「憲法という制約を逆手にとって、きれいな仕事しかしようとしない国が、国際社会の目に、ずるい国だと映っても不思議はない」（二四一〜二頁）との主張である。この本では「美しい国」の定義は必ずしも自明ではないが、「美しい国」の反対語の一つとして想定されているのが「ずるい国」なのは間違いないところだろう。

以上をまとめると、自由と民主主義を守るため、国際社会での人的貢献をも可能とするように、憲法上の制約をはずすべきだ、との結論になる。

さて、本結論を導くまでに一六〇頁弱を使って参照され、引証される歴史的事件とその評価を読むと、違和感を覚えざるをえない。そこには「虚心に歴史を見つめ直してみる」との自制が奇妙なほど欠けているからだ。むろん安倍氏が政治家として、たとえば、外交・軍事の分野で日米交渉にあたり、政治家としての豊かな経験と、適切な情報に導かれた判断から、上記の結論に至ったのであれば、なにも言うべきことはない。

しかし、憲法九条改正の必要がこの本で論じられる際、その判断を支える論拠は、実証的に支持されない一面的な歴史解釈からきているように思われる。一点だけその例を挙げたい。

よくやり玉にあげられる論点に、憲法草案がＧＨＱによって「十日そこそこという短期間」（一二三頁）に書かれた事実がある。それを論ずる際は、なぜそれほど急がれたのか、なぜ戦力不保持までが書き込まれなければならなかったのか、を同時に論じなければ意味がない。

本問題の背景に、昭和天皇の不訴追獲得の必要があったことは、古関彰一教授の『新憲法の誕生』（中公文庫、一九九五年。初版は中央公論社、一九八九年）や升味準之輔教授の『昭和天皇とその時代』（山川出版社、一九九八年）によって、既に明らかにされている。象徴天皇制と戦争放棄は車の両輪だった。歴史を「教訓」として使う際には、史料と虚心に対話することが大切だと切に思う。

（『毎日新聞』二〇〇六年九月一七日朝刊）

Ⅱ 潮流をつかむ

明治維新の再解釈進む

明治維新が再び注目を集めている。戦後六〇年がたち、かつては敵国と名指しされた日本も、今や国連安保理の常任理事国候補として有力視されるまでになった。こうしたなかで、日本の近代化、西洋との出合いをスタート時点に戻って再考しようとする気運が生じている。

新しい研究の特徴は、近代化を迫られた日本の変化を、あえて一国史として内側から扱い、さらに、前近代から近代への内在的な変化として一定の時間の幅で描こうとする姿勢にある。

これが新しいのは、従来、日本の近代化といった場合、一八七〇年代後半以降の列強による領土分割という世界情勢を背景に、日本自身がいかに素早く自らを西欧に似せて帝国化させたか、その上で東アジアの伝統的な地域秩序をいかに解体していったか、との視点から説明してきたからである。明治維新は、「外圧」という外からの刺激に対して、「模倣」という内からの反応が返された時代として描かれがちであった。

また、前近代と近代との関係についても、近世史の側からは、ペリー来航以降は幕藩体制の解体過程として処理され、近世史の創り出した何が近代を呼び寄せたのかとの問題意識は生じにくかった。対する近代史の側も明治憲法体制が確立された明治二〇年代の高みから維新期を振り返り、都合のよい事象のみに出生証明書を発行するといった書き方をしてきた。連続しているはずの時代の叙述が、不自然に分断されてきたのである。

従来の傾向に強く再考を迫った本が、宮地正人『**歴史のなかの新選組**』（岩波書店、二〇〇四年）だ。新選組やその母体となった浪士組は、この時期各地に叢生《そうせい》した有志集団の一つだった。制度疲労に陥った幕府や藩の統制を脱したサムライは脱藩浪士となり、朝幕融合と対外強硬姿勢の確立を目指した。その有志集団に、近藤勇に代表される在地の中農層を出身母体とする草莽《そうもう》の剣客が加わってゆく。

右に譜代の保守層を左に薩長を配すると、上述の有志集団の主張は実のところ多数派であった。彼らの活動を追跡すれば、近世と近代は見事につながる。

歴史学研究会・日本史研究会編『**日本史講座第8巻　近代の成立**』（東京大学出版会、二〇〇五年）もまた、前近代と近代の連続に焦点をあてた論文集だ。尾崎耕司氏の論文は、就学の義務、兵役の義務といった新奇な観念を、旧幕時代の五人組そのままの町村の末端組織がどのように受けとめ、また対応したのか、との問いに答えており、ここでも近世と近代は見事につながっている。

明治の知恵を、現代の民主主義の活性化のために借りようとする本も現れた。坂野潤治『**明治デモクラシー**』（岩波新書、二〇〇五年）は、戦後六〇年を迎えた日本の民主主義が大きな試練に直面しているとみる。だが、著者はあわてない。明治一二年（一八七九年）の思想と運動の到達点に学べばよいというのだ。

すでにこの頃、議院内閣制の主張は福沢諭吉らによってなされていたし、主権在民の思想もまた国民運動の一角を占めるようになっていた。この国の民主主義は、敗戦後に外から注入されたものでは決してなく、豊かな歴史的水脈をもっていた。

ここまで新しい視点で書かれた本を紹介してきたが、読みながら訝しく感じた方もいるだろう。冒頭で評者は、前近代から近代への内在的変化として日本の近代化を描けた研究者がいなかったかのように書いた。しかしこれには巨大な例外があった。丸山眞男である。よく知られたように丸山は、徳川思想史における近代的側面をいち早く指摘していた。

それでもなお採り上げた三冊が面白いのは、日本の近代化をあえて一国史として描こうとするその強い意志による。天皇という主権者を近代がなぜ必要としたかを、一四世紀に起源をもつ武家の天皇観から説明してしまう大胆さが心地良いのだ。

さらに今、六〇年間の不戦状態を一つの自信として、民主主義の型を歴史に求めるのは意味があろう。

（『日本経済新聞』二〇〇五年四月三日朝刊）

今、日露戦争を振り返る意味

学会あるいは学界における日露戦争一〇〇年についての総括的評価は、これから（注：二〇〇四年）来年にかけて続々と出されてくるはずだが、昨年から今年にかけてそれに先行するかたちで出された論壇やジャーナリズムによる日露戦争一〇〇年特集は、思いのほか苦戦を強いられているようだ。私の不明からくる誤解ならよいが、こうした特集は、受け手の側に日露戦争をめぐる何らかの盛り上がりを喚起するような流れを、現時点において作り出せていないように思われる。

その理由を考えてみよう。一つには、当の戦争相手国ロシアが現在に至るまでに二度にわたり大きく国家形態・経済体制を変えたために、日露戦争当時のロシアの歴史を引き受ける国家として現在のロシアを想像することの難しさがつきまとうためである。たとえば、皇帝アレクサンドル二世の日露戦争直前の政治指導を専制的であるとし、日本の政治指導を対比的に立憲的であったとし、戦争の勝敗が分かれた所以をその内政的国民基盤の差異に求めたとしても、その後のロシア革命、またその後の社会主義政権の崩壊までがどうしても想起され、戦争時の両国政府の評価を短絡的に論じてもあまり意味がないのではないかという気持ちにどうしてもなる。

この気持ちをもう少し説明しよう。日露戦争を「ロシアの専制」と「日本の立憲」との対立軸で説明する語り口は、戦争当時から広くみられた。たとえば、美濃部達吉は一九〇四年の時点で「人ハ日露ノ戦争カ立憲政治ト専制政治ノ争ナリト云フ。立憲政治ハ吾国民ノ誇ニシテ又国威発揚ノ源ナリ」と書いた（美濃部達吉「法律ノ裁可ヲ論ズ」、『憲法及憲法史研究』有斐閣、一九〇八年所収）。また、レーニンも一九〇五年一月の時点で「この犯罪的な恥ずべき戦争は、これらの大衆にこのようなはてしない犠牲を要求しているのである。専制国ロシアは立憲国日本にすでに打ちやぶられている」と書いていた（レーニン「専制とプロレタリアート」、『レーニン全集8』大月書店、一九五五年所収。拙著『戦争の日本近現代史』講談社現代新書、二〇〇二年、一四九頁も参照）。

美濃部はここで、国民の願ってやまない日露戦争への勝利、国威発揚を可能にする道こそが、立憲政治すなわち天皇機関説による政治運営にあると主張しているのであり、日露戦争当時の政局が実際のところ立憲政治的であったかどうかを論じていたのではない。同様に社会民主労働党多数派を率いるレーニンも、打倒すべき皇帝の政府が、実際のところ専制的であり日本政府が立憲的であったと論じていたのではない。レーニンは、社会民主労働党少数派を率いていたマルトフの平和論——ロシア官僚が満洲を文明開化するのにも反対だが、ブルジョア日本が韓国を文明開化するのも反対だとして平和万歳を唱える立場——から、つまり皇帝の戦争への中立的傍観者的立場からロシア労働者を引き剥がし、彼らが明確に厭戦観を抱くように、ロシアの専制と日本の立憲の対比を論じているのである。

まとめていえば、美濃部もレーニンも、自らが構想する次の歴史的ステージを見とおした上で、現時点での戦争を自らの主張を実現する契機として利用する自覚のもとに、極めて政治的に発言していた。ここでは美濃部とレーニンを挙げたが、同様の構造をもった発言は日露戦争に関して、殊の外多いのである。この点を理解しないままに、ロシアは専制的で日本は立憲的であったから戦争に勝利した、というような評価とともに日露戦争が回顧されている点に問題の根源があるように思う。

ここから、二つめの理由につながっていく。ロシアにとっての日露戦争は、いわば、倒れた前の王朝の崩壊する必然的な理由を次の王朝が自らの正統性を主張するために叙述する正史において、重要な一項目と位置づけられる。それに対して日本にとっての日露戦争は、どこかで決定的に間違ってしまった太平洋戦争とは異なり、戦前期日本の最良の到達点の一つとして位置づけられる。戦争にかかわった人物の伝記にしても徳富猪一郎編『公爵桂太郎伝』(原書房、一九六七年。初版は故桂公爵記念事業会、一九一七年)、あるいは外務省編『小村外交史』(上・下、原書房、一九六六年。初版は新聞月鑑社、一九五三年)を想起すればわかるように、日露戦争の栄光にいかに自らが奉仕したかという視点から描かれる。

片や断絶してしまった王朝の崩壊理由の一つとして、片や現在も続いている王朝の遺産形成に奉仕した個人の物語の集積として、同じ戦争が語られる(日本の歴史叙述や認識の型と中国のそれを比較し、重要な論点を導いたものに、石井紫郎「日本人のアイデンティティーと歴史認識」、『学士会会報』第848号、二〇〇四年九月、があり、本稿を書く際に影響を受けた)。戦争の敗者と勝者の描かれ方の差だといってしまえばそれまでだが、ここにはやはり、罪悪を強調して書くか栄光を強調して書くかという、両国の歴史叙述の仕方における根本的な違いがある。その違いをふまえずに語れば、どうしても日本人にとって自己満足的な筆致となり、さすがにそれは多数読まされれば、食傷気味のものとならざるをえないではないか。

ここまで、主に論壇における日露戦争一〇〇年特集がなぜ苦戦を強いられているかについて、その理由を私なりに考えてきた。そこで、次に崔文衡『日露戦争の世界史』（朴菖熙訳、藤原書店、二〇〇四年）を採りあげ、本書が明らかにした論点や意義をみてみたい。すでに日清戦争における列強間の関係を多国間外交の集積として描いた『韓国をめぐる列強の角逐』（末邦訳）の著書もある崔氏は、韓国を代表する西洋近代史研究者である。『日露戦争の世界史』において著者は、日露戦争を「単なる日本とロシア両国間だけの戦争などではなくそれは韓国・満州をつつみこんだアジアの戦争であり、欧米列強が介在し、帝国主義国間の利害が直接、かつ複雑に絡み合った、一つの世界大戦であったと見なされる」（一〇頁）と位置づける。さらに、著者は、一九〇五年の第二次日韓協約（乙巳保護条約）から韓国併合まで、なぜ日本は五年の年月を要したのか、この点の解明にも意を用いている。

第一章では、朝鮮半島（韓半島）への平和的浸透路線と、満洲・遼東半島への武力浸透路線とを並行的に推進していた一九世紀末ロシア外交の特徴が、それぞれの路線を支持する宰相ヴィッテと外相ムラビヨフの対立を絡めて丁寧に描かれる。またこの時期、南で展開されていたアメリカのフィリピン侵攻をめぐる列強の力関係がマニラ湾に碇泊させた艦隊の位置から分析され、北でのロシアの動きと総合されて説明されているのは貴重である。

第二章では、義和団事件を契機としたロシアによる満洲武力占拠とそれに対する列強の対応が描かれる。この時期イギリスは南阿戦争に足をとられ、アメリカはといえばフィリピン軍叛乱への対処のため、ロシアの南下に対応できなかった。いっぽう、ドイツ・フランスにもロシアを援助するには躊躇すべき要因があった。その結果、日本とロシアが単独で向き合う状況が現出する。こうしてみてくると、著者が日露戦争を「世界大戦」であるとみなすその含意は、他に主要な衝突要因を抱えている列強は直接手を下さないものの、その環視のもとに二国間の戦争が局地的に戦われる、そのような二〇世紀初頭特有の現象こそが「世界大戦」にほかならない、との認識にあるとわかる。

第三章は、ロシアの東アジア政策の転換により日露戦争が勃発する際、裏面でロシアの孤立化を図るローズヴェルトの対日積極支援の意味が大きかったとの評価を、英仏協商成立を側面から促してドイツの戦争介入を阻止したアメリカの手腕などから導き出している。総じて著者のスタンスは、英国の対日援助よりも米国のそれを重視している点に特徴がある。また著者は、ロシアとの国交断絶につき日本側が英国よりも米国にまず通達していた事実を指摘し、日本が対ロシア戦遂行において英よりも米に大きく依存していたとする。しかし、この点は最近の成果である『日英交流史』（1〜5巻、細谷千博、イアン・ニッシュ監修、東京大学出版会、二〇〇〇〜一年）などで明らかにされた、英国側のきめ細やかな対日支援（無線技術供与・軍艦購入支援など）の実態とすりあわせる必要があるだろう。

第四章は、戦局の進展と戦後秩序確立への模索が描かれるが、満洲の早期門戸開放と韓国保護国化問題の両面で日本に列強から牽制の網がかけられるさまが描かれる。とはいえ、開戦当初ローズヴェルトが交戦両国に対して「満洲と北中国を含む全中国の中立」を遵守するよう求めた通告において、朝鮮半島（韓半島）が巧妙に除外されていた事実からも明らかなように、アメリカは日本による韓国の保護国化を早い時点で完全に認めていた。著者が日露戦争における米国の役割を英国のそれと比べて大きなものと評価する背景には、日本の韓国保護国化を積極的に後押しし、いっぽう韓国からは早期に手を引いたアメリカの政策決定を遺憾なものとみるスタンスがあると気づかされる。

第五章は、森山茂徳氏が提起した重要な問い（森山茂徳『近代日韓関係史研究』東京大学出版会、一九八七年、同『日韓併合』吉川弘文館、一九九二年）――「保護」から「併合」までわずか五年でなされたのは何故か――を手がかりとしながら、著者は逆に、五年もかかったのは何故かとの問いを提起することで、戦後の日本がアメリカやロシアから満洲問題の解決を迫られていた事実を丁寧に書いている。導かれる結論は、間島問題処理との関係で併合を急ぐ必要があったとの森山氏の解釈と大きく相違するものではないが、ロシアに限らず列強が常に満洲問題と韓国問題を同時に捉えながら東アジア政策を進めていた様態が、日露戦後に至る時期まで明らかにされたことは貴重であろう。

山室信一氏が的確に述べているように（山室信一「序章　日本と東アジアの連関をめぐる新視角を求めて」、古屋哲夫・山室信一編『近代日本における東アジア問題』吉川弘文館、二〇〇一年）、近代日本においてはその外交が対欧米と対アジアという二つの磁場に規定されていたことに重要な意味があるとすれば、著者が選択した視角、すなわち日露戦争を世界大戦として描くことは、重要なアプローチの一つであると思われる。しかし、日露の対立や戦争に対して、列強が帝国主義的利害から干渉し、牽制をいかに加えていたかという側面を捉えて日露戦争を世界大戦としているならば、二〇世紀初頭の帝国主義列強による角逐史一般と区別をつけることは難しくなり、新味に欠けることになるのではないかとの危惧も浮かんだ。

（『環』19号、二〇〇四年秋号）

回帰する一九三〇年代論

「戦前」という感覚

この原稿において求められているのは、日本の一九三〇年代を主な対象として歴史を研究してきた評者が、最近活況を呈しているさまざまな三〇年代論をどう読んだかについて述べることだと思われる。さらにいえば、なぜ今、三〇年代がさかんに論じられるようになったのか、その理由を考えて現時点での答えをだせということだろう。

現代思想の行方について、その赴くところを常に的確にいいあてててきた柄谷行人は、『シンポジウム［Ⅱ］』（太田出版、一九九七年）に収録されている討議のなかで、これまで「戦後」という意識で生きてきたが、九〇年代に入ってからどうしたわけか「戦前」というべき感覚、いいかえれば何か事の起こる前、「事前」の状況にいる気分がすると述べている。これを読んですぐ思いだしたのは、歳の若い友達がある時心底不思議だという面持ちで口にした疑問だった。――八〇年代半ばころ、第三次世界大戦後の砂漠化された世界がさかんにマンガに登場してきたのはなぜなのか――。

九〇年代の地点での柄谷のいう「戦前」と、八〇年代半ばのマンガの描く「戦後」とをつなげて考えるのは、「戦後」の後に来る「戦前」という、一見、奇妙な感覚の意味を考えることにほかならない。

おそらく、次のような背景が指摘できるのではないか。八〇年代半ばには、さすがに米ソの核抑止体制下での核戦争の危機は現実感を喪失してはいたが、チェルノブィリを思い出すまでもなく、エコロジカルな意味での破局や終末は来そうだとの見方は強かった。その感覚を敏感にとらえて、カタストロフィ後を生き抜く知恵に満ちた物語がマンガで語られる必要があったのだろう。

しかし、一九八九年に起きた激変は、悲観のトーンで空想されてきた「戦後」の物語を完全に吹き飛ばし、むしろ次に来るべき大きな事態に向けて、ひとまず走り出さなければならない、との気分にさせるほどのものだったと今では判断できる。それは、ソ連の崩壊や冷戦の終結という国際政治上の激変だけではなかった。たとえばその前年、一九八八年を境に、アメリカで軍事用に開発されてきたインターネット技術が、商業用に提供されはじめた。

すでによく知られているように、インターネットは、ソ連からの核攻撃を受けた場合でも通信が途絶しないように、六〇年代に開発された技術だった。冷戦終結はこの技術の世界的普及をもたらしたが、それは一方で、アメリカのプロトコール（通信規約）・英語という言語・アメリカ経由の通信が、世界標準となる事態を生んだことを意味していた。

ここでは一つの例を挙げたにすぎないが、「権力概念」の再定義をせまるほどの激変が進行しつつあることは、敏感な人間でなくともわかる。「戦前」という浮足立った感覚――それは同時に、しかし最高の英知を集めつつ、来るべきものに対抗しなければならないとの決意も秘めた感覚でもあるが――が生じてくるゆえんであろう。

「三〇年代知識人」の思想

今から思えば、一九八八年は象徴的な年だった。同年に発表された山之内靖**「戦時動員体制の比較史的考察」**（『世界』四月号）は、市民社会派の知識人たちによる戦後解釈にいち早く疑問を呈し、戦前と戦後の思想史的連続性を指摘した論文だった。しかしこの年は、もう一つの画期的な業績が発表されていたことでも思い出されるべきである。有馬学**「戦前の中の戦後と戦後の中の戦前」**（『年報　近代日本研究一〇』山川出版社）である。

有馬は、労働政策や社会運動の分野を対象に、二〇年代から三〇年代への変遷を子細に検討してきた研究者であるが、大河内一男の国民生活論に注目し、その理論に包含された合理性を管理型知識と名づけ、「末端におけるメンテナンスと同時に総合的計画をも担当」できる、いわば総合化と細分化を同時に遂行できる管理型権力を支えるものと特徴づけた。そして、このような管理型権力は、三〇年代に入って総力戦体制下に誕生したと指摘した。これは、同じ大河内を対象とした山之内『**システム社会の現代的位相**』（岩波書店、一九九六年）第二章の初出、一九九二年より早く、まさに先駆的な業績と位置づけられる。大河内の社会政策論を例にとって、戦後の市民社会派の言論の出自を三〇年代に求める筋道をつけたのが、有馬や山之内であった。

ここまでの話でも明らかにしてきたように、現代の「戦前」感覚に比肩できるような戦前は、第二次大戦の戦前、すなわち三〇年代しかない。そして、この三〇年代の位置から戦後をもう一度見てみようというのである。つまり、現代の「戦前」感覚が回帰する場所として、どこから見ても一番巨大な「戦前」である、三〇年代の議論が再検討されはじめたのだと考えられる。

戦後日本の社会科学が、総力戦体制への抵抗から生まれたのではなく、ある意味では戦時体制の合理化に貢献することを通じて誕生してきたのではないかとの見通しは、戦前と戦後の断絶と連続を論ずる視角として、多くの生産的な論稿を導くきっかけとなった。

すなわちこの方法は、総力戦体制を生きた三〇年代型知識人の戦前と戦後の思想を新しい文脈で解読する一連の動向を生みだした。『思想』（一九九七年一二月号）の**特集「一九三〇年代の日本思想」**がそのもっともまとまった成果だろう。米谷匡史「**戦時期日本の社会思想**」は、尾崎秀実や三木清など昭和研究会系の知識人の戦時変革の論理を扱う。山之内や有馬の視点をやや踏み越えている点があるとすれば、転向の文脈で語られてきた尾崎や三木について、彼らの議論の中に必然的に含まれていた、近代批判の文脈を大事にとりあげたいとの意欲の見える点であろう。中野敏男「戦時動員と戦後啓蒙」(同前号所収)は大塚久雄のウェーバー解釈の歪みに注目するところからはじめる。市民社会派の大塚の「プロテスタンティズムと資本主義の精神」解釈からする生産倫理の考え方は、おそらく戦時下の資本家=企業家の私的利潤欲求を抑える論理として使われていたのではないかとの、実に刺激的な論点を提出した。

この利潤抑制と増産という問題は、革新官僚であった岸信介や椎名悦三郎が、なんとかして両立させようと焦慮した総力戦体制下の大問題だった。中野が大塚をとりあげたのは、戦後思想を担った大塚に、真の意味での近代批判があったのかという根本的疑問があったからであろう。

以上をまとめれば、米谷と中野の論稿に共通しているのは、一つには「戦後の思想」と認められていた諸思想について、その淵源を三〇年代の言説のコンテクストの中に再発見する姿勢である。だがもう一つ、こちらの方がより重要であるが、近代批判の視角をその思想の中に萌芽的にもっていたのは、戦後啓蒙の代表者の一人である大塚の学問ではなくて、実は、戦前に生きた尾崎や三木の思想の方ではなかったか、との逆説的な見通しに立っている点でも共通している。

米谷や中野の出した論点、すなわち戦後の思想は「近代」をきちんと考えてきたのかという根本的な疑問は、やはりどうしても、丸山眞男に「近代」批判があったのか、という問いへとつながっていくのだろう。『現代思想』(22巻1号、一九九四年)の「特集=丸山眞男」中の、子安宣邦、中野敏男、米谷匡史の諸論文、また酒井直樹・中野敏男・成田龍一「シンポジウム『日本政治思想史研究』の作為」(『大航海』17号、一九九七年)も、その疑問を論じている。三〇年代知識人論が、どう見ても流行しているといわざるをえないのは、一九九六年八月一五日の丸山の死去にもよっているところが大きいと思われる。

歴史学の手法

ただ、先に名前をあげた方々の論稿を面白く読みつつ、同時に「惜しい」とつぶやいてしまうのも本当の気持ちである。とくに米谷は、三〇年代の歴史叙述の中で思想を語ろうとする姿勢をとっているのだが、どうしてもある部分、「読む年表」風に流れてしまうところがある。因果関係に従って出来事と出来事を関係づける歴史学の手法と、時空を超えてでも、その相似形を見いだす思想の手法とは、どうしても避けがたいギャップがあるということだろうか。

さきほどの山之内と有馬の関係ではないが、時として政治史を歴史として描いてきた者の著作が、現代思想からの分析結果に追いついている場合がある。それは学問の性格の違いを考えれば、その歴史家がずっと時代を先取りしていたことを意味している。

三谷太一郎**『近代日本の戦争と政治』**（岩波書店、一九九七年）は、そのような意味で現在的意味をもつ著作となった。なかでも、「日本における『地域主義』の概念」と題された論文は示唆的で、欧米の地域主義概念が日本に取り入れられて、どのように転生し、日中戦争・太平洋戦争を正当化するイデオロギーになっていったのか、長いスパンで描いている。「地域主義」が東亜新秩序論に結びつく際、中国のナショナリズムと西欧帝国主義という二つの壁にぶつからざるをえず、それを昭和研究会系の知識人がどのように自己説得の論理として合理化してゆくかを論じたものである。

　さて、この三谷の論点と、米谷や中野の論点をすりあわせて考えてみたい。米谷や中野は、近代批判の萌芽を尾崎や三木の論調に見る点で共通していた。それに対し三谷は、近代批判の萌芽的部分を地域主義概念として具体的にイメージし、体制を補完する自己説得の論理と位置づけた。

　三〇年代知識人の思想が、体制を超えうるものだったのか、それとも補完するものだったのかについての両者の論点の差異は、二〇年代に確立した体制についての評価の差異から来ている。二〇年代の体制、すなわち大正デモクラシー体制を高く評価し、戦後民主主義の基礎をそこに求める三谷の論理は、ややオーソドクスにすぎるかもしれない。しかし、日露戦後から二〇年代の体制的安定を一貫して研究し続けた三谷の真骨頂は、国際金融資本の動向と日本を結びつけて論じた、経済外交の実証的研究にある。

　よって、三谷の大正デモクラシー論の批判からスタートした論者たちにとって必要なことは、三〇年代の知識人たちの近代批判の文脈が、当時の国際社会の経済・外交・軍事と、どのように斬り結ぶのか明らかにしていくことにあると思われた。


（『別冊世界』655号、一九九八年一〇月）

あの戦争の敗因を学ぶ一〇冊

日露戦争において開戦の決定権は元老が握っており、作戦計画を樹立すべき参謀本部・海軍軍令部は、望ましい開戦時期の選定にほとんど関与できなかった。こうした痛恨の教訓を負の記憶として伝承した昭和期の大本営の幕僚たちは、太平洋戦争にあたり、日米交渉に積極的に関与し、交渉内容や期限を制御すべく全力を傾けてゆくことになった。

一九四一年秋、大本営の幕僚たちは、対英米との武力戦に勝利できるか、戦争の終末をどうするか、との二点についての不安を払拭しきれなかった昭和天皇を開戦論へと導くべく、恣意的に数値を操作した文書を作成する一方、英国を屈服させるための独ソ和平を日本が斡旋する構想を示すなど諸工作を行った。その甲斐もあり、天皇の疑念はめでたく晴れて戦争が始まる。だが、我々は大本営陸軍部戦争指導班の開戦日の日誌に、次のような言葉を見いだすのだ。「戦争の終末を如何に求むべきや、是れ本戦争の最大の難事」。当事者さえ終末の描けない戦争に日本を突入させたのは彼らだった。波多野澄雄『**幕僚たちの真珠湾**』(朝日選書、一九九一年)は、こうした幕僚たちの等身大の姿や考え方を最もわかりやすく描いた名著である。

二〇年代の極東において、ヴェルサイユ体制の最も忠実な信奉者にみえた日本が、なぜ満州事変に訴え、日中戦争へと戦争を拡大し、英米との戦争に踏み切ったのか。それを、クリストファー・ソーンの一連の著作（『**満州事変とは何だったのか**』上・下、一九九四年、『**米英にとっての太平洋戦争**』上・下、一九九五年、いずれも草思社）は、アジアに対する列強の外交政策の限界や、アジアの植民地問題をめぐる英米間の対立という広い国際関係の視野から描く。

戦争では、国を問わず民衆が一番の犠牲になる。しかし兵士となった民衆は、そのかけがえのない人生を中断されたという意味において被動者であり被害者であるが、戦場をかけめぐり戦ったという意味において主動者であり加害者だった。戦争との関わりを兵士たちが疑わなかった理由は幾通りにも説明できる。だが鹿野政直『**兵士であること**』（朝日選書、二〇〇五年）は、当時にあっては、太平洋戦争が「建設のための戦争だ」と理解されていたからだと喝破する。

太平洋戦争は第二次世界大戦の一部として戦われたが、英米では、太平洋における戦闘の方がヨーロッパのそれよりも残酷だと認識されていた。それは数値からも明らかで、独伊両軍によって捕らえられた英米人捕虜の死亡率が四％だったのに対して、日本軍による英米人捕虜の死亡率は二七％にも上った。そうした差異は何から生まれたのだろうか。その理由を考えることは、戦後アメリカの日本占領が何故スムーズにいったのか、その理由を考えることに実はつながっていたのである。ジョン・ダワー『**容赦なき戦争**』（平凡社ライブラリー、二〇〇一年）は、戦前・戦中の憎悪が友好感情に転換できる何らかの装置があったはずだと考え、それは日米相互に広く存在していた、差別的な人種偏見の思考パターンであったとした。

太平洋戦争において、日本人の戦没者は約三一〇万人とみつもられ、そのうち日本軍人の戦没者は二三〇万人とされている。日本軍の戦没者の過半数が戦闘行為による死者、いわゆる名誉の戦死ではなく戦病死であること、そして、その大部分は戦争栄養失調症が原因の広い意味での餓死であった事実を、日本軍の特質から描いたのが藤原彰『餓死《うえじに》した英霊たち』（青木書店、二〇〇一年）である。著者は、復員した後に東大文学部国史学科を卒業して歴史家となったが、陸軍士官学校を出て中国戦線を四年にわたって転戦し終戦を迎えた人だった。大陸打通作戦にも中隊長として参加している。その人が描くのである。説得力がないわけがない。補給無視の作戦計画、兵站軽視の作戦指導、作戦参謀の独善などの構造的背景が描かれる。嘆かわしいことだが、いつの世も、戦争指導は紙の上でなされていたといえるだろう。

四一年の数値で比較した場合、アメリカの国民総生産と粗鋼生産は、共に日本の一二倍あった。通常の理性であれば、この戦争には勝てないと考えるのが自然だろう。東京帝国大学法学部で政治学を講じていた南原繁は、開戦の日「人間の常識を超え学識を超えておこれり日本世界と戦ふ」と詠む。この短歌は『歌集　形相』（岩波文庫、一九八四年。初版は創元社、一九四八年）に収められた。では、理性や常識を超えた戦争を若い理性はどう耐えたのか。橋川文三は、学生時代、保田与重郎などの日本浪漫派に傾倒していた。『日本浪曼派批判序説』（講談社文芸文庫、一九九八年。初版は未来社、一九六〇年）は、戦争という政治的極限形態の苛酷さを支えるに足る伝統思想がもはやない時代にあった青年たちの、戦争の現実を「昨日」として、「歴史」として生きた倒錯のさまを、鋭くとりだしている。

美意識に支えられて死ぬはずの戦争を偶然に生きのびても、死より苛酷な運命に落ちることもある。多田茂治『内なるシベリア抑留体験』（文元社、二〇〇四年。初版は社会思想社、一九九四年）が描く鹿野武一の明晰に自立する姿は、惨めな崩れ方をしなかった知性の「選択」の記録として胸に迫る。吉村昭『東京の戦争』（ちくま文庫、二〇〇五年。初版は筑摩書房、二〇〇一年）は二〇〇六年に亡くなった作者の中学時代の回想。甘やかに静かに時間の流れる戦争体験がここにあった。

（『文藝春秋』二〇〇七年一月号）

中国人や韓国人の「満州」を総括して戦後が始まる

戦後も還暦とあって、今年（二〇〇五年）の夏は、特に敗戦・引き揚げ・抑留を扱った記事や番組が多かった。たしかに、「帝国」日本の解体過程を冷静に眺めなければ、戦後の総括はできないだろう。

『朝日新聞』夕刊一面の「ニッポン人脈記」は、八月から九月にかけて、「『満州』の遺産」と銘うち、満州の政治にかかわった人々、満州生まれの人々を広く取り上げていた。なかでも、八月二九日の記事に目を奪われる。『あしたのジョー』のちばてつやが、ジョーの巨大なポスターを前にして写っているではないか！

大急ぎで記事を読めば、ちばと赤塚不二夫の住んでいた家は、同じ奉天（現・瀋陽）、しかも近所であったという。ちばの父親は印刷会社勤務、赤塚の父親は区の消防署長だった。こういったことは、**『ボクの満州』**（中国引揚げ漫画家の会編、亜紀書房、一九九五年）で知った。

敗戦時六歳だった、ちばの自画像は、この本の表紙の真ん中を飾っている。痩せた身体に、両膝につぎを当てたズボンを、ずり落ちないようバンドで巻きつけた風体の子供の姿。

これはどこかで見たことがある。講談社漫画文庫版『あしたのジョー』第9巻に登場する、東洋チャンピオン・金竜飛の子供時代のエピソードだ。朝鮮戦争の空襲で母を亡くした幼い金は、一片の食べ物のため、一人の傷病兵の頭を石で殴りつけて殺してしまう。

原作は高森朝雄（梶原一騎）だから、金の殺したのが、あろうことか、一兵卒として召集されたまま連絡の途絶えていた金の父親その人であった、というように物語は進行する。

だから、こうしたすさまじい体験が、ちばにあったなどと言いたいのではない。ただ、子供は飢えた時どんな風に歩くのか、どんな目をするのか、それを比類なく描いた、ちばの冷静な眼力に、ひたすら圧倒されるのだ。

満州には落語家もいた。九月二一日は、五代目古今亭志ん生の命日で、しかも三十三回忌にあたることから、新宿末広亭では得意演目が連続してかけられ、ＮＨＫ教育テレビ「知るを楽しむ私のこだわり人物伝」では、山本晋也によって取り上げられもした。

だから井上ひさし**『円生と志ん生』**（集英社、二〇〇五年）を読むには、今が絶好の時期なのだろう。井上率いる、こまつ座の上演戯曲である。満州へ行けば、好きなお酒もたらふく呑める、こう誘った志ん生に、付いて行ったは円生さん、昭和二〇年の五月なり。武運つたなく八月敗戦、帰国の途までの六〇〇日を、井上ひさしが語ります、さあお立ち会い、という具合です。

ソ連が進駐し、その後には国民党軍と共産党軍もやってきた大連。権力者たちの三つ巴の争覇の下で、抑留された引き揚げ者の生活がいかに過酷なものであったかは、多くの記録や文学によって既に語られてきた。しかし、そこは井上のこと。戦前期の特高と共産主義者の、追いつ追われつの関係を『鞍馬天狗』と喝破した人だから、簡単に泣かせにかかるようなことはせず、いい感じを出している。

佐野眞一『阿片王』(新潮社、二〇〇五年)の描く里見甫《はじめ》は、上海での阿片取引で軍機密費を一人叩き出していたような魔王だった。里見は戦後すぐ、中華航空機で日本に戻る。ちば、赤塚、志ん生が、蟻のごとく地を這い、貨車に押し込められ、上陸用舟艇で波に洗われつつ帰った、その同じ道程を一っ飛びできる日本人もいたのだ。

満州の経験は同じ日本人でもこれだけの差を生む。まして、中国人や韓国人にとって満州がいかなるものだったのか。それを想像し、総括せずして、真の戦後は始まらないのだろう。

(『週刊朝日』二〇〇五年一〇月一四日号)

日中近現代史と歴史認識

六年前（二〇〇〇年）に発表された小説『希望の国のエクソダス』（文春文庫、二〇〇二年。初版は文藝春秋）のなかで村上龍は、主人公の中学生に「この国には何でもある」、「だが、希望だけがない」と語らせた。また、二年前（二〇〇四年）、気鋭の社会学者山田昌弘の名を広く世に知らしめた『希望格差社会』（ちくま文庫、二〇〇七年。初版は筑摩書房）は、こう説いていた。社会は今、将来に希望がもてる人とそうでない人に二極化する過程にあり、「負け組」が希望そのものをもてなくなったとき、反社会的犯罪やひきこもりが多発するだろう、と。

まずは小説家が気づき、つぎに学者が名を与えた、現代の日本社会の抱えるこの混迷は、しかし、そうたやすくは解決されえないのではないか。たしかに、当の村上は『13歳のハローワーク』（幻冬舎、二〇〇三年）を書き、多様な職業の面白さをみせることで、危機の第一発見者としての責務を誠実に果たしたといえる。また、内閣府などもそのホームページのトップに、「ニートトラ／働くことを考える◎現状に満足しない若者を応援するサイト」をリンクさせ、適性・適職診断テストまでを用意する周到さをみせている。

だが、そこに共通して見え隠れするのは、希望のもてる将来を「与える」あるいは「与える手助けをしてあげる」というスタンスであるように私の目には映る。自分の子供が、将来、働かないような人間になっては困る、日本の若者が、将来、税金を負担してくれないような人間になっては困る、そういった大人たちの、前倒しの危機感や恐怖感が、子供や若者の未来や将来に対する夢に暗雲を投げかけてはいないか。あるいは、子供や若者の希望を消してしまってはいないか。そこに社会の不安の根がありはしないか。

今の世の中が過去の時代と比べていったいどれほど混迷しているのか、いったいどれほどの危機なのか。それを、歴史の時間軸とそれに対する過去の人々の認識、この二つによって、じっくりと眺めてみることは、迂遠なようにみえるが、実のところ本質的な解決への糸口になりうると考える。将来への希望というのは、心や精神の問題だからだ。

過去の人々がそこにあった危機に対して、どのように考えどのように行動したのか。それを知ること、それが歴史認識にほかならない。歴史に親しくふれれば、現在の自分の立ち位置もわかってくるだろう。現在を相対化して眺める目をもてるようにもなるだろう。

山田辰雄・家近亮子・浜口裕子編『**橘樸　翻刻と研究**』（慶應義塾大学出版会、二〇〇五年）は、戦前期、ある日本人が中国の社会や政治をどうみていたのか、それを考えるための圧倒的に豊かな史料を提供している。これまで「満洲国」との協力関係で論じられることの多かった橘樸が、主筆を務めていた天津の日本語紙『京津日日新聞』に、一九二二（大正一一）年から翌年にかけて執筆した中国時評を初めて活字におこしたものだ。この時期の橘の評論は、たんに新発見史料という以上の価値がある。天津という華北一の外交都市にあって橘は、あらゆる英字紙・漢字紙を、噛みつきかねない勢いで読み込んだ。その上で日本の外交政策、現地の領事館の方針を大胆にも批判しつつ、自らの目の前で展開されている中国の政治と社会の巨大な変化を日々の評論に書き続けた。

ちょうどその頃は、中国がワシントン体制内にとどまるのか、それともソヴィエト・ロシアとともにすすむのかの歴史的瞬間にあたっていた。動乱の渦中で橘は、中国の豊かな未来は後者の道にはなく、中小商業者・労働者・学生による穏健なブルジョア革命の遂行にあるとの明確な見通しに立ち、中国人、日本人、列強に向けて、ほぼ毎日、記事を書いた。むろん、我々は、孫文による国共合作、さらに蔣介石による国民党の軍閥化による武力統一（北伐）が、この後に続くことを知っている。しかしながら、二つの道のせめぎあう歴史的瞬間にあって、中国にとって、日本にとって、ともに幸せな将来を選びとろうとした橘の気迫に満ちた筆致は、やはりなお我々の心をうつ。

時代は少し下る。一九三〇年代、四〇年代の日中関係において、橘と同様の、いやそれ以上の歴史的瞬間に立ち会った人間の一人に、武田泰淳がいる。

川西政明**『武田泰淳伝』**（講談社、二〇〇五年）は、今後長らく、泰淳の伝記の決定版となるだろう。泰淳の名は今やその小説よりも、評論『司馬遷』（講談社文芸文庫、一九九七年）によって知られているのかも知れない。「司馬遷は生き恥さらした男である」との印象的な一文から始まる『司馬遷』は四三年四月、太平洋戦争中に刊行された（文藝春秋）。

川西による伝記中の白眉の章、「中国体験」と「敗戦前後」をひもとけば、なぜ泰淳が『司馬遷』を書かねばならなかったのかよくわかる。かねて東京帝国大学文学部支那文学科に学び、中国文学に親しんできた秦淳は、三七年召集され、翌年徐州会戦に従軍し、作戦の過程で農夫を射殺する。小説『審判』に書かれたエピソードは本当に起きたことであった。中国文学を愛する自らが中国人を殺す側に立ってしまったとの自覚。さらに、秦淳は終戦時の上海で大日本帝国の崩壊現場を目にすることにもなった。

自らの身に生じたこの深い寂寥を生きるには、同様に生き恥をさらした男である司馬遷まで遡り、司馬遷によって確立された世界観に拠って今の歴史を相対化するしかない、こう、秦淳は腹をくくったのだろう。その結果、世界という肉体にとっては、戦争によってある国が滅亡することなど平凡な営みの一つにすぎないのではないか、という境地にまで到達する。

過去の歴史の、極まりない時間と果てのない空間を一度でも想像できれば、芥子粒ほどの我が身の存在もまた、いとおしく感じられるようになるということか。

江夏由樹・中見立夫・西村成雄・山本有造編『**近代中国東北地域史研究の新視角**』（山川出版社、二〇〇五年）は、戦前期の中国と日本の間にあって躓きの石となった旧「満洲」の経済・政治・外交を、力のある研究者たちが実証的に分析した論文集であり、現代を生きる我々に多くの知見を与えてくれる。たとえば、本書所収の黒瀬郁二の論文を読めば、二〇年代において幣原外相がなぜ満蒙権益「拡大」に熱心でなかったのか、その背景がよくわかる。世の中は幣原を弱腰外交と非難した。しかし、満鉄支線にあたる、ある鉄道の経営実績をみれば、営業継続即赤字拡大の実態が明らかとなる。幣原には、中国現地の反対に抗して鉄道経営を拡大するのは国益に反することだとわかっていた。今後、資源開発をめぐる日中間の対立を煽る論調に接したような際、幣原のこのスタンスを思い出すのは無駄ではないはずだ。幣原の論は満洲事変という実力行使によって破られたけれども。

満洲事変勃発後の宣伝戦のなかで日本は、中国側が国際条約で認められた日本の権利をいかに侵害してきたかを強調した。たとえば、日本側が最も不服としていた問題の一つに、土地取得・土地貸借の権利があった。しかし、この権利が一筋縄ではいかない代物であったことは、江夏由樹の論文から知られる。

日本側は、旧清朝皇室や旧モンゴル王公が家産としてもってきた土地を、東三省政権によって払い下げてもらっていた。しかしその場合でも、元の持ち主の所有権はそのまま維持されていただけでなく、その土地に以前から入植していた漢民族農民らの耕作権も、払い下げ以降もまた保護されるべきものと現地では考えられていた。日本側はこうした、歴史的慣習からくる重層的な土地所有関係を整理しないまま、朝鮮人の耕作者を、自ら取得した土地に送り込もうとした。これでは、両者の間に紛争が起きない方がおかしい。この一件は、歴史には黒白をこえた、グレーゾーンがあるのだ、ということを現代の我々によく教える。

最後は莫邦富『**日中はなぜわかり合えないのか**』（平凡社新書、二〇〇五年）でしめたい。この本は、徹底した現場主義者で日中双方の国民に向け辛口の評論を書いてきた莫の、別の顔をみせていて面白い。莫の中国古典や歴史への理解が、橘樸のそれに似ているのだ。

先に論じた橘はいう。中国民族は「太古から今日に至るまで曾て其統一を割断されたことはない」と。分裂しているように見えるのは、支配者のレベルの話であって社会のレベルでは常に統一されていたのだと。中国の分裂を日本が策してはならない、との橘の提言は、当時にあっては日本の大陸政策への痛烈な批判と読める。莫もまた「三国時代でさえ、中国人が求めたのは統一した中国であった」という。ともすれば中国の分裂状態を利益と考えがちな、現在のアメリカや日本の動向を批判したこの莫の言葉を、橘や泰淳を生んだ国の国民なのだから、大切に受け止めたい。

(『論座』二〇〇六年六月号)

地域が支えた戦没者追悼

各地に大きな被害をもたらした梅雨も終盤にさしかかり、いよいよ夏が近づいてきた。夏は祖先の霊と静かに向きあう季節だが、今年(二〇〇六年)に限っていえば、小泉首相が八月一五日、靖国神社に参拝するのではないかとの思惑をめぐり、世の中も政界もまことに騒がしい。

「靖国」については解かれるべき問題はなお多い。だが「靖国」だけに注目が集まってしまったことで、日本社会が歴史的に蓄積してきた、多様な追悼・慰霊のあり方が逆に見えにくくなっているように思う。

歴史は黒か白かをはっきりさせる学問ではない。いっぽうで我々は未来を予測する際、無意識に過去からの類推で判断を下している。ならば、多くの過去の事例を世に示し、より良い判断を下して貰うための糧とできないか。こうした問題意識が共有されてきたからだろうか、国家が戦死者をどのように追悼してきたのか、あるいは、地域と軍隊がいかなる関係にあったのかを読みやすく書いた本が続々と出されるようになった。それを見ていくことにしよう。

一ノ瀬俊也**『銃後の社会史』**（吉川弘文館、二〇〇五年）は、戦時下にあって国家が遺族に与えた物心両面の待遇がいかなるものであったのか、その全体像を初めて明らかにした。その上で次のような鋭い問いを投げかける。太平洋戦争末期、戦死者がいつどこでどのように戦死したのか、遺族にとって最も知りたい情報を国家は遺族に対して十分に伝える努力をしたのか、と。我々の住む国は「兵士がいつどこで死んだのかさえ遺族に教えられなかった」国だった。

では、戦死者が未だ少なかった満州事変期において、戦死者はどのように追悼されていたのだろうか。それを担ったのは地域社会であった。矢野敬一**『慰霊・追悼・顕彰の近代』**（吉川弘文館、二〇〇六年）が『新潟新聞』を用いて実証している。地域密着型の新聞は、戦死にいたる戦場の状況、死者の顔写真入り経歴、遺族の声、公葬の様子などを実況中継さながらに報道していた。こうした過程を経て、遺族は肉親の死を受容し、地域の人々はその死を共に悼んだ。

地域密着型の新聞は、本来遠く離れた戦場の空間をそのまま地域に移送する働きもする。大谷正**『兵士と軍夫の日清戦争』**（有志舎、二〇〇六年）は、満州事変のはるか前、日清戦争時に既に新聞が地域と戦場を結ぶ掲示板の役割を果たしていたことを明らかにした。仙台で発刊された『東北新聞』は、満州・台湾に出征した第二師団兵士たちの戦場からの手紙を載せていた。検閲済だから面白くないはずだとの予想は裏切られる。検閲はあったが地方新聞まで手が廻らなかったとみえ、驚くほど具体的な戦闘状況を記したこの種の手紙によって、地元では郷土部隊の戦死者の戦死の状況を正確に把握することができた。

ここまで、三冊の優れた本をやや詳しく紹介してきた。読み解くうちに、なぜ最近の研究が国家ではなく地域との関係から軍隊を見ようとしはじめたのか、その理由がようやくわかった気がした。本来、軍隊は国民国家の主柱たる位置づけをもつ。しかし、近代において対外戦争を何度も経験した日本にあっては、戦争のたびごとに地域の新聞などが仲介者となり、戦場と地域との間に強固な回路を構築していたのである。戦争は地域によって支えられていた。

こうした地域の回路こそが、戦死者の追悼・慰霊の場面において、ある意味では国家による顕彰よりも、遺族に対して強い影響力をもちえたことは容易に想像できる。この国の人々は、日清戦争時には既に郷土部隊の闘う戦場の状況を正確に把握し、満州事変期には戦死者の個別具体的な戦死の状況や地域での追悼のさまを逐一摑んでいた。

こうした歴史を振り返ると、太平洋戦争末期の戦死者遺族の感じた当惑が見えてくる。なぜ自分たちだけが粗略に扱われたのかとの怒りも。彼らは戦場と戦死者と地域を結ぶ精緻な回路の恩恵に浴すことがなかった。ここにも、太平洋戦争の悲惨さと戦争としての特異性がある。

（『日本経済新聞』二〇〇六年七月九日朝刊）

III　本はともだち

本はともだち

ディートリヒに宛てたヘミングウェイの手紙が遺されているという。ディートリヒといえば映画『モロッコ』のラスト。ゲーリー・クーパー扮する外人部隊兵士が遠征へといよいよ出発する時、ハイヒールを脱ぎ捨て、炎熱の砂漠を往く隊列の最後尾を歩き始める。そのシーンの凛乎《りんこ》とした哀切さと、女優の脚首の美しさは、観る者を魅了した。

この伝説の女優の家族が、一九六一年に死去したヘミングウェイ晩年の手紙をアメリカの図書館に寄贈したという。家族の意向で二〇〇七年まで非公開というが、文豪がキューバ・スペイン・ケニアから発出した手紙には何が綴られていたのだろうか。

『モロッコ』の興行的成功は、女優をハリウッドの寵児とした。ドイツ生まれだったが、アメリカ市民権を獲得し、第二次大戦中には、米兵慰問のためヨーロッパを巡った。

いっぽう、ヘミングウェイといえば、第一次大戦の最終盤、救急車要員としてイタリア戦線に派遣され負傷し、この経験が『武器よさらば』などの名作を生みだしたことはよく知られている。

女優と文豪は、硝煙と爆音の世界に、奇妙にも縁がある。このようなことを考えていたのは、福田和也『**贅沢な読書**』（ちくま文庫、二〇〇六年。初版は光文社、二〇〇三年）を読んだからである。慶應義塾大学で「現代文芸」を講じている著者が、書物を愉しむには、かたちがあり、やり方があるということを真摯に手ほどきした本であり、ヘミングウェイ、夏目漱石、イーブリン・ウォーなどを題材として縦横に論じている。

なかでも、ヘミングウェイ最晩年の作『移動祝祭日』(岩波同時代ライブラリー、一九九〇年)の読みに格別の味わいがある。ノーベル賞を受賞し功なり名をとげた作家が、若き日のパリ修業時代について、もう一度書くことには、どのような意味があったのだろうか、と著者は問いかける。

老境を控えたヘミングウェイが、若き日にはあれ程容易に書けた「本当の文章(true sentence)」を、もはや書けなくなっていたと指摘し、「本当の文章」を再び手に入れるための、勝ち目のない必敗の戦いにおける、最後の鋭利な一打として著者は、『移動祝祭日』を位置づけた。

フランス文学者になろうとして挫折した折、『移動祝祭日』を一番切実に読んだという著者自身が、老ファイターから勇気をもらい、どのように再起したのか、その部分も共感をさそう。

さて、老作家の鋭利な一打とは、具体的にはどのような文章なのだろうか。その一端は「一人の女がカフェへ入ってきて、窓近くのテーブルにひとりで腰をおろした。とてもきれいな女で、新しく鋳造した貨幣みたいに新鮮な顔をしていた」などの部分から察せられる。

ヘミングウェイには『海流のなかの島々』(新潮文庫、二〇〇〇年)という作品があるが、そこにはディートリヒの造型そのままの女が登場する。女が車から降りてくる時の脚の描写が素晴らしいので、是非ご一読を。

*

近代日本は、欧米の政治や法律についての理論や制度を熱心に取り入れた。その後、そうした理論や制度は、東アジアで最初に国民国家形成に着手した日本を経由して、中国・朝鮮・ベトナムなどへ、さまざまな変形を加えられながら、伝えられていった。

こうした問題について研究を深め、近年その大著『思想課題としてのアジア』（岩波書店、二〇〇一年）をまとめた山室信一京都大学教授による書評・エッセイ集が**『ユーラシアの岸辺から』**（岩波書店、二〇〇三年）である。

「おそらく、人には世界地図を見るとき、各々《それぞれ》に自らの体験や記憶に即して、どこか固有な視線の動かしかたというものがあるのではないだろうか」と問いかける。著者の場合、故郷熊本から玄海灘を越えて朝鮮半島へと至り、シベリアへ、そしてその先の大地へと目を移しつつ、ヨーロッパへ向かうという。

ヨーロッパとアジアが一体化する時空と、アジアと太平洋とが一体化する時空の結節点としての日本を意識するその著者の視線が、ユーラシアの岸辺、という素敵な題名を選ばせたのだろう。岸辺、すなわち著者の懐に打ち寄せられた多くの本についてのエッセイを載せるが、なかでも「北帰行」がよい。

九四年刊行された井上青龍の写真集『北帰行』（井上青龍を偲ぶ会）を手にした著者は、なぜ写真家井上がこの写真集を生前に公表しようとしなかったのかに想いを馳せる。写真集『釜ヶ崎』（銀河書房、一九八〇年）で世界にその名を知らしめた井上は、八八年、徳之島での撮影中、高波にさらわれて死去した。

『北帰行』は、五九年から八七年まで実施された、いわゆる北送、帰還事業の一こまを写しとったもので、大阪から北朝鮮の清津に向けて出港する人々の姿を追っていた。「ある一枚には船が出航した後、雪の岸壁に立ちすくむオモニの足元だけが撮られている。その足元は帰って行った人の去った方角を指し示すものである」と著者は書く。

その方角に待ちうけているものの真実について、少しずつ事態が明らかにされていくにつれ、「如何にすべきか」すべのない身には、失望と抗議の持ってゆき場がないだろう。井上が「限定一部、非売品」と書き、生前この写真を筐底深く隠した理由を、著者はこう読みといている。ついで『ユーラシアの岸辺から』は、近代日本のアジア主義の特徴について、洞察に満ちた評価を与えている。

近代日本人のアジア認識は、文明や人種や国民国家という概念を基軸として構成されていたにすぎず、最後まで対象を対象として見据えることがなかったのではないか――。日本人はあくまでも、克服すべき像や自己願望をアジアに仮託してきたにすぎないのではなかったか――。明治から昭和戦前期までの日本が、さまざまなパターンを刻みながらも、内に国内改革、外に対外膨脹というセットで変容することが多かったのは、著者が述べたような要因が背景としてあるからだろう。

＊

「歴史」といえば「戦史」を意味した時期があった。古代世界がそうであり、歴史の父といわれるヘロドトスの『歴史』は、紀元前5世紀のペルシャ戦争を頂点とする、ギリシャ諸都市とペルシャ帝国との東西抗争を扱ったものだった。

歴史＝戦史という伝統はこの後長く途絶えるが、巨大な戦争が繰り返された二〇世紀が終り、歴史分析に十分な時間がたてば、良質の戦史研究も復活する。

カール＝ハインツ・フリーザー『**電撃戦という幻**』上・下（大木毅・安藤公一訳、中央公論新社、二〇〇三年）は、その代表的な一作となるだろう。ポツダムに本拠をもつ、ドイツ連邦国防軍軍事史研究所勤務の、現役陸軍大佐が導いた結論は、衝撃をもって迎えられた。

ヒトラーも国防軍首脳も、四〇年のフランス侵攻作戦については、第一次大戦のごとき長期にわたる戦争を本来は覚悟していたという主張は、それだけで十分に論争的である。

ドイツの西方戦役は、最初から「電撃戦」として周到に準備されたと、これまで理解されてきたことを考えれば、論争的なのは無理もなかろう。作戦の本質を分析しきることで、ドイツ現代史の定説＝「ヒトラーは、ドイツを段階的に強国とするプログラムを有していた」の一角を崩したのだから。


（『週刊現代』45巻26号、二〇〇三年六月七日）

現在公開中の映画『スパイ・ゾルゲ』は、篠田正浩監督の引退作品になるという。満州事変勃発の年である昭和六年に生まれた篠田は、これまで『少年時代』などを撮ることで、自分自身の焼け跡体験に決着をつけてきた。

『スパイ・ゾルゲ』において今度は、太平洋戦争直前の、北進か南進かをめぐる御前会議決定などを、正確無比にモスクワに通報したことで知られる、ソビエト赤軍諜報部のスパイ、リヒャルト・ゾルゲを採り上げ、ゾルゲ事件を通じて昭和の日本を描いた。

イデオロギーと戦争の時代であった二〇世紀にあって、今世紀最大のスパイ事件、ゾルゲ事件が、なぜ日本で起こらなければならなかったのか。これは考えてみると面白い問いなのだ。小さな島国でありながらも日本は、三万キロメートルに及ぶ世界で三番目の海岸線をもち、間宮・宗谷・津軽・対馬の四海峡を扼することで、北西太平洋の制海権確保に死活的かつ重要な位置を占めている国だった。

さらにその日本が、太平洋の西と東の両岸、中国・アメリカと急速に関係を悪化させている時、ソ連はいかなる行動をとるべきなのか。ここにポイントがあったのだろう。いっぽうで昭和戦前期の危機が、世界的な経済危機の一環であり、列強の角逐する軍事的危機でもあったことから、日本国内のさまざまな政治勢力も、この危機への対応をめぐって激しく争っていた。

みすず書房編集部編『**ゾルゲの見た日本**』（みすず書房、二〇〇三年）は、こうした日本の内外をめぐる問題について、ゾルゲが書いたレポートと暗号電報を載せる。スパイとは情報を盗むことではなく、さまざまなデータから国家の方針までをも考えることだと了解できる。

映画で、ゾルゲに国家機密を漏らす尾崎秀実を演じた本木雅弘はインタビューで「あの時代、日本には『大人』がいた。演じてそう思った」と語っている。この人の演ずる尾崎は予想をはるかに裏切って良かったので、映画も本も是非ともご覧いただきたい。

さて、「大人」がいたということでいえば、学生時代の私にとっての「大人」は椎名誠だった。本誌連載の「海を見にいく」で、現在ベトナムを放浪中のあのお方である。七九年に出された『さらば国分寺書店のオババ』（新潮文庫、一九九六年。初版は情報センター出版局）から始まる、その一連の新鮮な義憤と強引な文体は私をいたく感動させた。それ以降の私は、次々と出される「あやしい」「場外乱闘」「もだえ苦しむ」など独特のシーナ語を冠した本を読破し、しだいに、ビールで乾杯する時には、「ではでは」「まずまず」などわけのわからないことをつぶやく人となった。

だが橋の下を多くの水が流れ、デビュー当時三〇代であった作家も、プリン体と痛風との静かなる戦いをテーマに小説を書くようになった。**『モヤシ』**（講談社文庫、二〇〇六年。初版は講談社、二〇〇三年）である。

尿酸値と戦うためにモヤシとモズクと麺類で生き抜く決意を固めた「私」が、しゃぶしゃぶ鍋方式、ワンタン鍋方式、生春巻き方式などと、モヤシの美味しい食べ方について、脳髄をしぼりつつ自ら挑戦してやまないその姿を読んでいくと、つくづくこの作家は「挑戦欲」の人なのだとの思いにうたれる。

また、仕事で北海道を旅しなければならなくなった「私」は、娘から贈られたモヤシ栽培キットを、移動しつつ育てる。白いスポンジから、百の小さな命が芽吹いてくるのを見て、「私」は深く静かに感動する。

椎名誠の書くSFや超常小説への世評はむろん高いが、こうした私小説の中で描かれる空間の切り取り方の妙味には、他を圧するものがあることを忘れてはならないだろう。

＊

さて、話は大きく変わる。イラク戦争についての、少し前の議論を思い出してみたい。主戦論者にとって、戦争目的は、悪の独裁者あるいは無責任国家を早期に叩くことであるとされ、反対論者にとってアメリカの戦争目的は、世界の石油をアメリカが支配する陰謀にすぎないとされた。しかし、アメリカの戦争目的をその石油戦略などから説明したり、中東のバランス上かつてはフセイン政権をアメリカが援助していた事実を暴露したりすることでは、戦争に有効に反対したことにはならないのではないか。

このようなことを、小川忠『**原理主義とは何か**』（講談社現代新書、二〇〇三年）を読みながら考えた。国際交流基金という、学術・文化・芸術の交流を、人物を中心として推進している公的機関の現場の第一線に立つ著者が、同時多発テロやイラク戦争を冷静に考える際に、どのような補助線を引いて考えればよいのか教えてくれる。

たとえば、イスラーム原理主義という語は、急進的で暴力的なイスラーム保守思想、社会・政治運動を指すものとして欧米メディアで多用されてきた。これに対して著者は、「近代化を推進する世俗政治権力に対して宗教の側から反抗を試みる思想、運動」を原理主義と呼ぶ。

その上で、西洋であれ非西洋であれ一九世紀の近代化に直面した民族が、列強に主導された近代に直面した際、その近代との関係性を模索する中で創出されてきたものこそ原理主義であった、と著者はとらえている。

そうであれば、原理主義を再考するためには、原理主義が世界のさまざまな国、地域の近代史のなかで、「どのように発生し形成されてきたか」をとらえなおすことが一番大切なことになる。

＊

さて、西欧近代の前にたじろぎ、立ちつくしたのは前述の国々だけではなく、むろん日本もそうだった。なかでも、日本がどのようにして「大人」になったらよいのか深く憂慮し、「涙を呑んで」上滑りに滑っていなかければならないとした漱石は、この問題を考えぬいた第一人者だった。

夏目房之介『**漱石の孫**』（新潮文庫、二〇〇六年。初版は実業之日本社、二〇〇三年）は、この著者の他の本と同様にとても面白かった。「漫画家にして漫画評論家夏目房之介の祖父は漱石だった」と、自然に受け止める若い読者も増える時代となり、著者はようやく、漱石のロンドン留学追体験の旅に出る。

著者はテレビカメラのクルーと共に、ロンドン郊外にあった漱石の元下宿を訪ねる。しかし、気楽に部屋に入ったとたん「急に胸がつまるような」感慨にうたれる。下宿に到着する前は、「ここはやはり『坂路を登りながら、こう考えた』ってナレーションが入ると面白いかな」などと『草枕』冒頭（「山路を登りながら、こう考えた」）のパロディを考える余裕のあった著者は、なぜ急に胸がつまったのか。

それは、ロンドンの天井の低い小さな部屋で「文学とはどんなものであるか、その概念を根本的に自力で作り上げるより外に、私を救う途はない」と一途に思いつめていた漱石の像が、著者に迫ってきたからだと思われる。

ＮＨＫのＢＳで放映されていた『マンガ夜話』でもその理論家の片鱗を鋭く見せていた著者は、漫画の文法の創造に独力で立ち向かってきた。漱石に向かって「この人は俺と同じことを考えている！」と感じられる確乎とした足場を、著者は獲得したことになる。

（『週刊現代』45巻30号、二〇〇三年七月五日）

ミステリの世界ではいまや、宮部みゆきとそれ以外、という括り方がしばしばなされるようだ。本の売れない時代にあって、彼女の本だけが売れつづける現象を評する際の言葉だが、たしかに宮部の書くものにはハズレがない。

久々の休日。洗いたての糊の効いたシーツに足を滑りこませつつ、しばしの至福の時を共に過ごす本として何を選ぼうか、と想いめぐらす瞬間。

これは本好きにとっては重大問題で、船が沈む間際、漂流し救助を待つには何を摑んで飛びこめばよいのか、を決めるくらい大切な問題である。

そうした意味で、私にとっての宮部みゆきは山田風太郎となる。初期の本格推理やミステリ（光文社文庫）、円熟期の忍法帖シリーズ（講談社文庫）、晩年の明治時代小説（ちくま文庫）、どのジャンルの一つをとってもハズレがない。

かつて、最晩年の山田風太郎を「天才老人」と評し、山田との奇妙な対談集を仕立てたのは、作家・関川夏央だったが、たしかに山田は恐るべき才能をもった作家だったと言えるだろう。山田風太郎『戦中派闇市日記』（小学館、二〇〇三年）を読んで改めてそう思った。

これは、東京医学専門学校四年生時代（二五～二六歳、昭和二二～二三年）の山田が書いた日記である。若き医学生として試験と実習に追われる日々。そのいっぽうで、処女作『達磨峠の事件』『雪女』が、江戸川乱歩に絶賛され、出版社からの原稿依頼が殺到し始める日々。

その間、探偵小説における「死」の基本的条件を三〇に分類しつくし、古今東西の文学を一日一冊のペースで読みつくす、若き作家の精進ぶりが鮮やかに切りとられている。

日記を読んで驚かされるのは、二五歳にして既に山田風太郎的世界の諸要素がすべて出揃っている点である。

その一端をここでは一つだけ挙げておきたい。それは、権力の本質をさっくりと淡白に、しかしくっきりと明快に捉える力である。

たとえば「喧嘩の際に、戦争の際に、あらゆる人間は、あらゆる国家は正義の旗じるしと、それに関する理論の裏づけをせずにはいられない（中略）その理屈のくっつけ方、展開の仕方を――内容より技術を――少なくとも技術の一つとしての内容を――研究して人間の頭のよさ、即ちその狡猾の恐るべきと愚なるを研究して感服するのが、真の賢者の態度というべきである」と書く。

山田がここで「頭のよさ、即ちその狡猾」の例として想定しているのは、言うまでもなくアメリカ占領軍のやり方である。

戦中派の山田には『戦艦陸奥』（光文社文庫ほか）という傑作がある。搭載していた対空射撃用の三式弾の自然発火により、昭和一八年六月爆沈したと報じられた陸奥。しかし、山田は爆沈の真の原因を、一人の女と二人の男が抱えた心の闇に置き、物語に仕立てた。

読み手はまずこの着想自体に圧倒されるが、読みおえて深い感動にとらわれるのは、理と情を兼ねた文体の品格に打たれるからである。日記と併せてこの機会にご一読を。

＊

さて、陸奥爆沈の理由と見なされた三式弾が、戦艦大和の四六センチ砲に使用される予定の砲弾の一つであったことは、平間洋一編**『戦艦大和』**（講談社選書メチエ、二〇〇三年）を読んで知った。

編者の平間は、護衛艦「ちとせ」艦長などを歴任し、退官後、第一次大戦と日本海軍についての専門家としてならしてきた人物である。その編者の経歴にふさわしく、本書は内外の一次史料に基づいて、大和を建造した戦略的・戦術的理由、設計思想の変遷、設計上の問題点、呉海軍工廠の技術力など、基本的な論点をカバーしていて有益である。

ただし、第五章「沖縄特攻作戦」の部分は、電車で読むのはお薦めできない。第二艦隊司令長官伊藤整一中将の、妻ちとせ宛遺書が載せられているからである。落涙の危険が大いにある。

昭和二〇年四月七日、大和と共に沈んだ伊藤中将は、遺書で「お前様」と妻に呼びかける。

「お前様は私の今の心境をよく御了解になるべく、私が最後まで喜んでいたと思われなば、お前様の余生の淋しさを幾分にてもやわらげることと存じ候」。宛所に「いとしき最愛のちとせどの」と書く。

この遺書の文面から窺われる伊藤のイメージは、東大法科卒の学徒出身、海軍少尉として大和に乗り組んでいた吉田満が『戦艦大和ノ最期』（講談社文芸文庫、一九九四年。初版は創元社、一九五二年）で描写した伊藤の立ち居振舞の見事さと完全に一致するだけに、いっそう胸にせまる。

大和による水上特攻の是非という難問は、平間の編によるこの最良の書によっても、未だ決着はつけられていない。特攻を命じた指揮官や自決した指揮官などが記した回想録や遺書などに描かれた構想と、海上護衛総司令部幕僚などによって指摘された激しい批判（たとえば、大和隊が使った四千トンの重油は、中国大陸からの物資輸送に活用しえたはず）とのギャップについて、平間は正直に「私にはわからない」と書く。

乗員三三三二名のうち、生還者が二六九名であったこの作戦。死んだ者への哀切さの記憶が消えてなくなるまでは、大和特攻の是非を論ずることは未だ困難なのだろう。

＊

昭和三年に生まれ、死後、国民栄誉賞に輝いた役者は、戦争中船乗りになりたくて、親に隠れて大日本船舶運営会に願書まで出していた。渥美清『きょうも涙の日が落ちる』（展望社、二〇〇三年）の冒頭のエピソードである。

渥美は七年前（一九九六年）の八月死去しているので、むろん本書は昭和三八年から昭和五一年までに、渥美が書いたり対談したりした一三本の記事をまとめたもので、和田誠が装画を描いている。

「男はつらいよ」四八作に主演した天才役者の本は、それこそ冷えたシーツに足を滑り込ませつつ、ただただ楽しく読めばよろしいのである。

だが、しかし、幼稚園の頃から渥美清が大好きだった私としては、寅さんのエッセイや対談とあれば、付箋を貼りつつ読んでしまうということにあいなる。よって、以下に、無粋を承知の上で、寅さんの語る役者哲学二題をご紹介しておこう。

〈仕事に入れば一人〉。たとえば、だらしなく寝そべって、杉村春子がお母さん役で出ている東芝日曜劇場などを見ているとしよう。一人だったら、「もうのどがギクギクいうぐらいこみ上げてきて」泣ける。

でも、側に母親がいたり女房がいたりすると、もう泣けない。「それが自分ひとりで、ぶざまにアパートでひとりというときは、なんでもすぐ、入りこんでいけたんです」。

対象にすっと入りこんでいける感性と集中力。庶民派のイメージでお茶の間に愛された役者であれば尚のこと、これを維持するのはさぞかし大変なことだったろう。

〈寅次郎との関係〉。「狂って演ってますからね。あれは、やはり、ワンカット、ワンカット狂った状態に自分をもっていって演ってる」。

また語って「オレん中にも、車寅次郎の中にも、同じ魚類であるという、同質的な、逃げることのできないものがある。……魚が魚を演じているという、スゴさはあるんじゃないかねえ」。

鳥でもモグラでもなく、水の中で「ピラピラピラピラ」泳ぐ魚。これを自分だというその冴えた目。

（『週刊現代』45巻34号、二〇〇三年八月二日）

今月は揃いも揃って超弩級の本を選んでしまった。内容も超弩級ながら、まずはとにかく本そのものが厚くて重い！　厚さ四センチ、重さ一キロ超の世界ですな。

本なしでは生きられない人間を椎名誠は「活字中毒者」と命名し、何はなくともまず本を読んでしまう性《さが》を池澤夏樹は「読書癖」と命名したが、この「悪癖」に手を染め、中毒となった人間にとって辛いのは、お盆休みだ。

せっかくの休みならば、縁側で風に吹かれて寝転がって本を読みたい。だが、久しぶりに話をしようと、虎視眈々とにじり寄ってくる親や親戚の子供たちを友好的に撃退するのは難しい。かくてお盆休みの欲求不満は、休み明けにかくも厚い本を手に取らせることになる。

一冊目は、深作欣二、山根貞男『映画監督深作欣二』（ワイズ出版、二〇〇三年）。今年（二〇〇三年）一月亡くなった深作欣二監督のすべてを、映画評論家山根貞男が三年がかりでインタビューした記録と完璧なフィルモグラフィからなる。

深作といえば、東映やくざ映画の新境地、実録路線を開拓した『仁義なき戦い』シリーズを七〇年代に撮った監督である。「殺《と》れい！　殺《と》ったれい！」（『仁義なき戦い・広島死闘篇』）や、「盃は騙し合いの道具ではなかった筈だ」（『同・代理戦争』）などの、ポスターの惹句《コピー》に痺れた御仁も多いのではなかろうか。

忘れないうちに大切なことを書いてしまおう。深作には『日本暴力団・組長』という凄い題名の作品もあるが、これは「本はともだち」執筆陣の第一走者・溝口敦氏の『血と抗争——山口組ドキュメント』（講談社＋α文庫、一九九八年。初版は三一書房、一九六八年）から想を得たものだということを、この本で知った。

さて、実質上最後のメガホンとなった作品『バトル・ロワイアル』が、一クラスの中学生による殺人ゲームを描いたものだっただけに、深作といえば、力まかせにバイオレンスを撮りつづけた監督だと思われる向きもあるだろう。

だがそれは違う。本書に収録された、深作の手になる整然と整理されたアルバム、端正な文字で書かれた脚本、達者にデザインされた登場人物画などの資料を見れば、そうでないことがわかる。

力技の裏に、周到、細心、があったればこそ、「戦後」という時代を画するに足る映画監督となれたのだと思う。深作の言葉に「監督というものは……自分の水脈《みお》を見つけると、プロデューサーやライターがおぼれようが、自分の水脈に向かってがむしゃらに泳ぎだす、獰猛な魚のようなものです」というのがある。いい言葉だ。

＊

さて、この獰猛な魚・深作と長年コンビを組んだ脚本家の本も出た。深作のインタビュー本を山根が作るならば、ということで荒井が発奮した。笠原和夫、荒井晴彦、絓秀実『昭和の劇』(太田出版、二〇〇二年)である。

昨年一二月亡くなった脚本家笠原和夫をまず知るには、普通の厚さの『映画はやくざなり』(新潮社、二〇〇三年)が適当かもしれない。しかし、「昭和の劇」と表現されるにふさわしい数々の名脚本を書いた男の何たるかを知るには、六〇五ページの厚さを必要とするということもまた事実である。

笠原は『日本侠客伝』『仁義なき戦い』『県警対組織暴力』『二百三高地』などの大ヒット作を含む、一〇〇を超える脚本を書いた。

なかでも、『仁義なき戦い』は、広島やくざの、エネルギッシュで、残酷で、その上どこか抱腹絶倒なまでにズッコケている群像劇で、義理人情の任侠映画に食傷気味だった観客たちに、実に新鮮な驚きを与えた。

バルザックの「人間喜劇」を意識して『仁義なき戦い』を書き、自分の女主人公像はギリシャ神話の王女メディアと言い切る笠原は、やはり「昭和」という時代を画するに足る、筋金入りの、新感覚派映画人だったといえるだろう。

同時に、呉の大竹海兵団特別幹部練習生として終戦を迎えた笠原は、敗戦と焼け跡・闇市の占領期を黒い錘《おもり》として引きずる人間でもあった。インタビューに答えて笠原が、自分にとっての会心の作は『県警対組織暴力』だと述べたあたりからそれがわかる。

ストーリーはざっとこんな風だ。中国地方のある地方都市。所轄署の刑事菅原文太は、地元やくざ松方弘樹と「平和」的関係を築いている。そこに県警エリート梅宮辰夫がやってきて、お定まりの波風が立ち始める、という具合。

松方配下のチンピラを摑まえて満足げな梅宮が、夜食のカレーをうまそうに食べていると、文太がぶちきれる。

曰く。日本が戦争に負けた時おまえは一〇歳だったというが、あの時は「上は天皇陛下から下は赤ン坊まで、みんな横流しのヤミ米喰らって生きとったんで！」。法の番人顔するなら、闇米を食べた一〇歳の時の罪を清算してからうまい飯を食え――。

自分が生きる為に奔命する、ただそれだけのために誰かが斃死していたに違いない、あの時代を想起せよ、というのだろう。単純な正義感で、ものごとを割り切っていいのか、ということだろう。

焼け跡・闇市を生きてきた人間は、右（県警）にも行けない、左（組織暴力）にも行けない、自分の道を行こうとすると、両方から殺される――。この映画の中では、この第三の道を歩もうとする者、文太の末路は、雨の中におびきだされてダンプで轢き殺される、そのような哀しみを背負う者として描かれていた。

それはおそらく、笠原自身の姿でもあったのだろう。『大日本帝国』で、戦犯として処刑される、篠田三郎の中尉に「天皇陛下、お先にまいります」と言わせる脚本を書いた。「お先に」に込められた目配せの意味は明らかだろう。

そして、結果的に黛敏郎には「これは非常に巧みにつくられた左翼映画だ」と言われ、山本薩夫には「これは非常にうまく作られた右翼映画だ」と言われることになった。

＊

三冊目は、日暮吉延『**東京裁判の国際関係**』（木鐸社、二〇〇二年）。厚さもここに極まりました。七〇〇ページ強です。

「文明の裁き」として肯定するか、「勝者の裁き」として否定するか――。五〇年以上もたった現在でも、東京裁判をめぐる二元論的対立傾向は、いっこうに終息する気配をみせない。

単純明快なだけに迫力をもつ二元論が世の中に広くゆきわたっている時代にあっては、本当の政治学者が、二〇年の歳月をかけて解明した、限りなく歴史的真実に近い東京裁判像を打ちだした研究書を、じっくり受けとめる余裕などないかも知れない。

だが、東京裁判についてなら、この本があるのだということを、どこか頭の片隅に憶えていてほしい。

恣意的に選択された「事実」を、ある熱情をもって双方が論じたてる構図に疲れたら、この本があったことを思い出してほしい。

東京裁判は一一ヵ国からなる検事・裁判官によって構成されていた。この一一ヵ国の外交政策について、全体の趨勢を把握できる研究者がいなかったために、起訴状や判決文の具体的な起草過程など、本当に基本的なことがこれまで明らかにされてこなかった。

この本によって、起訴状や判決文を起草するにあたって、英国、カナダ、オーストラリアなどの英連邦諸国、とくに英国のリーダーシップが非常に大きかったことが明らかにされた。合衆国の裁判、というイメージではないのだ。

（『週刊現代』45巻39号、二〇〇三年九月六日）

仕事柄「今どきの学生の学力は本当のところどうなんですか」と聞かれることがよくある。まあ、これはだいたいが誘導尋問であって「落ちています」という答えが期待されているのだろう。こう聞かれた時は、よくある床屋談義に陥らないためにも、次のような二つの考え方をお話しして、煙にまくことにしている。

一つは、前東大総長蓮實重彦が『私が大学について知っている二、三の事柄』（東京大学出版会、二〇〇一年）で挑発的に述べている考え方である。学力低下という問題は、期待される答えが「起こっているか」「起こっていないか」の二つしかない点で「にせの問い」である。

まして、日本近代史上、学力低下はいつだって問題にされてきた。明治三〇年の講演で、すでに漱石は英語力の低落を嘆いており、昭和初年には三木清も同じく問題としていた。それぞれの時代が必要とする学力の中味の違いを踏まえないで騒ぎ立てるのは、まかりならん、と蓮實先生はおっしゃっているのである。

二つめは、苅谷剛彦が**『なぜ教育論争は不毛なのか』**（中公新書ラクレ、二〇〇三年）などで述べているもので、学習意欲や能力が低下したという場合、それは低所得者層の子どもに、より顕著に見られるという。

低所得者層の子どもだの、勝手なことをいってくれるじゃないか、とご立腹の向きもあるかも知れないが、苅谷の論の主旨は、なにも学力低下をもたらした階層を追及することにあるのではない。

「自ら学び自ら解決する」という、一見、子ども中心主義に見える官の教育が、「教える」任務を教師に放棄させる結果を生んだこと、また、公立の義務教育体系が階層差を再生産させている逆説、これを衝いたところに意義がある。

＊

そうしたなかで、親はどうしたらよいのだろう。ビールを飲んで、プロ野球ニュースを見て、お風呂に入って、寝て、はいけないらしい。栗田哲也『子どもに教えたくなる算数』（講談社現代新書、二〇〇三年）は、公立であれ私立であれ塾であれ、三〇人から四〇人をいっぺんに教えるシステムそのものを問題とする。これでは、最も感覚の集中を要求する算数など、わからせようがないという。

数学教育界の青年将校栗田（こう呼ばせていただく）は、自己認識においては世界一忙しいと思っている日本の親たち、とくに父親を想定し、家庭で子どもに算数を教えろ、と迫っているのだ。

青年将校は過激な要求をつきつけるもの、と相場は決まっている。できる子どもにするためのノウハウなどは教えない。その代わり、算数の面白さ、教え方のツボの虎の巻を用意するから、まずは自分が解いてみて、あとは、子どものところに行って一緒に解け、と栗田先生は親の背中をトンと押す。

優秀な家庭教師を雇い、外車で塾の送り迎えをするような、そんな一握りの裕福な家庭の子弟だけが算数の面白さに目覚める、こんな現状でいいのか。「もうこうなったら、親が自衛するしかない」と、青年将校は檄を飛ばす。

といっても、実のところ青年将校は兵士には優しい。この本は一一章からなるが、毎日子どもと勉強しろといっているわけではなく、とにかく一月に一度、一章分の問題をやって、一年で一冊仕上げればよいという。なるほど。

これまでテキストとしての使い方を紹介してきたが、この本は、数学の真髄を広く世に知らせるための、数学読み物の伝統を正しく継承している作品といえると思う。不肖私も、問題全部を解いてみたが、対称性、対等性、平均、対応、周期性といった、数学を美しくしている、数学的なものの見方に目が開かれてゆくのがよくわかった。

数学のノーベル賞といわれるフィールズ賞を受賞した小平邦彦は『怠け数学者の記』（岩波現代文庫、二〇〇〇年。初版は岩波書店、一九九七年）で、数学がわかるという感覚を、ものを見る視覚と同じ様な、「数覚」と呼ぶべき感覚の有無から説明していた。

子どもの認識力は、大人のそれを均質に小型にしたものではなく、子どもの時だけにしかない、理屈抜きの記憶力や数覚の素に満ちているという。ならば、今こそ、それを伸ばさなければなるまい。

＊

私はふだん、数学とまったく縁のない生活を送っているが、一年に数回は、オイラーの公式を思い浮かべなければならない場面に遭遇する。オイラーの公式はですね、多面体の点、線、面をそれぞれt（点）、s（線）、m（面）とするならば、いかなる多面体においても、t＋m＝s＋2となる、というあれです。

いったいなんであんな式が必要なのか？　涙が出そうになって、しかし泣いてはいけない、という場面で、この公式は大活躍する。四面体の場合、立方体の場合、というように順番に考えていくと、涙をこらえることができる。

力士の引退には断髪式があり、プロレスラーやボクサーの引退や追悼には、テンカウントゴングが鳴らされる。恥ずかしながら、私はこのテンカウントを冷静に最後まで聞けたためしがないのだ。

よって、不知火《しらぬい》京介『**マッチメイク**』（講談社文庫、二〇〇六年、初版は講談社、二〇〇三年）を読みながら、オイラーの公式にお世話になることになる。椎名桔平を京都風にアレンジしたような風貌をもつ著者・不知火が、ここは泣かせにかかってきているところだぞと思ってみても、あるプロレスラーの死を仲間が送るテンカウントの場面では、泣けて、困った。

本書は、今年度の江戸川乱歩賞受賞作であり、一千万円の賞金をもう一作と分けるだけの迫力のある内容と文章を兼ね備えている。最後までわくわくしながら読めて、読み終えた後に心地よい余韻が残る。新人の作であることもあり、最初は期待せずにナイトキャップがわりに読み始めたが、止まらなくなり、夜明けまで読みふけってしまった。

しかも、読み終わって、感動さめやらず、いま一度、今度は犯人がわかった状態で頭から読み直してしまった。

ストーリーはざっとこんな具合である。主人公・山田聡は、新大阪プロレス（架空の団体だが、新日本プロレスを想起させる）に入門したての新弟子である。この新弟子の目の前で、試合中、団体の会長が急死してしまうというアクシデントが起こる。検死の結果、蛇の毒が検出される。会長を死に追いやったのは誰なのか、またその殺人の動機はなんなのか？　熱血漢の主人公・山田聡と同期生・本庄優士が、殺人事件の謎ときを始め、自らも生命の危機にさらされるだけでなく、やがて第二の殺人が起こる。

ミステリーの場合、読み手が萎えるのは、殺人の動機がしょうもない場合であって、これ位のことで人一人殺されたのでは堪らない、との感じを読み手に与えた時点でアウトとなる。

だが、このミステリーの深奥には、プロレスに全身全霊をかけている男に、要求してはならないこととはなんだったのか、またその男がたった一つ願ったことはなんだったのか、という二つの深い「問い」があり、感心させられる。

それにしても、殺された二人と特別な血脈で結ばれていた本庄が、殺されたレスラーの極め技と試合運びを、相棒・山田との試合の中で、忠実に再現し、死んでいった者を悼む場面は、涙なしには読めない。オイラーの公式も役にたたない凄さでした。

（『週刊現代』45巻43号、二〇〇三年一〇月四日）

日が短くなり夕焼け雲が茜色に染まりだすと、文学が恋しくなる。池袋の書店界の黄金三角、芳林堂・リブロ・ジュンク堂をはしごした印象では、こうした気分は私だけのものではないようだ。

夏場の平台とはうって変わって、色とりどりの文芸新刊がそれぞれ意匠を凝らして並べられ、そこだけスポットライトが当たったようなコーナーは、金曜日だったこともあって、多くの人でごったがえしていた。

じっと見つめれば「わたしを手にとって」と一斉に語りかけてくる文芸書たちは、字体もさまざまで、装幀のデザインもばらばらだが、全体として温かく美しいオーラを発している。だが、ここからが大変なのだ。いったいどれを買うべきか。ミステリーや文庫・新書の新刊案内は、週刊誌の読書欄がかなりカバーしてくれているが、文学書は……。

そのような時、井上ひさし、小森陽一編著『**座談会昭和文学史　一**』（集英社、二〇〇三年）は、最も信頼できる文学案内のシリーズとなるだろう。この巻では、谷崎潤一郎と芥川龍之介、志賀直哉、プロレタリア文学、横光利一と川端康成をあつかっている。

井上には、昭和五五年から二年間、朝日新聞で担当した文芸時評を集めた名著『ことばを読む』（中公文庫、一九八五年。初版は中央公論社、一九八二年）がある。

ただ、これは現在絶版なので、今や戯曲家として言及されることの多い井上が、大正・昭和の文学をどう読んだのか、それがわかるだけでもありがたい。

まして、緻密に対象を分析し尽くした上で座談会に臨んでいる、生真面目な小森がパートナーであれば、なおのことだろう。

さらに、座談会と銘打ったこの本は、毎回ゲストを招くかたちをとり、横光と川端の回には、川端の女婿で、ロシア文学者の川端香男里を招き、家族ならではのエピソードも引き出している（川端は調査やメモなしに書かなかったという）。

井上の発言で一番印象に残った部分を挙げておこう。「小林多喜二の『党生活者』は僕の愛読書の一つなんです。特高警察と非合法党員という構図は、読みかえると『鞍馬天狗』です。特高が新撰組、非合法党員が勤皇の志士です」。『蟹工船』（小林多喜二、岩波文庫ほか）をスプラッターホラーとして読んでしまう荒俣宏の痛快作『プロレタリア文学はものすごい』（平凡社新書、二〇〇〇年）より、井上発言の初出は早いので、改めて井上の目のつけどころの良さに感心させられる。

＊

せっかく川端の名が出たので二冊目は、川端康成**『文芸時評』**（講談社文芸文庫、二〇〇三年）としよう。これまで、新潮社から出されている全集でしか読めなかった文芸時評が、文庫で読めるようになったのは喜ばしい。

対象とされる時期は、昭和六年から昭和一三年。この時期の文学を、見巧者の川端はどう読んでいたのか。

川端は、昭和九年八月の時評を「ただもう生活の苦難である」の一文で始める。不況の底入れから間もない時期でもあり、生活苦に題材をとった文学を紹介していくのかと思いきや、そうではない。

生活苦文学の氾濫を「世を呪い人を憎む逆境にあっても、自分の生きづらさだけは愛しているものであり、餓死の迫る貧困者も自分の貧しさだけは甘やかしているものである」と嘆き、書き手の心をいきなり覗き込む。

苦難に引きずられて「作家の眼」が衰弱するようでは、お話にならないと憤っているのだろう。返す刀では転向作家に詰め寄り、転向作家がプロレタリア文学から、どういう土産を持って帰って来たかを見せて貰いたいと述べる。土産が何もないとすれば、彼らがプロレタリア作家であったことも嘘になるし、転向もまた嘘になってしまうと叱咤する。

むろん、この叱咤には、文学の新しい担い手を常に待望してやまなかった川端の期待が込められていたはずだ。そうでなければ、あれ程長い期間にわたって文芸時評を書き続けられるはずはない。

さて、川端の文章は、本質を突いた言葉をぽんと無造作におくところに特徴があるといってよいだろう。「急所というものは、短所よりも長所にあることが多い」などだ。

その究極の例が、昭和八年三月の文芸時評で、小林多喜二の拷問による死に触れた部分である。

当時はむろん伏字にされたが、そこには「小林氏の作家離れのした『急死』」という表現があった。

作家離れのした、という形容句と、急死、につけられた括弧が、確かな「作家の眼」を物語る。

＊

現代の作家で、このような「作家の眼」を持っているのは誰だろう。愉しむためにしか文学を読まない私のいうことなのであまり信用がないだろうが、島田雅彦はその数少ない一人だと思っている。

『優しいサヨクのための嬉遊曲』（新潮文庫、二〇〇一年。初版は福武書店、一九八三年）を二二歳で書いて颯爽とデビューした作家は、そのいささか端正すぎる風貌も手伝って、いつも誤差の大きいモノサシで測られる居心地の悪さを感じてきたように思う。

書き手の後ろから手元を覗き込んだような言い方をしたのは、島田と私が大学は違うものの同学年だからだ。

大岡昇平が『嬉遊曲』を、これ程残酷な終わり方をする恋愛小説は知らないといって激賞しているのを読んだ時、妙に腑に落ちた記憶がある。『花影』（講談社文芸文庫、二〇〇六年。初版は中央公論社、一九六一年）を書いた大岡には、島田の「作家の眼」が確かに見えていたのだろう。

島田雅彦の最新作**『美しい魂』**（新潮文庫、二〇〇七年。初版は新潮社、二〇〇三年）**『エトロフの恋』**（同前）が二冊同時に刊行され、これで三年前に出された『彗星の住人』（新潮文庫、二〇〇六年。初版は新潮社、二〇〇〇年）に始まる三部作が完結した。

太平洋を挟んだ両岸、アメリカと日本の間で、何度か歴史が火花を散らす時、そこに必ず関わってきた血族の恋を描くフィクションである。

野田カヲルはその血族の四代目で、父蔵人はマッカーサーの愛する女優・松原妙子に魂を奪われ、カヲルはといえば、皇太子妃となっていく人物・麻川不二子と恋に落ちる。

篠田正浩が『源氏物語』についてある講演のなかで述べていた言葉だが、「高貴な人に迫っていく人間のスリル、恐怖に近いものに命をかけるエロス」とは何か、それを島田は、畢生《ひっせい》の物語として描いてみせたのだろう。

自らは、世界に冠たる物語の王国であった日本の文学的伝統を総動員して背負い、読み手には、本歌取りの記憶と歴史の記憶をよい具合に呼びさましつつ読むことを促す。その上で「君は」という主語で語られる物語は、たまらなく魅力的なものだった。

一声部の旋律を、第二・第三の声部が厳格に模倣しつつ、対位法的に進んでいく楽曲「カノン」。三部作の原題が「無限カノン」とされていたのは、そのような含意だったと今ではわかる。

物語の中では「歴史というものは、後世の人間に語り継がれなければならいし、あったことをなかったことにしてはならない」という言葉が、繰り返し語られる。いつも生真面目なかたちで問いを発してきた作家の真骨頂は、こんなところにもある。

（『週刊現代』45巻47号、二〇〇三年一一月一日）

二号前の本誌（『週刊現代』）に「老いてこそ人生は面白い」との見出しで、映画監督新藤兼人のインタビューが載っていたのをご記憶だろうか。

今年九一歳になる監督が現在、構想をあたためているのは、広島の原爆投下からの三秒間を二時間くらいに拡大して撮る映画だという。

人間が虫ケラのようにちぎり飛ばされて瞬時に死んでいく姿は、誰の目からも見られてこなかった。この三秒を映像に落とし込む作業には、安く見積もっても二〇億かかる。

しかし、と監督は続ける。「僕は諦めない。仕事を休むわけには、止《とど》まるわけにはいかないんだ。何かをしたいという情熱の中でこそ、人は生きられると思うんです」。うーむ、ハートを鷲摑みにするセリフである。

新藤は、全編セリフのない実験的映画『裸の島』（六〇年）を、乙羽信子・殿山泰司のコンビにより独立プロで撮り、世界にその名を知られるようになった監督だが、新藤の凄さは、芸術性の高い作品を撮ってもなお、興行的に成功を収めてきたところにある。

新藤は、芸術家であることによって職業としての監督を放棄するのではなく、あるいは、芸術家を放棄することによって職業としての監督になりきるのでもなく、芸術家に徹することによって監督として成長する道を見出してきた、人生の達人なのだ。

そろそろ人生の折り返し点に達し、組織の中で自らをどう生かすのか、人の輪の中で自らの役割をどう位置づけるのか、思いあぐねている我々の世代には、こういう苦労の達人の言葉はありがたい。

新藤には『ある映画監督』（岩波新書、二〇〇二年）という、実によい本がある。
下層社会の女、ぎりぎりの生活を背負った女たちを描かせたら右に出るものはないといわれた溝口健二。女を凝視し続けて『西鶴一代女』『雨月物語』を撮った溝口。

溝口の映画づくりのすべてと、その溝口に師事した新藤の若き日々が描かれる。なかでも、創作の道を求めて苦しむ自らの姿を描いた部分は、本書の白眉だろう。

新藤はシナリオを書いて、師に見せる。しかし溝口は「これはシナリオではありません。これはストーリーです」といって新藤を棄てる。

筋はあるがドラマがない、ということだ。では、ドラマとはいったい何なのか。新藤は、一年間何も書かない覚悟で『近代劇全集』全四四巻を机に積み、五日で一冊のペースで読み始めた。

外には暗い戦争があった。ひたすら部屋にこもった。読むことに疲れると、すぐまえの鴨川にはいってハエ（鮠）をとった。浅瀬をのぼるハエを追まわし、逃げ疲れて石の間に隠れたハエを手でつかむのである。石の蔭に身をひそめたハエは、喘ぎながら美しい目でじっと私をみつめていた。その澄んだ冷たい美しさが私をとらえた。それは何かを私に教えてくれた。

このような啓示的体験を経て新藤は、ひとつのシナリオを書き上げ、それは溝口の認めるところとなる。監督・新藤が誕生する、昭和一七年冬、京都の情景である。

新藤は、苦悩のトンネルを抜けることができたが、それにしても、その瞬間を捉えた描写の美しさはどうだろう。

＊

さて、ときもところも変わる。ひとつの職を失い、明日の見えない状況の中で、月に一回一ページ分の連載の文章を、ひとつひとつ大切に書き始めた研究者がいた。

サントリー学芸賞、毎日出版文化賞を受賞し、今や最も注目される政治史研究者の一人となった原武史は、今から七年前、講談社のPR雑誌『本』に「鉄道ひとつばなし」を連載し始めたのだった。

原武史**『鉄道ひとつばなし』**（講談社現代新書、二〇〇三年）は、一〇〇回になんなんとする連載原稿を加筆修正し、八章に編成し直したものだ。原は「あとがき」で、この連載を「研究者としての私のエートスを維持する一条の光だった」と述べる。

当時からこの連載を毎月愉しみにしていた私だが、大正天皇が皇太子時代、沖縄県を除く当時の日本の全道府県を鉄道に乗って巡遊していたなどという指摘に接し、鉄道を「一つの窓」としてここまでできるのか、と毎回驚いていたおぼえがある。

『本』で育んだ萌芽が、のちに、原の『大正天皇』（朝日選書、二〇〇〇年）や『可視化された帝国』（みすず書房、二〇〇一年）となって花開くことになったと私は思う。

本書を読みながら、一番興味をかきたてられた項は「秩父宮と平泉澄《きよし》――二・二六の夢」である。二・二六事件勃発当時、昭和天皇の一歳下の弟であった秩父宮は、弘前の歩兵第三一連隊の大隊長だった。

秩父宮は、事件勃発後の深夜、弘前から奥羽・羽越・信越本線を経由する列車に乗って東京を目指す。高松宮とともに天皇の許に駆けつけ、力になろうとの意図であった。

しかし、秩父宮の上京を知った宮中は困惑する。歩兵第一連隊とともに事件を起こした第三連隊は、かつて秩父宮が中隊長をつとめていた部隊を含み、あまつさえ、蹶起《けっき》将校たちは秩父宮推《すい》戴《たい》を公言していたからである。

このような緊迫する情勢の中、宮を乗せた特別車輛に乗り込んできた人間がいた。東京帝国大学教授平泉澄である。平泉は当時、皇国史観の指導者として知られていた。

保阪正康『秩父宮』（中公文庫、二〇〇〇年）によれば、平泉は蹶起部隊に肩入れしていたという。ならば、水上から高崎まで約一時間半の車中、二人は何を語りあったのだろうか。興味は尽きない。

ここに名前のあがった原武史と保阪正康が、昭和天皇について、『歴史読本』（新人物往来社）一二月号で対談している。「明治・大正・昭和天皇の謎」と題された特集の一環としてである。

その編集後記に注意を引かれた。いわく、天皇抜きのナショナリズムという言葉を昨今目にすることが多い。しかし、天皇の存在しない日本史を思い描くことができない以上、天皇抜きに、主体的な国家のアイデンティティーを語るのは危ういのではないか――。

現代社会への鋭い感覚をもった編集者もいるものだと驚いた。大塚英志が『少女たちの「かわいい」天皇』（角川文庫、二〇〇三年）で問いかけてきた問題を、この編集者はきちんと摑んでいる。大塚は、戦後の象徴天皇制が、ある意味で、ナショナリズムの暴走の抑止装置として機能してきたことを、ここ数年ずっと論じていた。

＊

昭和天皇論では、永井和『青年君主昭和天皇と元老西園寺』（京都大学学術出版会、二〇〇三年）が、圧倒的に面白かった。

張作霖爆殺事件の犯人・河本大作の処罰をめぐり、田中義一首相の上奏にあきたらなかった昭和天皇が、田中に辞職を迫ったというのは、本当なのだろうか。また、そもそも天皇は、田中の上奏の何を問題としたのだろうか、などと鋭く問いを発しながら、永井は決定版を書いた。

従来の説明はこうだった。河本を行政処分ですませようとした田中に対して、軍法会議で厳罰に処すべきだと考えていた天皇が田中に辞職を要求した、というものである。

永井は、虚偽の調査結果に基づく不当な処分の裁可を要求した田中に対して、天皇が、不当な処分を容認するかわりに、そのような要求をした首相の不信任を要求し返したのではないか、とみる。躍動感のある文章で、全編、斬新な解釈に満ちている。

（『週刊現代』45巻51号、二〇〇三年一一月二九日）

吉田健一の名を「こういうことを考えている人間がいるのだ」との衝撃とともに胸に刻むようになったのは、いつのころからだったろうか。

講談社文芸文庫で、その著作『英国の文学の横道』（初版は講談社、一九五八年）『ヨオロッパの人間』（初版は新潮社、一九七三年）を読んだ憶えがあるから、九〇年代に入ってからだと思われる。

文学に描かれた近代の戦争について調べようと、メモを取りつつ東西の作品を読んでいたとき、イーヴリン・ウォーやポール・ヴァレリイなど、文学者と戦争との関係を書いた吉田の文章にぶつかった。

第一次大戦勃発を旅先で知ったヴァレリイがまず気にしたことは、軍隊手帳を持って来なかったことにあり、それがなければ召集の場所まで直行できなかったことだったとの例を紹介しながら、吉田は恐ろしいことをいう。

我が国のように戦後になって戦禍のことが取り上げられた国も珍しいに違いないが寧ろそのことが今日の日本でも戦争の実体というものが知られていないことを示すもので戦争は（中略）宣戦布告が行われればいつ敵が自分の門前に現れるか解らず、又そのことを当然のこととして覚悟しなければならないということであり、同じく当然のこととして自分の国とその文明が亡びることもその覚悟のうちに含まれることになる。（『ヨオロッパの人間』）

読点なしの独特の文体は、一見とっつきにくいかもしれない。しかし、戦争を「時間」と「喪失」の観念から捉えようとした吉田の特徴が、この部分にはよくでている。

ヨーロッパにおける戦争が、このような抜き差しならぬものであるとの切迫感はよく伝わってくるが、吉田がなぜこのように、読み手を脅かすような口調で書いたものか、当時の私にはわからなかった。

吉田はまた、柔軟な心、優しい心があって初めて、本当に無慈悲になれる、というような洞察をぽんと吐く。「それは相手の身になることができなければ相手を徹底的に苦しめるわけにはいかないからであって、自分が相手になり切った時に初めてその息の根が止められる立場に置かれる」との、英国人の特質を述べた部分などがそれだ。

宰相吉田茂を父とし、満洲事変勃発時の内大臣牧野伸顕を祖父として、英国で教育を受けた吉田健一にとって、その体軀で感じとったヨーロッパが、上述のような苛烈なものであったというのは想像できる。

ただ、吉田にはおよそ似つかわしくないようにみえる脅迫的なトーンで語る、その理由と背景については、私にはわからなかった。

しかし今回、丹生谷《にぶや》貴志《たかし》・四方田《よもた》犬彦《いぬひこ》・松浦寿輝・柳瀬尚紀『吉田健一頌』（水声社、二〇〇三年。初版は書肆風の薔薇、一九九〇年）の増補新版を読み、少し謎が解けた。

丹生谷は、《近代―世紀末》の病理の決算であった戦争がもたらした根本的な暴力性を、本質的な部分で引き受けていた（小林秀雄のように、戦争を生活人の位相で受け止めてしまうのではなく）吉田の、精神の緊張がいかばかりであったかに思いをはせ、実に興味ぶかい吉田論を書いた。

＊

さて、精神の緊張の後には極上の眠りが欲しくなる。しんしんと雪の降る夜、古老の話などを聞きながら炉辺で眠れたらどんなに安らかだろう。藤田覚『大江戸世相夜話』（中公新書、二〇〇三年）は、まさにそのような場にふさわしい話をゆたかに載せる。

藤田は別に古老ではなく、『幕末の天皇』（講談社選書メチエ、一九九四年）や『近世政治史と天皇』（吉川弘文館、一九九九年）などで、斬新な領域を開拓した歴史学者だが、たんたんとした語りに古老の風格がある。

描かれているのはまさに、名奉行で知られる「金さん」こと遠山金四郎や、「暴れん坊将軍」吉宗、銭形平次などの世界だが、文献や史料の精査から導かれる実像は、創作より断然面白い。

金四郎には入墨があったのかなかったのか。入墨禁止の町触が出された天保十三（一八四二）年は、金四郎が北町奉行のときにあたる。よって、入墨禁止令を出した町奉行が入墨をしている蓋然性は低い、などと書くのは、他の学者にもできる。

しかし「もしも入墨があったら、奉行所のお白洲で『桜吹雪』を見せるわけにはいかないし、自分の入墨と入墨禁止令との矛盾に悶々と悩んだのではないか」とゆったりと書き、入墨などなかったなどと言い切らないあたりが、いかにも粋である。

もう一つ。銭形平次が子分八五郎へのお手当をいかに工面していたのかは、テレビでは描かれない。平次などの存在は、当時、目明《めあかし》と呼ばれていたが、その手当は町奉行所が負担していた。

その財源がふるっていて、奉行所が犯罪者に科した罰金や、没収した地所を運用して得た金、はては公認の遊所である吉原にも負担させていたという。悪所からの金で目明を養うという江戸時代の現実的発想には舌をまく。

舌をまくということでいえば、岩井志麻子の書く小説の上手さには毎度うならされる。『ぼっけえ、きょうてえ』（角川ホラー文庫、二〇〇二年。初版は角川書店、一九九九年）は現在、文庫本になったのでもう読まれた方も多いだろう。

とくに、この本に収録された第四話「依って件《くだん》の如し」は怖い。「件」という字は、つくづく眺めれば、「人」と「牛」とからなっている。哀しみも怖さも、すべてこの一点に凝縮される話が、明治中期、岡山の寒村を舞台に綴られる。

＊

今が旬の魚は鰤《ぶり》だが、今の岩井志麻子はまさに脂の乗り切った天然物の鰤の趣がある。小学生にして、『週刊新潮』名物「黒い報告書」を読んでいた我が悪友某氏であれば、志麻子といったら、鰤じゃなく河豚《ふぐ》でしょう、とつっこみを入れてくるに違いない。しかし、そこは静かに、私とて『志麻子のしびれフグ日記』（光文社、二〇〇三年）は読了済みだと返答するにとどめよう。

この本は身辺雑記の日記の体裁をとっているが、小説を書くため、子供を振り切って上京した三年前を回想した部分などは、涙腺指数が高い。

何でもない日常のようにいなくなった方がいい、と夫とも相談して、子供が学校に行っている間に家を出て、岡山空港に向かう。息子の方は何も気づかないが、小学校三年生の娘の方は、ただならぬ事態の進行に気づいてしまう。

娘はその日先生に、ちょっと早く帰らせて下さいと頼んで、図工の時間に作った紙細工を抱えて、これを母ちゃんに見せるのだといって、学校から走って帰ってくる。息をきらせて。

あとからそれを聞かされた「私は、自分が傷つけたものの可愛らしさと可哀想さに、ほとんど恍惚とした」と、岩井は書く。続いて次のような文章がくる。「小学校からの帰り道、工作を持って必死に走っている娘の姿は、実際に見た訳ではないのに、最も辛い記憶となって、思い出す度に私が壊れる速度を速めた」。

このような文に接すると、多くの書店が岩井志麻子をミステリーの棚に置く不思議さを感じずにおれない。まさにこれは文学だろう。新作『**痴情小説**』（新潮文庫、二〇〇六年。初版は新潮社、二〇〇三年）も、期待にたがわぬ面白さとなった。

『小説新潮』に掲載された七つの短編と、『週刊新潮』に「黒い報告書」として書かれた六話を交互に配した構成をとる。第一話「翠の月」での、音痴を意味する岡山弁「モゲる」の使い方が、「依って件の如し」に輪をかけて怖いので、是非読んでみて欲しい。

（『週刊現代』46巻1号、二〇〇四年一月三・一〇日）

私の部屋からは富士山が見える。もっとも、都会の片隅からの眺望だから、その姿は雑踏の中で飛び跳ねながらこちらに手を振って合図している友達みたいに、小さく親しげだ。それでも、ビルや建設現場のクレーンの間から覗く純白の円錐形の頭が、夕映えの中で輝く瞬間など、つい眺め入ってしまうほど美しい。

ここに紹介するのは、年末年始の雑多な用を片付けつつ、ときに富士山を眺めながら読んだ本だ。

今、世の中は自衛隊のイラク派遣であわただしい。暮れに放映されたNHKスペシャル「二一世紀の課題 シリーズ・安全保障」によれば、日本の安全保障について考えたことのある人は八割いるのに、有事関連法を余り知らない、全く知らないと答えた人は六割に達したという。

興味深いのは、日本が攻撃を受けた時、国民が保護されるとは思わない、と答えた人が七七％いたことだ。太平洋戦争末期の沖縄戦やソ連侵入に伴う関東軍敗走のイメージが強いため、国民は早くも諦めてしまっているのだろうか。

いや、そうではなく、イデオロギー戦争であり、核戦争でもあった先の大戦を体験した国民として、あるいはその末裔として、国家をしたたかに現実的な目で眺めているとみるべきなのだろう。

姜尚中・宮台真司『**挑発する知**』（双風舎、二〇〇三年）は、実のところクールな国民の多いこの国で、しかし言論世界にはなぜか情緒的な思考停止が多くみられるこの国で、広く読まれるべき本だと思う。

二人が昨年六〜八月、三省堂書店神田本店・青山ブックセンター本店・リブロ池袋店でおこなったトークセッションを文章化したもので、九・一一からイラク戦争にかけてのアメリカの行動原理がわかりやすく説明されている。

アメリカの単独行動主義が問題だという時、それはアメリカが国連とは別の決定を世界に強いる傾向にあることを問題としているのではない。アメリカが軍事力において卓越していること、それ故にアメリカ以外の国家は、アメリカが戦争を決意した際、それに従うか否か、二者択一の決断を迫られる「脅し」構造の中に置かれるしかない点に問題があるのだという。

アメリカはこれまで、社会政策を熱心におこなって、所得再配分による社会の安定化を図ってきた。しかし、財政破綻を機にその方式を棄て、警察と軍事力によるセキュリティ確保＝法的意思の貫徹、という方式で、社会の安定を紡ぎ出すようになった。

二人はアメリカを、単独行動主義と法的意思の貫徹に走る国家として特徴づけた。日本がアメリカのあとについていった場合、その政治的な結末は予想しにくいが、経済的な近未来像は、すでに明らかにされていると思われる。

アメリカは双子の赤字に堪えられない→ドルを支えようとする日本は財政破綻する→日米の経済的心中は世界経済の分断を招く、とのシナリオだ。金子勝『経済大転換』（ちくま新書、二〇〇三年）は、こうした日米心中をいかにして避けるべきだと主張した本だった。

藤原帰一『「正しい戦争」は本当にあるのか』（ロッキング・オン、二〇〇三年）も、アメリカの単独行動主義は、軍事領域では可能でも、経済領域では未だ可能ではないのだと指摘する。ならば日本は、七〇～八〇年代にかけて、貿易をめぐる日米の権力闘争を熾烈に闘った過去を思い出し、アメリカとの経済的心中を避ける手立てを、今や考える時にきているのだろう。

『挑発する知』と、藤原の本、そして久江雅彦『9・11と日本外交』(講談社現代新書、二〇〇二年)は、アメリカの今を理解するための最強のトリオだ。久江の本は、共同通信記者である著者が九・一一以降の日米両政府部内の動向を、毎日新聞政治部の名著『安保』(角川文庫、一九八七年)を髣髴させる手法で描いたものである。

*

さて、一月一四日付日経新聞朝刊一面トップの見出しは「外貨準備アジアで急増」だつた。急増の理由は、日本・中国・台湾などが輸出企業の競争力維持のため、ドル買い介入を続けたことによる。外貨準備の大半は米国債で運用されるので、いわばアジアの政府資金で米財政赤字が穴埋めされる構造が成立しているのだ。

先ほど、日本がアメリカのドルを買い支えている構造が日米心中を招くので、これを避けるべきだとの見通しにふれた。しかしこの記事は、また別の観点でものを見る必要のあることをわからせてくれる。急激な円高による輸出企業の業績不振は、日本経済回復に悪影響を与えるのだ。

黒崎誠『**世界を制した中小企業**』(講談社現代新書、二〇〇三年)の帯には、「世界一のシェアを持つ中小企業は一〇〇社もある!」との惹句《じゃっく》があり、急激な円高とは、こうした超優良企業の業績へ深刻な影響を与えることなのだと実感がわく。

日本経済の行く末はともかく、この本に描かれる世界は堅実で美しい。六八年の時事通信入社後ずっと経済畑を歩んできた著者が、小さいながらも世界トップのシェアや技術をもつ企業を一年近く取材し、一〇〇人以上の関係者から直接話を聞いて完成させた。「神田村」でもなく、一五〇万冊の在庫をもつ大型専門店でもなく、普通の街角の本屋で新書の売れ行きを眺めていたら、この本がごっそり売れていたので手にとった。プロジェクトX的な癒しが期待されて読まれているのかとも思ったが、読んでみて、とんだ心得違いだとわかった。

ここで語られているのは、それぞれの企業の「あの時」の苦難ではなく、「今」の技術の輝きであり、モノづくりが支える世界の楽しさである。

原油をタンカーから陸上精製施設に汲み上げる荷役ポンプを製造するシンコー、泡と波が限りなくたたない船舶用プロペラを作るナカシマプロペラ、ナノ単位の超微粒粉ならなんでもござれの奈良機械製作所、真空状態を作る超大型ターボポンプの大阪真空機器製作所、ミクロン単位以下まで計測できる歯車測定機の大阪精密機械。

こう書いただけでは、意味不明の呪文のように見えるかもしれないが、たとえば、真空状態が作れなければ、青森県六ヶ所村に計画されている国際熱核融合実験炉はできない。太陽と同じ核融合反応を地球上で起こすという人類の夢は、大阪真空機器という会社がなければ実現しえないのだと言い換えれば、わかりやすいだろう。

＊

さて、黒崎も指摘するとおり、中小企業の多くにとって苛酷なのは、金融機関の融資の際に個人保証が求められるため、失敗すれば社会的な信用以外に巨額の借金を背負わざるをえない点にある。

江上剛『**起死回生**』（新潮文庫、二〇〇五年。初版は新潮社、二〇〇三年）は、バブル時の社屋建設のつけがまわり、今や銀行に殺されかかっている、あるアパレル企業の再生を描いた小説で、銀行版『白い巨塔』の趣がある。

過去にさまざまな十字架を背負った銀行員たちが、メインバンクトップの大立て者とのきわどい闘いを、身体をはって一つ一つ勝ち取っていく過程は、頼もしく清々しい。

江上は、ある登場人物の口を借りて「このもの凄いデフレ不況にあって、中小企業の再建こそが銀行に期待される役割だということに目覚めるのではないでしょうか。目覚めさせたいとも願っています」と言わせている。高杉良『呪縛　金融腐蝕列島Ⅱ』上・下（角川文庫、二〇〇〇年。初版は角川書店、一九九八年）のモデル江上の、面目躍如たる姿がここにある。


（『週刊現代』46巻5号、二〇〇四年二月七日）


『日経新聞』朝刊の一番うしろ、文化欄を担当する記者のなかには、超弩級のクマ好きがいると私は睨んでいる。一月だけでも二度も、クマが取り上げられるのは十分怪しい。

一月九日付の記事は「下北の原生林　クマと対話」の見出しで、出産間もない親子三頭のツキノワグマの生態を、写真家・木下哲夫氏が八年ごしの奮闘でカメラに収めた快挙を報じていた。

慣れてくると母グマは「任せた」という目をして、小グマの面倒を木下氏に見させるまでの関係になったという。ころころと太った小グマ兄弟の写真は愛らしく見事だ。

もう一つは、一月三〇日付の記事で「白クマ 我が家でスクスク」と、これまた、クマ好きの私を挑発し、かつまた想像を絶する内容の見出しがおどっていた。愛媛・砥部《とべ》町のとべ動物園飼育員・高市敦広氏が、母グマに育児放棄された小グマの飼育を決意し、国内ではもちろん海外でもほとんど成功例のないホッキョクグマの人工飼育に成功したのだという。

記事で紹介されている子育ては徹底したものだった。高市氏は、生まれてから三ヵ月半、小グマに抵抗力のつくまで、毎日、動物園から団地四階の自宅まで連れ帰り、寝る時は抱いて寝て、また暑がる小グマのため、真冬でも窓を全開にして寝たという。

ペット禁止の団地でホッキョクグマを飼う苦労話も抱腹ものだが、写真がまたよい。育ての親・高市氏の膝に、生後二ヵ月時のクマが、バンザイした格好で抱っこされているが、大きさがやはり並ではない。ちょこんではなく、どてっと膝に乗った白のふわふわの塊は、目をまん丸く見開いてこっちを見ている。

クマにうっとりしていたら、熊谷達也**『邂逅の森』**（文春文庫、二〇〇六年。初版は文藝春秋、二〇〇四年）が出た。これで、この愛すべき新田次郎文学賞作家の本を私は二冊読んだことになる。最初に読んだのは、昨年一〇月に出版された**『相剋の森』**（集英社文庫、二〇〇六年。初版は集英社、二〇〇三年）だった。よってまずはこちらの紹介から。作中、動物写真家・吉本憲司が、女主人公で編集者の佐藤美佐子につぶやく言葉「山は半分殺してちょうどいい」が帯文に使われていて、その言葉の持つ強さと暗さに惹かれて手に取った。

東北のツキノワグマ狩猟をめぐって、マタギ・NPO関係者・動物写真家・女主人公が入り乱れ、縦糸で、自然保護や狩猟文化を公平に論じたかと思えば、横糸で、家族の絆を深く語ったりする。

漱石『明暗』のタッチで、自然と人間とクマとを同じ重さで描くとこんな感じになるのだろうか、などと考えながら一気に読んだ。

英米文学には、森の中で繰り広げられる川魚との格闘そのものが人生なのかも知れないと思わせる、豊かなフィッシングもののジャンルが確立している。この作家の描くクマ狩りの場面は、日本において、こうしたジャンルが新しく生まれてくるかも知れないとの期待を抱かせる。

今の時代、クマを殺すことにマタギ自身、金銭的必要性を認めていない。そうであるならば、なぜ、マタギはクマを殺すのをやめないのか。この疑問に対する答えが、「山は半分殺《の》してちょうどいい」の言葉となる。作家は「殺《ころ》して」ではなく、「殺《の》して」とルビをふる。

作中に描かれた、あるマタギの言葉。「山を半分だけ殺す代わりに、自らをも半分殺すことで、かろうじて生きることを許されているのだと思う」。

著者の描く、自らの欲望を半分殺しながら、山と交わした神聖な契約を守るマタギの姿は、お前たちの足元は大丈夫なのかいと、読む者に問いかけるものとなっている。

『邂逅の森』は、『相剋の森』で活躍した主人公たちの曾祖父・松橋富治の時代に舞台を移し、本物のマタギたちが縦横に山形県の月山麓から深く入り込んだ山中で獲物を追う場面から始まっている。

この本には、物語の楽しさのすべてがあった。四〇度はあろうかという急斜面を、マタギだったらどう滑り下りるのか。マタギは絶対に銃を肩にかついで持ち歩かないが、それはなぜか。越冬穴から追い立てたクマを狙う時にはどこに銃を構えればよいのか。

恋の手管、人間の不思議を教え、一緒に息づかせてくれる小説はあまたあるが、読んでいていつのまにか、自分も狩猟組の頭領（スカリ）の指示のもとに、雪山でクマの巻き狩りを、マタギたちと一緒になってやっている気にさせる小説は、そうそうない。

＊

さて、二月はクマの子にとっては冬眠の季節だが、人間の子にとっては入試のシーズン、大学教師にとっては、子が泣こうが親が倒れようが問答無用、答案・卒論・修論を読んでは採点する日々である。

だが、今年（二〇〇四年）の二月には特別な意味がある。近代日本の形成にとって分水嶺となった日露戦争の開戦から、今年で一〇〇年なのだ。開戦日が二月六日、宣戦布告は二月一〇日。その関係で、評論家松本健一氏と日露開戦一〇〇年について対談する機会があった（毎日新聞二月九日付夕刊）。松本氏と話していて一番面白かったのは、開国して日露戦争までが五〇年、自衛隊創設からイラク派兵までも五〇年、という指摘だった。

徴兵制軍隊であれ、自衛隊であれ、とにかく軍隊を新しい国家体制のもとで創設してから外国へ派兵するまで、五〇年という時間を、この国は要してきたのだ。

五〇年という時間の意味を噛み締めながら、小池政行**『戦争と有事法制』**（講談社現代新書、二〇〇四年）を読む。国際人道法（敵対行為に参加しない、ないしは参加することをやめた人々の保護と、戦争の手段・方法の制限をめざした国際法の総称）の専門家である著者が、テロ特措法・イラク特措法・有事法制の国会審議経過などを、綿密に検証した。

有事法制などの法がカバーする領域と、日米安保条約の最新版マニュアルとしての周辺事態法、新ガイドラインがカバーする領域との間に、あってはならない空白の部分が生じてしまっている、との指摘は、とくに重要だろう。

この隙間は、周辺事態に対応して、自衛隊が米軍との共同行動をとるなかで、日本が有事体制になっていくというシナリオを導かずにおかない、と著者は深く危惧する。巻末に有事三法の全文を載せる本書は、志の高い本である。

それにしても、六三年に自衛隊制服組を中心とする統合幕僚会議が行った図上演習「三矢研究」に関する文書、国会で大問題となったあの文書の提供者が松本清張であったことは、この本で初めて知った。

＊

橋田信介『イラクの中心で、バカとさけぶ』（アスコム、二〇〇四年）。橋田は、ベトナム戦争時のハノイ特派員を振り出しに、今回のイラク戦争では、開戦直後にバグダッド入りし、衝迫力のある爆撃の映像を衛星で世界に送った戦場カメラマンである。

還暦を超えようが、規則は破るためにあり、パスポートは偽造するためにある、などと言いそうな御仁だが、そうでもしなければ、戦場には到達できない、という真理が確かにある。狙った絵は絶対に逃さない、特派員版完全戦場マニュアルでした。

（『週刊現代』46巻9号、二〇〇四年三月六日）

（二〇〇四年）三月九日付の夕刊各紙は、政府が今国会に提出する有事関連七法案を閣議決定した旨を伝えていた。すでに去年の六月に成立した有事関連三法に加えて、今回の国民保護法案・外国軍用品等海上輸送規制法案など七法案が成立すれば、政府による有事構想はいよいよその全貌をあらわすことになる。

しかし、たとえば、書くだけで一行以上を要する外国軍用品等海上輸送規制法案についていえば、米軍行動円滑化法案などとともに、憲法との整合性が当然のことながら問題とされてくるだろう。この法案は、武器・弾薬などが敵国へ運ばれることのないよう、海上自衛隊に、日本領海や公海上での臨検を許すもので、相手の船が臨検に応じなければ、船体への危害射撃も認めている。

平和が永く続くとわれわれは、臨検という言葉を聞いても、船への立ち入り検査ぐらいだろうといった軽いイメージしか思い浮かべられない。だが、この用語の元来の意味はそれほど軽くはない。

近代の交戦法規でいえば臨検とは、宣戦布告した国の艦隊が敵国の戦闘力をそぐため、中立国船に対して行える実力行使で、載貨押収や海上交通の封鎖などを伴うものなのだ。

しかし、日本国憲法は「自衛のための必要最小限の実力行使」しか解釈上認めていない。よって、こうした法案が審議される際には、「だから憲法改正が必要なのだ」といった論戦が予想される。来年一月には、衆参両院の憲法調査会の最終報告書が提出される予定なので、今後は、各党の憲法調査会の手になる憲法改正案のたたき台が続々と発表されるようになるだろう。

さて、こうした動きを見ていく時に一番大切なのは何だろうか。私としては、憲法を起草したり改正したりする作業が、本来、いかなる広がりと深さを伴う調査を必要とするものなのか、それを想像することだと思う。

いいかえれば、憲法のどの条文を改正するのかしないのかを問題とするのではなく、いかなる慣習・制度・法律が憲法を支えてきたのか、あるいは、支えることになるのか、そうした全体像のなかで憲法をとらえようとする姿勢こそが大事だと思われる。

瀧井一博『**文明史のなかの明治憲法**』（講談社選書メチエ、二〇〇三年）を読んで以来、このようなことをずっと考えていた。

著者によれば、一九世紀という時代は、文明国水準に達した国家が、国家の威信をかけて法典編纂にいそしんだ時代だったという。なかでも、憲法編纂は、法典編纂の最終段階に位置づけられる。よって、以上のような意味で憲法とは、対外的に自国の「文明度」を他国に見せつける政治的文書でもあった。

こうした見方を前提として比較法制史の若き専門家は、明治憲法のできるまでを、立憲制度という文明の国制を求める「旅の記録」としてまとめた。ここでいう旅の記録とは、明治国家の若き指導者たちが三度にわたっておこなった、時と場所と対象を異にする西洋調査を指している。明治四年の岩倉遣外使節団、一五年の伊藤博文による渡欧憲法調査、二一年の山県有朋による欧州視察、この三つの調査で得られた構想が、明治憲法をかたちづくったのだと著者はいう。

条約改正交渉に失敗した岩倉使節団にあって、洋行を「一生之誤」と後悔していた木戸孝允が、しだいに欧米諸国の国制調査に没頭し、最後には自らと国家の再起をかけ、骨髄からの開化を国民に求めていくあたりの叙述は、特に躍動感溢れる筆致となっている。

また、よく知られているはずの伊藤の憲法調査についても著者の説明は斬新だ。洋行出発時の伊藤は、大隈重信の準備した憲法構想のスケールと緻密さに度肝を抜かれ、失意のどん底にあったという。自らの勢力挽回のためにも伊藤が、議会政治を支える行政システムの運用のさせ方や、議会紛糾の場合における立憲君主の調停者としての役割について必死に学び、やがて自信に満ちて凱旋帰国できるまでの話も、新史料に基づいて書かれており読ませる。

この本は、憲法起草にかかわった元勲たちの成功物語として読まれるべきではなく、自国の「文明度」を他国に見せつけるための政治的文書・明治憲法がいかに形成されたのか、その点にポイントを置いて読まれるべき本だろう。

さらに、今後予想される憲法改正論議との関係でいえば、二一世紀の「文明度」は何によって測られるのか、この点について想像しながら読むと、いっそう面白いはずだ。

＊

二冊めは、明治憲法が最大の危機に直面する昭和戦前期、なかでも昭和一一〜一二年に焦点を当てた本をとりあげよう。坂野潤治『**昭和史の決定的瞬間**』（ちくま新書、二〇〇四年）である。坂野は、「朝まで生テレビ」司会・田原総一朗が師と仰ぐ学者だと説明すれば、おわかりだろうか。だが、研究者の世界での坂野は、名著『明治憲法体制の確立』（東京大学出版会、一九七一年）執筆以後、緻密で鮮やかな分析と表現という点で、他の追随を許さない学者として評価されている。

その碩学《せきがく》が現代政治の新しい観方を教えてくれようというのだから、田原総一朗ならずとも読まずにはいられない。

それでは、新しい観方とは何か。著者はこの本のなかで、一つの仮説を打ち出した。それは、政治改革への志向性が最も強かった時期、つまり民主化の頂点で日中戦争が起こり、その偶発的な戦争の結果、民主化は圧殺された、との仮説である。

ん？　どこが新しいかわからないとおっしゃる。それではもう少し説明をば。満州事変後、「平和と民主主義」の守りに徹して敗北を喫した政党勢力が、そのままずるずると敗退し続けて日中戦争になったというイメージは、その直前の総選挙の得票分析などからみて間違っているというのだ。

なによりも、野党民主党の躍進によって二大政党への道が開かれたとみられた昨年一一月の総選挙結果と、そのちょうど一ヵ月後のイラク派兵決定との組み合わせを思えば、日中戦争直前こそが、民主化の頂点であったという著者の評価は、同時代的な感覚としても腑に落ちるはずだ。

最後は、佐道明広『戦後日本の防衛と政治』（吉川弘文館、二〇〇三年）を挙げたい。一月九日付の朝日新聞「知られざる変容自衛隊五〇年」は、防衛白書の記述から削除されたある一節を報じていた。長期計画策定にあたってきた防衛庁内局（背広組・文官）の幹部＝参事官についての記述の一部が消えたのだ。

いうところは、陸海空の幕僚監部（制服組）と防衛庁内局の関係が、内局の圧倒的優位から変化し始めているとの指摘である。政治が軍事を統制するシビリアンコントロールが、戦後日本の防衛政策の柱であったことを思えば、これはなかなか大きな変化だといえるだろう。

この本は、戦後日本において防衛政策がどのように形成されたのか、内容はいかなるものであったのか、自衛隊という軍事機構は防衛政策の中でどのように位置づけられてきたのか、こうした重要問題について初めて本格的に解明した力作である。

聴き取りと新史料からは、内局の若きエリートたちによる機構改革をめぐる対立、長期防衛力整備計画の主導権争いなどが、実に生々しく伝わってきて、圧倒される。脱帽。

（『週刊現代』46巻13号、二〇〇四年四月三日）

＊

本誌（『週刊現代』）に連載されている「メディア通信簿」は、大谷明宏、金子勝、重松清、森達也四氏のリレーコラムだ。強力としかいいようのない布陣で、この四人が束で走って来たらさぞかし怖いだろう。

だいたい物書きには、腕っ節の強い人が実は多いのではないか。椎名誠はいうにおよばず、「リレー読書日記」の江上剛も、以前NHKに映るお姿を拝見したら、上背があっていかにも強そうだった。やはり、その筋の方々と渡り合ってきた年季がそうさせるのか。それについては、江上剛・須田慎一郎『銀行員諸君！』（新潮新書、二〇〇三年）をご一読あれ。さて、「メディア通信簿」四氏の時評に共通するのは、「世界はもっと豊かだし、人はもっと優しい」はずなのだ、という願いを読み手の胸元まで届ける際の、筆の温かみである。使われている言葉は皆さんめっぽうキツイが。

児童虐待死事件を報ずる際、新聞はよく、児童相談所などの関係機関が子供を保護するなど適切な措置を速やかにとっていたならば助かったかもしれない、などと書く。しかし、こういった説明は、同じことを別の言葉に言い換えたに等しく、なぜ相談所や学校が期待される行動をとりえなかったのかを理解するには何の役にも立たないのだ。四氏の時評はそういった点を我々に気づかせてくれる。

執筆者の一人森達也の著作が続けて刊行された。『下山事件《シモヤマ・ケース》』（新潮文庫、二〇〇六年。初版は新潮社、二〇〇四年）と『池袋シネマ青春譜』（柏書房、二〇〇四年）の二冊である。

『下山事件』については、読売新聞四月一一日付「愛書日記」に書いたのでここでは書かないが、森の真骨頂がよく出ている部分を一点だけ挙げたい。森は、従来からいわれてきた米軍謀略機関説や右翼大立者説をとらず、第三の説を立てる。その上で、次のような文章をしみじみ書くのだ。「半世紀以上前に下山を殺害した男たちが、深夜の線路脇の土手を遺体を担いで歩きながら、ふと見上げたであろう夜空を僕は想像してしまう」。そして、犯人のつぶやきを「これは日本の未来のためなのだ。俺たちの子供や孫たちのためなのだ」と書き留める。このとき森は、こう書いたことで、事件の背後の闇の深さを初めて測りえた表現者となったと私は思う。

さて、『池袋シネマ青春譜』の方は、夏目漱石でいえば『三四郎』（新潮文庫ほか）、村上龍でいえば『69』（シックスティナイン、集英社文庫、一九九〇年。初版は集英社、一九八七年）に相当する森の自伝的青春小説である。あの森さんが、青春小説!? などといって目をむいてはいけない。舞台は七七年、書かれるのは立教大学映画研究会の周辺や芝居に打ち込む日々であるが、涙あり、自立あり、マドンナありで、実にリリカルだ。

だが、青春小説とて、やはりそこは森の書いたもの、主人公・克己の友達はといえば「俺たちの世代は、中止になるのは試験じゃなくて学園祭だ。こんなこと歳とってから酒場で自慢できないぞ」とぼやき、克己はといえば「誰だって悩んでいると克己は思う。僕だけじゃない。（中略）大平正芳総理も毛沢東も悩んでいる。カストロもロバート・デ・ニーロもフォード大統領も原田芳雄も吉本隆明もきっと悩んでいる」などと心でつぶやく。一筋縄ではいかぬ方々である。

どんなジャンルでも縦横に書けてしまう森のユニークさの根源は、たとえば、好きなものと嫌いなものの間に立つ場合の、森の立ち位置の独自性に由来していると思われる。

真ん中なのだ。好きなものの方へ身体が傾かないためには、豪胆な決意としなやかな想像力が必要となる。これは並大抵なことではなしえない。「中立的な立場などない」という言い方で我々はよく、私は嘘つきではないと自分を表現するが、それは実のところ、自分自身には逃げ道をつくり、変わろうとしない者には怠けるための言い訳を与えてきただけなのかも知れない。

＊

二冊目は、武田晴人『**世紀転換期の起業家たち**』（講談社、二〇〇四年）。メディアでは宿命論的な断言をするひとが多い。すっきりとしていかにもわかりやすいが、こうした議論は問題解決には役立たないことが多い。

たとえば、一〇年以上の長きにわたる日本経済の低迷原因を、日本企業に創造性がなかったことに置く宿命論がある。その一つにいわく、模倣すべきモデルがなくなったために、先進国日本は今や創造的な活動という点で重大な困難に直面している、云々。

この本は、東大経済学部で日本経済史を講ずる著者が、こうした宿命論の根拠のなさを完膚なきまでに論破してくれていて痛快だ。創造性に乏しい日本企業を歎ずる議論は、新しい「もの」を作り出すことに創造性があるとの観点から出発しているようだ。しかし、新しい「もの」だけが時代を変えてきたわけではない。考えてもみよう。日本の産業革命の主役は綿糸紡績業だったが、綿糸も綿布も「もの」としてみれば既知の「もの」だったのだ。問題は綿糸をどう作るかという点にあり、ここに、豊田佐吉の苦心惨憺の結果成し遂げられた「革新」のポイントがあった、と武田は説く。

歴史が教えるのは、大きな構造転換期にあった国家は往々にして、外からは「不況」期として認識されてきたということである。日本経済は今、何回目かの大きな転換期にある。その際大切なのは、どのような条件の下に新しい産業や企業が生まれてくるのか、豊田佐吉のような、革新を創造する起業家たちがどう生まれてきたのか、その点を歴史の事例から学ぶことだろう。武田は、現代に匹敵する程の大きな転換期であった産業革命期の日本に焦点を合わせ、先の問いに対する答えを百年企業（トヨタ、凸版印刷、カゴメ、森永、日本電気、三共）の事例から導いている。一〇〇年続く企業が日本にどのくらいあるのかは読んでのお楽しみ。

＊

三冊目は川島真『中国近代外交の形成』（名古屋大学出版会、二〇〇四年）。放送大学などで力のある先生の講義を聴いているような一部の例外を除けば、中国近代史をどう理解すべきかについて、社会に出てから知るのは思いのほか難しい。すると、大部分は高校教科書のレベルで思考停止となる。停止した場合次のような理解となるだろう。

いわく、中国では不平等条約・権益回収を要求する民族運動が昂揚し、いっぽう日本では中国のナショナリズムに対抗するため、軍部による武力解決方針が支持されるようになり、協調的なワシントン体制は崩壊していった、云々。このような理解の仕方は、つまるところ、日本の軍部が台頭したのは中国ナショナリズムのせいで、ワシントン体制が崩壊したのも、中国が条約改正・権益回収を、明治日本のように手順を踏んだ外交交渉によって行わなかったからだ、といった認識を生みがちだ。だが、こうした認識は、実のところ二〇年代の日本陸軍の対中国観そのものなのだ。これでは困る。

やはり、当時の中国が何を目指していたのかを、中国側の史料を用いて説明してくれる人物が必要だったのだ。本書の著者川島真は北海道大学法学部の若き研究者（現東京大学大学院総合文化研究科准教授）だが、まさに彼がその人にあたる。不世出の才だ。

白眉は、パリ講和会議に出席した中国側全権団の議事録を使って、ヴェルサイユ条約に調印しなかった理由を五四運動の結果ではなかったと確定した章だろう。近代を目指した中国がよく見えてくる。

（『週刊現代』46巻18号、二〇〇四年五月一日）

松本清張は、近代史愛好家や研究者にとって、特別な作家だ。学生時代に『昭和史発掘』シリーズ（全13巻、文春文庫・文藝春秋）を読んだ時の衝撃は今でもよく憶えている。もとは六四年から七一年にかけて『週刊文春』に連載されたものだが、連載後半で延々と書き継がれた「二・二六事件」は、とくに圧倒的な迫力をもっていた。

作家の並々ならぬ力量もあったろうが、連載を契機に発掘され、初めて世に出された資料の迫力が尋常ではなかった。決起将校の訊問調書など、まずは、事件を起こした側の記録が作家のもとに集められた。さらに、鎮圧にあたった側の記録である戒厳参謀長の日記、はては軍法会議で裁く側にまわった判士たちの手記やメモも集められた。

松本清張が特別だったのは、蒐集した第一級資料を『二・二六事件＝研究資料』全3巻（文藝春秋）として出してしまったことだろう。私はこの資料集にお世話になったが、ある日、編者の名前が松本清張・藤井康栄と、連名なのに気づいた。藤井さんとは誰だろう。解説を読み、とにかくこの方が実際に資料の蒐集にあたったのだということだけはわかった。

しかし、知らないとは恐ろしいことなのだと身にしみてわかったのは、藤井康栄**『松本清張の残像』**（文春新書、二〇〇二年）を読んでからのことである。『週刊文春』編集部で清張を担当することになったこの藤井こそ、「現代史をやる」「他人の使った材料では書きたくない」「一級資料がほしい」とのたまう作家の、すべてのお膳立て、先行取材をした人物だったのだ。

早稲田の史学科で日本近現代史を専攻した藤井は、多忙という字の前に超をいくら付けても追いつかない作家に代わり「自分の関心のあるテーマで現代史のラインナップを作ってみよう」と思いたち、大胆にも作家の手を引いて走り始めた。すごいことだ。陸軍機密費問題、佐分利貞男公使の怪死、スパイ〝M〟の謀略、などなど。今でもすぐに思い出せる『昭和史発掘』の名ラインナップは、彼女の脳髄からまずは生み出されたものなのだった。

しかし、忘れてならないのは、作家とこの先行取材者との間に、敬愛と信頼の念が一貫して流れていたことだろう。晩年、照れ屋の作家は彼女に「ありがとう。いやなことは一度もなかったね」と述べたという。よい言葉だ。

藤井は現在、北九州市立松本清張記念館館長を務めている。ちなみに、作家はサインした著書をくれる際、藤井の旧姓の方で「大木康栄様」と書くのが常だった。

＊

さて二冊目は、宮田毬栄『追憶の作家たち』（文春新書、二〇〇四年）。こちらは中央公論社（当時）の文芸誌『海』元編集長が描く作家たちの姿だ。松本清張、西條八十、埴谷雄高、島尾敏雄、石川淳、大岡昇平、日野啓三。七人の精神の傍らで過ごした緊迫した日々が、隅々まで神経の行き届いた筆致で追想され、読む者の心を動かす。

五九年に中央公論社に入社したばかりの編集者の卵は、松本清張担当にされて、とまどう。当時、実際に起こったスチュワーデス殺人事件を題材に、清張は長編推理『黒い福音』（新潮文庫ほか）の執筆にとりかかっていたが、ここで、超多忙の作家に代わって困難な取材にあたったのが、早稲田の仏文を卒業したばかりの著者だった。

時に冒険もかえりみず、真摯に取材する著者の姿は、作家の評価するところとなり、連載が本になれば「謹呈　この本の共同取材者　大木毬栄様」とのサインを頂戴するまでになる。

むむ。今のところ、プレイバック。

大木毬栄様。先ほど出てきたのは大木康栄様。毬と康の一字違い。そうです。このお二人は、康栄さんが姉、毬栄さんが妹の、二歳違いの姉妹なのでありました。私とて、この読書日記を書き始めるまで気づかなかった。読み返してみれば、たしかに、康栄さんの本の方にちらりと「中央公論社にいる妹が松本清張担当の編集者で」と書かれたくだりがある。

もっとも、プロの編集者として独自の活動をしてきたお二人を、こう括るのは失礼な話だろう。しかし、零からものを創造する人々への憧れと尊敬の気持ちを終始持ち続け、その気持ちを原動力に、自らも偉業を成し遂げてしまったという点で、この二人は特別な編集者だといえる。

著者の描く「文壇」の姿は、とてもやさしい。たとえば、最晩年の埴谷雄高を、鬱期に入った北杜夫と著者が見舞う場面。『死霊』（講談社文芸文庫ほか）の作者に向かって「おじいちゃんどうしたいの」などと呼びかける、無神経な家政婦は、北杜夫のファンだとわかる。すると北は、用意してきた著書にサインし、それを家政婦に贈る。

埴谷をそこらのおじいさん扱いするような人にサイン本などあげる必要などないではないかと、にがにがしく見ている著者に、北はいう。「でもね、まりちゃん。そうしたら埴谷さんが親切にしていただけると思って」。北杜夫はほんとうに素敵だ。

島尾敏雄については、七八年に撮影された、沖縄の海を見つめる写真が秀逸である。「そろそろ、海に還ろうか」とでも言いたげな一三七ページの島尾の姿は、一見の価値がある。

最後に、著者の目の確かさをもっともよく物語る部分を。大岡昇平のヒロイン像について述べたくだりである。『武蔵野夫人』（新潮文庫ほか）の道子、『花影』（講談社文芸文庫ほか）の葉子、いずれにも、ヒロインを見つめる作者の、明晰な「認識する目」を感じるという。

なぜ大岡はヒロインを冷徹に見つめるのか。著者は、作家の自伝的作品『少年』（講談社文芸文庫ほか）の中の言葉「私の小説に出て来る女性は、必ず複数の男と性的交渉を持たねばならず、しかも決して男を愛してはならない。性的経験から無疵で出て来なければならないのである」に、その答えを見出す。芸妓あがりだった母、四七歳で亡くなった母への、作家の屈折した愛情を、この文章から著者は読み取ったのだ。

＊

三冊目は、鶴見俊輔・上野千鶴子・小熊英二『戦争が遺したもの』（新曜社、二〇〇四年）。副題に「鶴見俊輔に戦後世代が聞く」とあるように、上野と小熊の名コンビが、これまで語られることの少なかった、鶴見の戦争体験の実相に迫っている。

後藤新平を祖父として生まれ、戦後、丸山眞男と『思想の科学』を創刊した思想家にとって、戦争とはいかなるものだったのか。自殺未遂と女性問題で旧制中学を放校になった為、三八年に渡米する。この不良少年時代の凄みのある顔写真は一見の価値がある。

日米開戦後、交換船で日本に戻り、陸軍よりはよいだろうとのことで、海軍軍属を志願し、語学能力を買われ、ジャワのジャカルタの海軍武官府で勤務する。敵側の短波放送から「正しい」戦況を摑むのが若き思想家の仕事だった。

隣の部屋の軍属が、拿捕した中立国船員の殺害を命ぜられるのを実見したり、自らも士官用慰安所用地の接収をやらされたりする。命令で人を殺さねばならないのは時間の問題となる。いっぽう、傍受から敵の最前線がジャワに近づきつつあることもわかる。

このときの閉塞感と、命令で人を殺してしまうかも知れないとの恐怖感が、戦後、鶴見に「自分は人を殺した。人を殺すのは悪い」とだけ、一息で言えるような人間になろうと決意させる。戦争体験こそが戦後を生み出したのだ。

（『週刊現代』46巻22号、二〇〇四年六月五日）

戦場カメラマン橋田信介が、五月二七日、バクダッド近郊で武装グループの襲撃により亡くなった。橋田がいかなる人物だったのか知らない多くの人も、遺体を引取りにイラクへ向かう幸子夫人の美しい「笑顔」には、テレビを見ながらご飯を食べている箸を持つ手を止めたのではないだろうか。それ程、夫人の凛とした笑顔はきわだっていた。

この笑顔は、自己責任論や自粛要望論を、やさしく、しかし強靭に寄せつけぬ迫力を持っていた。ただ、橋田の撮った映像や書いた文章に親しんできたファンなら、テレビに向かって「なんや、ハシやんの奥さん、こんな美人やったんか」とつぶやいたろうが。

ベトナム戦争時のハノイ特派員を振出しに、三〇年以上の長きにわたって最前線を歩き、数々のスクープ映像をものにしてきた男にとって、六一歳の死は、悲劇ではあっても無念さはなかったのではないか。そのあたりの呼吸が、戦場カメラマンの女房を長らくやってきた夫人には、骨の髄からわかっていたのだろう。それがあの笑顔を内から支えていたように思う。

昔の人間は、亡くなった人を悼む際、故人と最初に出会った場面、故人と自分との関係を日記に静かに書き記した。一つだけ例を挙げれば、陸奥宗光の死に際して、明治三〇年八月二四日、原敬が記した哀切この上ない惜別の辞は読む者の胸をうつ。それは「陸奥伯薨去せり」「余の始めて陸奥伯を見たるは明治十四年」から始まり、病床を最後に見舞った際、暗涙を催してその場に居たたまれず、陸奥邸を辞去したさまの記述まで、綿々と続くものだった。

その顰にならい、橋田信介『**戦場特派員**』（実業之日本社、二〇〇一年）を読み返す。緊急に重版もなされた。世界の戦場報道のプロにとって橋田の名前は、三つの仕事によって記憶されていたのではないか。

一つめは、ベトナム戦争において、南のサイゴンではなく、北のハノイから米軍の爆撃を記録し、それを世界に配信したことだろう。パリでベトナムに関する平和会談が開かれている頃のことだった。橋田は気づく。本当の戦争はパリでなされているのではないか、ここ北ベトナムは単なる戦場なのだ。全体状況の中で静かに戦場をみる橋田のスタイルはこうして確立した。

二つめは、八七年アブダビ発バンコク行き大韓航空858便が北朝鮮スパイ金賢姫によって爆破されたとされる事件に関する偉業によって記憶されている。事件直後から、墜落地点がタイ西方ジャングルであるかのように陽動したタイ陸軍やアメリカ海軍の動きを橋田は怪しんだ。そして、真の墜落地点はタイではなく、ビルマ（現ミャンマー）南方のアンダマン海の一点とにらむ。

なぜ隠そうとするのか。ならば、場所確定のため機体を海から引き揚げてしまえばよい。二年三ヵ月をかけた執念の調査の結果、見事この場所から機体を引き揚げたスクープ映像は、世界を震撼させた。なぜか。誤った地点に世間の目が集められている間に、本当の墜落地点から、ブラックボックスとボイスレコーダーが回収されてしまっていたのではないか、との推測が成り立つからだ。

橋田は考える。この事件で得をしたものは誰か。明言は避けられているが、事件の翌年八八年に予定されていたオリンピックの南北合同開催が中止となり、韓国主催のオリンピックが成功した。この点は思い出されてよいだろう。

三つめは、湾岸戦争の際、「砂漠の嵐作戦」発動を躊躇していたアメリカの背中を、最終的に押すかたちとなった決定的映像を撮影したことによって世界に知られた。クウェート奪還のため、米軍を中心とする多国籍軍は地上からの侵攻を考慮していた。しかし、フセインが隣国イランに待機させていた一二〇機のスホーイ戦闘機の存在がアメリカを躊躇させていた。イラクは迎撃を考えているのだろうか。橋田は、まさに問題となっている戦闘機の映像をフェンス越しに撮るという快挙を成し遂げ、その六〇秒あまりの映像はCNNなど世界のテレビメディアで放映された。

湾岸戦争の戦史には、この映像を分析することによって、イラン飛行場からイラク機が迎撃する可能性はないと判断し、「砂漠の嵐作戦」が発動されたと書かれている。ただ、ここで橋田の考察は終わらない。英米にとってイラク戦闘機のイラン退避の意味など前からわかっていたことなのだ、輿論を掻き立てるため、まさに自分の撮った映像が使われたのではないか。

全体をバランスよく見る眼、鋭い直感、この他に橋田が持っていた武器は、裏の裏まで見切る洞察力だったと思う。ならば、失明寸前の少年に日本で医療を受けさせる計画、自衛隊取材のための立ち入り証という、二重の「護符」を確保した上で、橋田が狙おうとしたより大きな対象は何であったのか。これが知りたい。

＊

二冊目は、塩川伸明『《20世紀史》を考える』（勁草書房、二〇〇四年）。塩川は東大法学部でロシア・旧ソ連政治史を講ずる学者である。橋田の人柄は、強靭だからこそしなやかで優しかったという。本書を読んで、塩川もしなやかな強靭さをもつ人なのだろうと想像した。その、ゆるゆるした美しい文章も橋田と似ている。

この本では著者の専門からは少し離れて、歴史における記憶と責任の問題と、こうした問題を議論する理論的前提としての歴史の方法を論じた。E・H・カーの有名な言葉「歴史は現在と過去の対話だ」は誰でも一度は聞いたことがあろう。この考え方が成り立つのは、「現在」が過去とつながりをもち、ある「幅」をもつものと意識されているからだ、と著者はいう。問題なのは、その「幅」がやせ細ると、歴史意識自体やせ細ってしまう危険性が生まれることだ。よって、ある社会で多くの人に共有される記憶と忘却のあり方は、それ自体一つの政治の構成要素となる。塩川は本の中で何度も「明快な回答を提出するのは極端に困難」だ、と書きながら、たとえば、次のような問題を考える。ある体制内で「当然」とみなされていた行為が体制転換後に「犯罪」とみなされるようになった場合、その行為を行った個人の責任を追及する作法はいかにあるべきか。

責任は確かに追及すべきだが、それを自分に関わらない異常な他者のものとして追及するのか、それとも、自分も同じ状況におかれたら犯していたかもしれないと自分にはねかえってくるものとして考えるかで、議論の深さが違ってくるのではないか。塩川はこの点に、他の社会や他の時代を内在的に理解するという歴史学の営みの一つの重要な意義をみる。

＊

最後は、長谷部恭男『**憲法と平和を問いなおす**』（ちくま新書、二〇〇四年）。長谷部は東大法学部で憲法を講ずる教授だが、『比較不能な価値の迷路』（東京大学出版会、二〇〇〇年）という表紙も内容も題名も素敵な本がある。憲法学を真摯に研究する若き研究者にとっては、憲法をめぐる日本の論議が心底不思議に思えたのだろう。

　そこで、著者は従来の憲法改正論議に欠けていたものが立憲主義の視点であったこと、つまり、何のために憲法典を作って国家権力を制御しようとするのか、それを説明しようとする視点の不在こそが、日本の議論の隘路だと喝破して、このような切れ味鋭い本を書いてしまった。本を読む前と後で世界が違って見えた。我々は間に合ったようだ。


（『週刊現代』46巻26号、二〇〇四年七月三日）


　第一三一回芥川賞、直木賞が今月（二〇〇四年七月）一五日に発表された。と書いてはみたものの、実のところ、この原稿を書いているのは九日のことなので、八日に発表された候補作の段階しかわからない。

　総数五〇〇を超えるといわれる文学賞だが、そのうち主要な四七の賞を対象に、主催団体・選考委員・最近の受賞作への評価を採点し、「文学賞の値うち」一覧表を作ってしまったのが、大森望・豊﨑由美**『文学賞メッタ斬り！』**（ＰＡＲＣＯ出版、二〇〇四年）だ。

　自分の好きな作家が三九点以下をもらっているのを見るのは実につらい。その一方で、新潮文庫で絶版となってしまっている〔復刊された〕『続明暗』（新潮文庫、一九九三年。初版は筑摩書房、一九九〇年）を書いた水村美苗の『本格小説』上・下（新潮文庫、二〇〇五年。初版は新潮社、二

○○二年）が八三点をとっているのは嬉しい。三九点以下とは「人に読ませる水準に達していない作品」で、八〇点以上とは「近代日本文学の歴史に銘記されるべき作品」だそうな。

この、アンタッチャブル批評家の一人豊﨑が、東大出版会のPR誌『UP』七月号に登場していた。「カッコイイ本」と題されたその書評は、選書眼秀逸・文章卓抜で、まさに書評の鑑だった。

が、その出だしは「知の大暴落。知の価格破壊。知のデフレスパイラル」と畳み掛けるもので、それに続けて、ある本の名前を挙げた後「なんつー、村上春樹の『ノルウェイの森』を一億倍薄めたようなダメェーな表層真似っこ小説が三百万部も売れたり（後略）」と、ばっさり斬る。使われる言葉はきついですが、読書界を変える方法を地道に探究し続ける、得がたき姐御とお見受けしました。

*

二冊目は、芥川賞候補の一人となった佐川光晴『**灰色の瞳**』（講談社、二〇〇四年）を挙げよう。先ほどの水村美苗『続明暗』は、漱石『明暗』の続きを書いてしまった傑作だった。そして、この『明暗』自体、ヘンリー・ジェイムズ作『金色の盃』（上・下、講談社文芸文庫ほか）の変奏であったことを私に教えたのは、佐川が講談社のPR誌『本』四月号に書いた「美しい女性のロマン」という文章だった。

佐川いわく、上梓した『灰色の瞳』という小説は、リアリズムによって一九世紀的なロマンを書きたい、との著者年来の願望によって生まれたものだという。そこで参考にしたのがジェイムズ作『鳩の翼』だ、と。その連なりで『明暗』と『金色の盃』との関係が言及されていた。

漱石先生の『明暗』に下敷きがあるとは初めて知った次第。津田の妻・お延を追い詰め、津田を元の恋人・清子と再会させようとの姦計をめぐらす吉川夫人の造型を思い出すにつけても、一九世紀的ロマンには、年齢を異にする二人の女性の戦いが必須のものだったのだとわかる。

さて『灰色の瞳』。人並み外れて美しいだけでなく、有能でありさえする女主人公・黒井礼子は、東大大学院の法学政治学研究科で日本政治思想史を専攻する若き学究・千明《ちぎら》広を愛するようになる。しかし数々の困難が二人を襲う。

礼子の兄夫婦が事故死し、未婚の礼子は二人の子供を引きとる。千明の方も、恩師の未亡人で現在のパトロンでもあるマダムが、礼子との交際を執拗に妨害してくる。礼子はこうした困難をいかに乗り越えて行くのか。前半は、冷静沈着な礼子のビルドゥングス・ロマンと読める。

後半は、丸山眞男が政治思想史界から自ら葬ったとされる「資料」をめぐり、またマダムと礼子の破局的結末をめぐり、初めて意味をもってくる千明の存在の大きさに焦点が当てられる。線の細いだけのインテリに見えた千明が、他人の身体を引き受ける行為を通じて一筋の平安を得、大きく成長する結末は、読んでいて明るい気持ちになる。

文章も構想も外見も逞しい小説家だと思う。とくに、マダムの邸宅の「開かずの間」へ、マダムの車椅子を押しつつ、礼子が入っていくさまを描いた部分は、光が射しむ如き開放感があり、美しい。

＊

三冊目は長嶋有『パラレル』（文藝春秋、二〇〇四年）。長嶋は第一二六回芥川賞を受賞している若き作家だ。

こちらは美女の話ではなく（たくさん登場しはするが）、九〇年代初め、「災害時の避難場所は『東大』です」と学内に大書されていた、東大近くの私立大学で大学生活を送った僕と、その唯一の友人ともいえる津田の、「それから」が描かれる。大学を後にし、お互い連絡もとらずに死にもの狂いで働いた数年間を経、離婚も経験した後の、焼け跡のような平安の時間が今、〇三年で、二人が大学で出合うのが九一年という設定だ。

始めと終わりが、湾岸戦争とイラク戦争で括られる時代である。あるいは、バブルが終わり、失われた一〇年が始まった時代といってもよい。「安保とベトナム戦争を知らない世代に社会科学などできるわけがない」と言われ続けた私などは、私たちの世代が時代に間に合わなかったことを嬉しそうに宣言する、年長の人々が恨めしかった。

しかし、私よりさらに一回り下の長嶋は、もはやそのようなはしたないことはせず、描かれるに値しない時代などないのだとも言わずに、「どんな事柄であれ、正しさを主張する人間は色気を失う」とするりと言ってのけ、八〇年代の空気を吸って大人になった男たちの九〇年代を、完璧な長編小説に仕上げた。

若い男から中年の男に差し掛かる移行期の男（ひどい言い方ですみません）には、女性の窺い知れない、鋭敏過ぎる神経の宿る一時期がきっとあるに違いないと思わせるそのさまを、作家は豊かな天分で描いてくれた。鈍感に見えても気付く時は気付いてしまう、愛すべき二人の男、僕と津田が女や社会とどう切り結ぶのか。それが描かれている。「おまえはいい目をしている」などと言ってひとを簡単に識別できる時代は終わり、「死んだ魚みたいな目」をしていながら、僕に世の中の仕組みを教えてやまない津田。無条件にひどいことをした女にも、友達である僕の逸話を寝物語に語ってしまう津田。

津田が何をやっても救われており、小説の主人公の一人として申し分ないのは、ひどい人間にはひどい仕打ちが相応しいということを真っ直ぐわかっている人間だからだ。

僕の方もその点では津田とパラレルだ。女と話をしている時、「すべての人はふさわしいものを得る」との啓示が唐突に頭に浮かんでしまい、同方向を目指したはずの会話は常に宙に浮く。パラレルな状態が飛び越えられる瞬間、津田が金網を越える場面と、僕が螺旋階段を一回りずつ降りる場面、ここは涙腺指数が高く設定してあり、心からのカタルシスが得られる。良い本を読みました。

＊

四冊目は黒野耐『**参謀本部と陸軍大学校**』(講談社現代新書、二〇〇四年)。現在、防衛庁内は、海上幕僚長が提案した文民統制見直し案で揺れているという。そうであれば、陸上幕僚監部において重要な地位をしめ、現在は戦史部主任研究官である著者が、過去の戦争における国防計画・戦争計画策定にあたる組織の欠陥をどこに見たのかを知るのは、殊に重要だ。著者の主張は、情報と兵站《へいたん》を担当する部署が作戦と独立して置かれなければならないとの点にある。日露戦争への厳しい評価とその根拠は特に参考になる。

（『週刊現代』46巻30号、二〇〇四年七月三一日）

いったいいつになったら今年の太陽は暑くするのを止めるのだろうか、と放蕩児を眺めるような眼で空を見上げたら、そこには薄く白い雲がなびいていて驚いた。空は高くなり季節も変わった。

『週刊文春』記者として湾岸戦争やカンボジアPKOを取材して名を馳せたある人物は、事件や事故の危険な現場に飛び込むのがふと面倒臭くなり記者を辞める。フリーとなり、美味しいものを食べ、素敵な宿に泊まり、人の金で旅行して暮らせたらいいと思い、実際そのような仕事ばかりするようになった。

ところが、ある日「唐突に私は立ち上がっている自分を発見」し、「私が行かなくてはいけない」と思い、イラクに旅立つ。開高健の『夏の闇』（新潮文庫、一九八三年。初版は新潮社、一九七二年）を思わせる展開だ。この小説は、ヴェトナムの戦場で信ずべき自己を失って以降、自堕落な生活を送る主人公が、あるニュースをきっかけに女と別れ、ある朝再び戦場に戻ってゆく話だった。

勝谷誠彦『**イラク生残記**』（講談社、二〇〇四年）が、秀逸な戦場の記録であるとともに、たしかに現代の戦場文学になりえているのは、世界と自己の再生の物語が一体となって語られているからだろう。

勝谷を立ち上がらせたものは何だったのだろうか。

それは、ブッシュ大統領の言う「有志連合」の一員として汗を流す協力を行うため、イラクに自衛隊を送りこんだ日本が、それにふさわしい報道を開始しなかったことへの苛立ちだった。また、自国が戦争の当事国の一つとなったにもかかわらず、自前で報道しようとしない日本のメディアへの苛立ちだった。

昨年（二〇〇三年）一二月一三日、フセイン元大統領は、ティクリート郊外の農家の敷地に掘られた穴で発見されたが、このフセイン拘束のニュースは、チェイニー副大統領と密接な関係を持つハリバートン社関連の汚職スキャンダルが暴露された時、絶妙のタイミングで流されたのだった。真偽を確認するには「フセインの穴」を詳細に調べればよいのに、誰もそれをやらないのはおかしい。

勝谷の疑念と義憤はもっともなものだ。アメリカにおける戦争報道の実態を朝鮮戦争からイラク戦争まで検証した『戦争とテレビ』（みすず書房、二〇〇四年）の中で、シカゴ大学教授ブルース・カミングスは、次のように述べていた。

穴蔵に隠れていたサダム・フセインが、米兵たちに突如として発見され、そのとき米兵のひとりがまったく偶然にも、アメリカ国内の小売価格が四〇〇〇ドルもする、プロのフォト・ジャーナリスト御用達のソニーPD150高解像度デジタル・ビデオ・カメラをもっていた、ということははたしてありうるだろうか。

無事にこの穴に到達し検分する勝谷の勇姿は、本書の表紙をご覧いただきたい。この本は多くのことを私に教えたが、最も印象に残ったのは、イラクでの対日感情が何故よいのかの理由をイラク人から聴き取ったくだりである。

アメリカと距離をとり七〇年代日本が展開した中東外交の成果もあろうが、そうではないと言う。イラク人の抱く日本人イメージの原型は、七〇年代八〇年代イラクで活躍した日本の商社マンたちだった。彼らは四〇度の酷暑の中、ベドウィンのテントまでやってきて物を売った。売っただけではなく、売ったあとのケアがまた素晴らしかった。

ジャパンマネーへの根拠のない期待が、イラク人の良好な対日感情を蜃気楼のように生み出しているのではないのだと思い至り、少しほっとする。この地で汗をかいていた先人は、たしかにいたのだ。

＊

灼熱砂漠で物を売る商社マンのことを考えていたら、佐高信『城山三郎の昭和』（角川書店、二〇〇四年）の一節を思い出した。その前に、まずはこの本の紹介をば。「絶対に形の崩れない男」城山三郎に惚れ込んだ佐高が、城山の作品を自らがどのように読んできたのか、その感慨を作家本人に向かいどのように質《ただ》してきたのか、それに対し作家はどのように答えてきたのか。佐高は豊かにそれを書きとめた。

思い出した一節とは、城山の書いた経済小説『真昼のワンマン・オフィス』(新潮文庫、一九七九年。初版は新潮社、一九七四年)についての部分である。日本経済の尖兵として海を渡った人たちを「繁栄流民」と名づけ、その深い孤独について、早くから関心を持っていた城山は、登場する商社マンにこう言わせている。

商社員は出征兵士と同じだ。声には出さぬが、水漬く屍、草むす屍の覚悟で出てきているはずだ。

たった一度だけ専務に反対したために、灼熱砂漠の中のたった一人だけのオフィスに飛ばされてしまう「流民」が、軍隊でも会社でも、愚かなトップによって日々作られている。その過酷さを作家は愛惜の念をこめて描いていた。

「流民」たちによって人知れず蒔かれた種は、時を経て、たしかに実を結んでいた。そのことを、今の私たちはイラクからの勝谷の戦場通信によって知らされる巡り合わせにある。終戦直前、理科系への進学が決定し徴兵猶予の特典を得ながら、一七歳で海軍に志願した城山なら、このねじれた状況をどう表現するのだろうか。佐高ならずとも是非とも聞いてみたい気がする。

＊

終戦を迎えた時、その少女は一五歳だった。女学校の授業は戦況の悪化とともに中止となり、体育館を改装した学校工場では無線機のハンダづけに精を出した。一八ページに載っている、神風の鉢巻をしめて勤労動員に励む可憐な乙女の写真は一見の価値がある。勤労動員は、上坂冬子『**私の人生 私の昭和史**』（集英社文庫、二〇〇六年。初版は集英社、二〇〇四年）の一コマです。

さて、私がこの本を知ったのは、集英社のＰＲ雑誌『青春と読書』八月号に掲載された佐藤愛子と上坂冬子の対談だった。怒りの愛子さまと実行力の冬子さまの対談である。それまで寝転んで読んでいたが、この対談を発見してからは居住まいを正して読んだ。いやはや。片や関東大震災の年のお生まれ、片やロンドン海軍軍縮条約をめぐる統帥権干犯問題が起こった年のお生まれであった。

最近、国後島泊村に本籍を移したことで話題となった上坂だが、この人の真骨頂は、戦争の悲劇をノンフィクションで追った一連の仕事にある。終戦直前の五月、九州大学医学部でなされた米国人捕虜の生体解剖事件を、米側資料と日本側聴き取りの両面から再構成するまでの道のり、あるいは汪兆銘についての伝記『我は苦難の道を行く』上・下（文春文庫、二〇〇二年。初版は講談社、一九九九年）を書き上げるまでの苦闘は、読みごたえがある。

＊

最後は、一ノ瀬俊也『**明治・大正・昭和 軍隊マニュアル**』（光文社新書、二〇〇四年）。徴兵制研究を専門とする若き研究者が、実に面白い本を書いてしまった。頼まれ仲人をやったことのある人はご承知だろうが、市販の例文集を見ずに挨拶を準備するのは大変な勇気を要する。それと同じことで、兵士となる若者が入営し凱旋する際、何と言ったらよいのか、あるいは送る側は何と言ったらよいのか、いちいち考えるのは面倒だ。戦前期の日本には、こうした悩める人々を救う例文集が広く市販されていたのだ。マニュアルの型に自らを没入させて善良な国民を演じるその時、型から心が生み出されていく逆説は、静かだが怖い。

（『週刊現代』46巻35号、二〇〇四年九月一一日）

二週間前の本誌（『週刊現代』）「メディア通信簿」で重松清氏が書いていた視点は重要だ。五輪期間中ではなく、「平時」であったら大きく報じられたはずのニュースは何だったのか。五輪の蔭で故意に軽く報道されたニュースは何だったのか。こういうことを忘れずにいよう、との重松氏の主張は十分硬派だが、例の笑顔で差し出されると心に届く。

仕事を終えて帰宅し、遅い夕食を食べながらテレビでニュースを見る。ビールが美味しい。こうした小さな至福の時間であればあるほど、人間たるもの、ニュースを報道としては聞かずに、欲望の充足の手段として聞いてしまいがちになる。そういった人々に向かって、「忘れずにいよう」と呼びかける行為は十分に硬派だろう。

ここで話を、五輪報道でかすんでしまった記事の問題から、イラク大量破壊兵器に関する報道について、ワシントン・ポスト紙が行った自己検証に移そう。（二〇〇四年）九月一七日付『朝日新聞』朝刊の報ずるところによれば、ポスト紙の「失敗の構図」は、編集主幹の次の言葉に要約できそうだ。

政府がしていることを探るのに力を入れるあまり、戦争の名目に疑問をぶつける人々に同じ程度の関心を払わなかった。そのような記事が十分に一面に掲載されなかったのは、私の過ちだ。

事が安全保障に関するものであれば、政府は情報開示を極端に抑制する。その結果、メディアは特ダネを狙って先を競い、反対意見は軽視され、果ては一面症候群に陥るとの反省だ。ポスト紙の場合、米国には確実な証拠がないとした記事も確かに書かれ、それは開戦の数日前に掲載されたが、載ったのは一七面だった。我々に残された「忘れない」ための手段は、新聞を裏から読む他ないのだろうか。むろん、今回のような「失敗の構図」の検証をシステムとして組込む必要はあろう。しかし、一番有効でありながら一番難しいのは、戦争に疑問をぶつけていくことだろう。素人の唱える理想論だ、と言って片づけられないような説得力のある反対論はいかにしたら作れるのか。

神立尚紀『**戦士の肖像**』（文春ネスコ、二〇〇四年）を読みながら、そのようなことを考えていた。文藝春秋のPR誌『本の話』の連載時から「素晴らしいな」と思って読んでいたら本になった。二四名の旧帝国海軍軍人が登場するが、「軍神」ではなく戦後も生き残った「戦士」として、彼らの軌跡を正確に追った点がよい。

海兵を卒業し、艦上爆撃機隊の一員として真珠湾攻撃に参加した本島自柳。海軍少年航空兵を志願し、戦闘機搭乗員となり、四四年一〇月、レイテ沖の米機動部隊に対してなされた第一神風特攻葉桜隊の一部始終を直掩機（爆装機の掩護・戦果確認のための機）から見つめることになる角田和男。

著者の神立は、各章の後半部分で戦士たちの戦後に必ずふれている。集合写真に写った一列全員が戦死するような中で、偶然にも戦後を迎えられた人々の姿は多彩だ。本島は産婦人科医となり、角田は茨城県の開拓地に入植し、共に寝食を忘れて働く。

死んでいった人々のことを考えると、何故真珠湾攻撃を止められなかったのかとの思いに捉われる。何を今更素人じみたことを、と思われるかも知れないが、チャップマンという暗号戦を専門とする教授の見解が鋭い。日本海軍が真珠湾攻撃を構想し得たのは、前年六月ドイツの行ったノルウェー作戦によるという。航空戦力が一〇対一でありながら英国を破ったドイツの事例を研究した海軍には、米国との戦争を平然と迎えられる成算があったはずだという。

しかし、ここからの分析が本題である。ドイツ側は、ノルウェー作戦の成功が英海軍の全暗号の半分を解読していたドイツの暗号解読能力に決定的に依存していたことを日本側に教えなかった。

歴史の後知恵と知りつつも、この事例は私を考え込ませる。暗号解読にまで考えが及ばずとも、ドイツの作戦が成功したのは、航空戦力だけではなく何か隠された他の要因によるのではないか、またその要因こそが決定的な勝因を構成したのではなかったか、などとの慎重論は有効な反対論と成り得なかったのだろうか。

＊

吉見義明**『毒ガス戦と日本軍』**（岩波書店、二〇〇四年）は、日本も含め世界各地の公文書館・

史料館の所蔵する毒ガス戦・化学兵器に関する史料のうち、旧日本軍関係のものにつき、その全貌を世に知らしめた第一人者の手になる初めての通史である。

第一次世界大戦期から敗戦、そしてアメリカ政府による日本軍の毒ガス戦免責決定に至るまでの三〇年余の歴史が、史料を核として淡々と描かれる。

その際、九三年締結の化学兵器禁止条約が九七年発効するまで、毒ガスの開発・移譲自体違法ではなかったこと、また、日本は批准済だった「ハーグ宣言」が、総加入条項（参戦した一国でも条約に加入していなければその条約は適用されない。アメリカは調印せず）のため、四一年一二月のアメリカ参戦以降、毒ガス戦に適用されなくなったこと、などの事実を正確に指摘した上で、三七年から四一年にかけての日中戦争期の毒ガス使用が「ハーグ宣言」に違反していたと述べる。

軍隊の負の遺産を書くことは国家の威信を傷つけることになると考える人々から発せられる反論を想定した上で、周到に議論が組立てられており、それはまた著者の闘ってきた戦いの過酷さを偲ばせる。

私はこの本から多くの貴重な論点を学んだが、日中戦争期、予備の召集兵中心に構成された戦闘力に劣る特設師団が、低い戦闘力を補完するため毒ガス（催涙ガス・嘔吐性ガス）を多用した、との分析は特に重要であろう。

四一年一〇月、長江中流域の重要都市・宜昌をめぐる攻防で日本側が糜爛性ガスを使用した確証を英米政府は摑んだ。それを受けて、開戦後アメリカは、対日毒ガス作戦計画を立てるが、このアメリカの行動は日本側を恐怖させた。毒ガス戦遂行能力で日本はアメリカに劣っていたからである。そこで、日本側は連合国側が報復的に毒ガス戦を開始しないように、四四年七月、毒ガス使用を中止した。

戦後アメリカは、日本軍の毒ガス使用を追及すれば、毒ガス使用が国際法上疑念の余地なく完全に違法化されてしまうと考え、それではアメリカ自身の不利になると判断した。そこで、四六年五月、アイゼンハワー参謀総長からキーナン主席検察官に宛て、東京裁判で日本軍の毒ガス使用に関する訴追を止めるよう圧力をかけるに至った。このように本書は、国家間で二転三転する毒ガス戦の政治を見事に描いて圧巻である。

＊

戦争とその後始末はかくも無慈悲なものだが、戦争に従事した人間の体を通じて、戦争はごく稀に文化の花を開かせることもある。サイデンステッカー著、安西徹雄訳『**流れゆく日々**』（時事通信社、二〇〇四年）はそれを教える。ぎりぎり極限まで表現を切り詰めた川端康成『雪国』は、この人の見事な英訳あってこそ、ノーベル文学賞を取れたとの評価もある。コロラド州デンバー近郊に生まれたサイデンステッカーが、それまで何の興味もなかった日本語を学ぶ契機となったのは、実に太平洋戦争であった。

ドナルド・キーンも同じ海軍日本語学校出だが、穏健なキーンに比べた痛快な毒舌ぶりはこの自伝でも健在。

（『週刊現代』46巻39号、二〇〇四年一〇月九日号）

永田町の大臣や国会議員、霞ヶ関の官僚は、何も本誌にスクープのネタを提供してくれるために存在するのではなく、日々の重要な政策決定を行うために存在している。

彼らは政策を立案し決定する際、未来よりも過去を見て行動しているのではないかと、私には思われる。ひとは自らが犯したかつての「過ち」を、自らがその後理解した形で避けようとするからだ。

ワシントンで取材を続ける共同通信記者による名著、久江雅彦『9・11と日本外交』（講談社現代新書、二〇〇二年）が実によく描いているが、イラク戦争で示された日本の積極姿勢は、湾岸戦争の「過ち」を徹頭徹尾避ける、というその一点から選択されたものだった。「過ち」とは、多国籍軍に一三〇億ドル支援しながら、「血も汗も流さない日本」と非難されたあの一件である。

未来への政策決定にあたるべき人々が、いかに過去の歴史が教えたり予告したりしていると自ら信じているものに縛られるか。こうした例については、アーネスト・メイ『歴史の教訓』（岩波現代文庫、二〇〇四年。初版は中央公論社、一九七七年）が詳しい。第二次大戦において、ローズヴェルト大統領が「無条件降伏」に固執したのは、第一次大戦において、ウィルソン大統領が犯した「十四ヵ条」の過ちを二度と繰り返さないためだった。だが、その無条件降伏路線が、合理的選択でなかったことは、今や、さまざまな研究で明らかにされている。ローズヴェルトはウィルソンの亡霊に見事囚われてしまったのである。

過去の歴史に学ぶことは、それ自体まったく正しい。だが問題は、為政者が「通常歴史を誤用するという点」にある（永田町の先生方、失礼。メイ教授が言っていることですから）。為政者が、歴史をふりかえって先例を求める時、自らがまず思いついた事例に囚われ、狭い類推例の中から恣意的に歴史を使いがちになる。外交史家でありながら、統合参謀本部歴史課での勤務経験があるメイ教授が『歴史の教訓』を書いたのも、為政者はそのつもりになれば、歴史をもっと批判的に選択して用いることができたはずだ、との反省ゆえであろう。

こうしたことを長々と書いてきたのは、わが国の公文書館制度の危機が顕在化したからだ。もともと戦後の重要な公文書さえ十分に収蔵していなかった国立公文書館が、〇一年の情報公開法、独立行政法人化により、危機的な状況に陥った。それまでは省庁から公文書館に一年間に一万七〇〇〇冊余りの公文書が移管されていたが、同法施行後、驚くなかれ、六七四冊にまで激減してしまった。

これでは、政策決定にあたる者が過去の重要な意思決定の意味を確認できないし、歴史を批判的体系的に選択して用いることもできない。

これはどうしたことなのか。福田康夫内閣官房長官（当時）はこの問題を深刻なものと捉えて、「公文書等の適切な管理・保存・利用等のための懇談会」（座長、高山正也慶應大学教授）を設けた。見識のある判断だと思う。不肖、私も参加したこの懇談会は今年六月、検討結果を報告書にまとめ、その内容は内閣府のホームページ上で読める。問題を打開するため、考えられる限りの方策を掲げてあるが、国家存立の基本的な機能を担保するものとして、国立公文書館を位置づけようとする自覚が、これまで日本になかったのが一番の問題なのだろう。

私も韓国、中国の公文書館の現状を駆け足で調査したが、公文書館の職員数だけでも韓国一三

○人、中国五六○人で、日本四二人とは桁違いに体制が整っていた。東アジアの史料状況に詳しい北大法学部の川島真教授（現東京大学大学院総合文化研究科准教授）によれば、東アジアの国際間の折衝において、今後は完全にして十分なアーカイブズを持つ国がヘゲモニーを行使する時代になるという。公文書館制度の改革は、比較的軽微な予算で日本の国家戦略の基本軸を変えうるものとなるのだから、是非とも実現して欲しい課題だ。

＊

田中宏巳『秋山真之《さねゆき》』（吉川弘文館、新装版二〇〇四年）は、日本海海戦でバルチック艦隊を破った東郷平八郎の指揮を支えた作戦参謀秋山真之の全生涯を豊かに綴った著者渾身の伝記である。文人と武人を多く輩出した四国松山の産・秋山の伝記を繙く夜は、銀杏を香ばしく炒めて塩をふりかけたものと、歯にしみとおる秋の酒をたんと用意したい。この本は日露百年に便乗した秋山万歳の本では全くなく、読む者を深く考えさせる本なので、ついつい酒が進んでしまうのだ。

明治期に活躍した軍人の場合、日露戦争後について描くだけで、その人物を絶対視する人々からお叱りを受ける現実があるという。しかし著者は、二十一ヵ条要求時の軍務局長時代の秋山、晩年の大本教信仰まで淡々と描く。

米英海軍で戦術思想と海戦史研究の重要性を学んだ秋山は、事後の問題点点検のためにも、論功行賞のためにも、作戦に参加する艦艇に機密日誌作成を義務化したという。国務を付託した国民に対して説明責任があるという考えは、今でも日本では定着していないが、秋山は自覚的だった。

ところが大正期になると、秋山兵学や日露戦争の教訓は、後世に正しく伝えられなくなってしまう。床屋談義でよくなされる歴史問答に、日露戦争期まで合理的であった日本が、なぜ太平洋戦争期にダメになったのか、というものがある。私は、日露戦争の教訓が海軍の秘密主義によって、正しく後世に伝わらなかったこと自体に問題があったと考えている。

野村實『日本海海戦の真実』（講談社現代新書、一九九九年）が衝撃的に暴いたように、海軍は公刊された『明治三十七八年海戦史』（芙蓉書房出版、二〇〇四年。初版は春陽堂、一九一〇～一一年）四冊の他に、極秘の一四七冊に上る『海戦史』を編纂していた。この極秘版は海大の戦術教官でも容易に見られるものではなかったという。著者の田中が強調するのは、極秘版『海戦史』の記述からは、後の大艦巨砲主義は到底導きだせないとの点である。敵前大回頭後、三〇分間だけの砲撃でバルチック艦隊が潰滅したというのは、現実の歴史の経過を無視した虚妄であった。ここにも歴史を隠すことから生まれた近代日本の荒廃がある。

＊

小林英夫『**帝国日本と総力戦体制**』（有志舎、二〇〇四年）は、イラクに駐留しているアメリカ軍司令部に是非とも読ませたい内容だ。解放軍としてバグダッドに入城したアメリカ軍の抱いていた占領イメージは、戦後の日本占領だったというが、それは幻想だった。

今アメリカ軍が行っていることは、日中戦争から太平洋戦争にかけて、中国大陸の占領地に日本がしていたことに近い。イラクの現実に過去の歴史の類推例を求めるならば、それは、占領地に通貨戦争をしかけ、地下資源と流通を支配しようとした帝国日本の姿なのだ。経済支配の実態をわかりやすく書いた小林の分析が光る。

山田風太郎『**戦中派動乱日記**』（小学館、二〇〇四年）。虫けら、不戦、焼け跡、闇市、と来て、はて次はと思っていたら、動乱日記と来ました。さすがです。四九年一月二三日の総選挙の記事が面白い。「徳田球一に入れる。米占領軍が日本に駐屯する限り、余は共産党に入れるべし」。占領軍の存在に反発した反骨・山田青年はイラクにありやなしや。

（『週刊現代』46巻43号、二〇〇四年一一月六日号）

＊

今週は、ひどい風邪をひいて引きこもった寝床から「本はともだち」をお送りしています。予備校教師である配偶者に聞いても、大学の教室での実感からいっても、とにかく今、風邪で倒れている人がとても多い。皆様も何卒ご自愛ください。

思い起こせば、ありがたくもない風邪ウィルスを貰ってしまったのは一一月三日のことで、東大文学部日本史学科の伝統にのっとって、卒論構想発表会が開かれていた。その日、私の隣に座っていた学生こそは、椎名誠流にいえば、風邪のウィルスによって、もだえ苦しむ御仁であった。家庭においては、用意された朝食の皿すら冷蔵庫から発見できぬ配偶者を抱え、大学においては、講義を受講している一〇〇人余の学生を抱える身ゆえに、この私にだけはうつさないでくれとの願いも空しく、その晩から私の喉は赤々と腫れたのであった。よって、仕事は早々に断念し、旅にでも出たら読もうと思って買ってあった本を抱えて再びベッドに潜り込む。一冊目は竹西寛子『陸は海より悲しきものを』（筑摩書房、二〇〇四年）。錦繍をまとったかのように見える、色とりどりの文芸書を積み上げた書店の平台の上でも、この本は特別なオーラを発していたので手に取った。

昭和戦前期の軍部と政治の関係を専門にしている私にとって、この本のタイトルはどうしたって目に飛び込んでくる類のものだった。陸軍と海軍を想起させるからだ。陸軍の方が海軍より哀しいに決まっている、制服もさえない、逃げ場もない、などと、どうでもいいことを心の中で呟きつつページをめくって、初めてこの本が与謝野晶子を論じたものだと知る。

与謝野晶子と聞いて咄嗟に思い浮かぶのは、次の歌だ。

　やは肌のあつき血汐にふれも見でさびしからずや道を説く君

むろん、日露戦争に出征した弟を詠んだ詩篇「君死にたまふことなかれ」や、『青鞜』創刊号を飾った詩篇「山の動く日きたる」も捨てがたい。だが、最初の歌集『みだれ髪』に含まれるこの歌を私があえて挙げるのは、女性詩人や歌人の作品に曲をつけてピアノで弾き語りをする音楽家・吉岡しげ美の旋律を通して、この歌を知ったからだ。

古い話で恐縮だが、二〇年ほど前、この歌はワインのＣＭに使われていて、テレビでよく流れていた。今でも不思議に思うのは、歌を聞いた男性の友人たちが揃いも揃って拒否反応を示したことだった。ただ、名だたる文芸評論家の竹西が描くのは、「その子二十歳櫛にながるる黒髪のおごりの春のうつくしきかな」と詠んだ二〇代の晶子ではない。本書の標題は次の歌からとられている。

いさり火は身も世も無げに瞬きぬ陸は海より悲しきものを

歌集『草の夢』に収められたこの歌を詠んだ時、晶子は既に四〇代になっていた。運命的に鉄幹と出会い、歌友で恋敵でもあった山川登美子に競り勝って鉄幹と結ばれ、その後は、一一人育てた晶子の後半生には、「いさり火は」の歌にみられるように、「悲し」といった詞を躊躇なく用い、叙景に徹した歌が実のところ多い。

これまで見過ごされてきた、重く沈んだ歌を詠んだ時代の晶子に焦点を当て、こうした悲しみを晶子に植えつけたものはなんであったのか、それを著者は丹念に追った。その解釈の全貌を知るには、見事な文体で書かれた本書をお読みいただくのが一番だ。人間の、目の不公平の怖さを知って怖さを超えようとするところに生まれる謙虚さを、大人の素直とすれば、著者はまさにその心で本書を書いた。

ただ、「源氏物語」の全訳という作業、また源氏五十四帖の一帖一帖に対応した歌を詠んでいった「五十四帖のうた」の作業に要した、尋常ならざる時間の重み、それこそが、さすがの晶子をも疲弊させたのだ、とだけはいえるだろう。

あるいは、晶子の疲弊は、この歌と同時期に詠まれた次の歌が暗示する、長い夫婦生活を送る者だけが理解できる、夫婦間の「危機」に由来していたのかも知れない。


難破船二人の中に眺めつつ君も救はずわれも救はず

お互いの中に同じものを見ていたはずの夫婦の間に生じた気持ちの決定的なズレを、四〇代の晶子は「難破船」と表現した。怖いほどの的確さだ。

＊

東京郊外のニュータウンに住む、四〇代夫婦と子供一人の家族の軋みあう姿を、やはり四〇代の直木賞作家篠田節子は「砂漠の船」と表現した。**『砂漠の船』**（双葉社、二〇〇四年）は、日本中の誰もがその変化の速さに追いつけず、誰もがその変化の理由を説明できない、現代の家族関係を、大胆にも小説のテーマに選択した。故郷から遠く離れてたゆたう小舟を家族と見立てる。

山形の高校を出て早稲田に進んだ幹郎には、大学時代の同級生だった妻の由美子と一人娘の茜がいる。幹郎は、多摩ニュータウンに住み、住まいのすぐ近くにある、中堅運輸会社営業所に勤務する。

ただ一つ普通と違う点は、幹郎が本社採用でありながら、地域限定勤務を選択していることだ。若干低い給料を我慢すれば、転勤で娘が苦労することも、妻が苦労するはずの単身赴任も避けられる。幹郎がこう考えるのには理由があった。小さい頃の、父母のいない寂しく長い冬の記憶、この寂しい思いを自分の家族には味わわせたくない、こう頑なに思っていたからだ。

農閑期に、高度成長開始期の東京の建築現場へ出稼ぎに行って、幼い兄妹を雪深い故郷に置き去りにした両親への反発ゆえに、幹郎の心には仮想の故郷が美しく描かれる。豊かで暖かな囲炉裏端の風景。この理想郷を、東京郊外のニュータウンに実現しようとした男の試みは、どのような軋みを家族にもたらすのか。篠田は恐ろしいほどのリアルさでこれを描いた。

まずは考えてみよう。幹郎の勤め先が住まいに近ければ近いほど、由美子は都心の勤め先から転がるばかりに駆け出さなければ夕食の支度ができない。息せききって帰宅して毎日目にするものが、家族は夕食を共にして初めて家族だと言いたげにテーブルに座って待っている幹郎の顔だとしたら……。間違いなく殺意が生ずる。私ならば。

優れた頭脳を持って生まれ、友人と切磋琢磨して学ぶのが心底楽しかった茜は、他人を蹴落としてまで勉強する必要はないとの幹郎の考えから、私立中学受験を断念させられた過去がある。これは子供にとっては実のところシンドイ。

こうした、リアルなズレが描写される一方、幹郎の母がなぜ出稼ぎに出たのか、なぜ自殺したのか、父母は東京でどのような暮らしをしていたのか、その謎もじっくりと解き明かされる。最後の一行まで息をつかせずに読ませます。

＊

三冊目は、篠田が小説で描いたことを、学問的視角によって描いた西川祐子『住まいと家族を

めぐる物語』（集英社新書、二〇〇四年）。西川は、新聞や雑誌に載った住宅の広告・間取り図を集め、文学作品や映画に描かれる生活空間を丹念に拾った。その結果、親子関係重視の「家」家族と夫婦関係重視の「家庭」家族の対立を軸に近代の葛藤が生まれたこと、住まいの構造としても、故郷の「囲炉裏端」のある家を一つの端に、都会の「茶の間」のある家をもう一つの端として、近代が生まれたことを明らかにした。

（『週刊現代』46巻47号、二〇〇四年一二月四日）

愛書日記――本よみうり堂

閉店三〇分前の丸善日本橋店は、見るからに仕立てのよいダークスーツ姿のビジネスマンで混雑していた。時代小説の棚を眺める紳士の後ろを半身になって通った時、コロンの香が鼻をかすめた。梶井基次郎『檸檬』（集英社文庫ほか）の舞台となったのはこの丸善ではなく京都店だが、積み重ねた画集の上にレモンが載っていてもおかしくない独特の雰囲気が、今でもたしかにここにはある。

この日私が探していた本は、ビジネス書でも時代小説でも画集でもなく、森達也『下山事件《シモヤマ・ケース》』（新潮文庫、二〇〇六年。初版は新潮社、二〇〇四年）だった。森はオウム真理教の現役信者を被写体にしたドキュメンタリー『A』『A2』で、世界的に注目されるようになった監督である。

ただ、私が森を知ったのは迂闊にもこの映画によってではなく、ある時評による。「敢えて書く。危険だから自衛隊を派遣できないという論理が、まず僕にはわからない」との言葉で始まる森の文章は、二名の日本人外交官が射殺された直後だっただけに、読んでいて一語一語目に突き刺さってくる感じがした。

その森が下山事件を書いたのだ。書店に走らずにはいられない。事件は、一九四九年、ドッジ＝ライン下の国鉄人員整理を背景として起こり、三鷹・松川両事件とともに、米軍陰謀説の線で、これまで多くの小説やノンフィクションの題材として取り上げられてきた。

事件の翌年書かれた山田風太郎「下山総裁」(『達磨峠の事件』光文社文庫所収、二〇〇二年)と、そのまた一〇年後に書かれた松本清張『日本の黒い霧』上・下(文春文庫、二〇〇四年。初版は文藝春秋新社、一九六〇~一年)の二作があまりに面白いので、今さら新たな切り口で事件を捉えなおすことなどできないのではないかと思われた。風太郎と清張では、いくら何でも相手が悪すぎる。

だから、森ファンとしては正直、読むのが怖かった。だが、共産党指導者の仮面をかぶった右翼大立物を黒幕とした風太郎、米軍謀略説をとった清張、この魅力的な二説に対して、森はたしかにこの本で、第三の陰謀説の全体像を骨太に示唆しえたと思う。

あの事件で得をした人物は誰か、という問いから炙り出される結論は読んでのお楽しみ。

(『読売新聞』二〇〇四年四月一一日朝刊)


閉店三〇分前の三省堂神田本店は、活きのいい新刊書を求める学生で混雑していた。入口横のフロアでは、水木しげる「妖怪道五十三次」展をやっている。広重の東海道五十三次の世界を、鬼太郎・目玉親父などお化け一行が旅する趣向で描き直した木版画展だ。

一緒に売られていたTシャツにプリントされた水木の文字「人のうしろをあるきなさい」の含

蓄にしばし打たれていると、後ろから肩に手が……。ぎょっとして振りむくと、そこには妖怪ならぬ研究室の学生が。この本屋での学生との遭遇率はきわめて高いのだ。あやうし。

この日私が探していた本は、『水木サンの幸福論』（日本経済新聞社、二〇〇四年）だった。一九二二年生まれの水木は四三年に召集され、ラバウルにもっていかれ、そこで左腕を失う。楽して呑気に好きなことをやって生きていこうと幼児にして決意した水木が、迅速を旨とする軍隊の中でどれだけ苦労することになるのかは、八一ページに載っている出征直前の水木の写真が何よりも雄弁に物語る。見てください。

ゲーテの本を雑嚢に忍ばせて出征したこの心優しき陸軍二等兵が、トライ族という島民から自分用の畑をもらえるまでに愛され信頼された経緯を書いた部分は、何度読んでもため息がでる。こんな兵隊もいたのだ。

この程『なぜ日本は行き詰ったか』（岩波書店、二〇〇四年）を出し、著作集も同書店から刊行中の理論経済学者森嶋通夫には、『血にコクリコの花咲けば』（朝日文庫、二〇〇七年。初版は朝日新聞社、一九九七年）と題する珠玉の自伝がある。コクリコとはポピーの別名で、戦死者を悼む折の花の名である。

水木より一年遅れの二三年生まれの森嶋は、京都帝国大学で高田保馬に学んだ日々、その後学徒出陣で海軍に入隊し少尉となり、大村海軍航空隊に勤務した日々を、哀切を込めて描いた。

陸軍二等兵と海軍少尉では天地の開きがあるが、組織の中で個人の尊厳を守ったという点で二人は似ている。だが森嶋の場合、自分の心は曲げないまま、暗号士としての軍務を完璧にこなした点で違っていた。数理の才能を活かし、海軍暗号を改良するという離れ業までやってのけた。大和特攻前後、東京・呉間で交わされた交信量の増大を実見していた森嶋が、大和特攻の事実関係についての通史的理解に投げかけた、ある重大な疑問は、特に一読の価値がある。

（『読売新聞』二〇〇四年五月九日朝刊）

閉店三〇分前のリブロ池袋店は、帰宅前のひとときを文芸や文庫の新刊書を眺めて過ごす女性客で混雑していた。

入り口横では、五木寛之『百寺巡礼』（全一〇巻、講談社、二〇〇三～二〇〇五年）フェアをやっている。初めてのエッセイ集の題名を、ボブ・ディランの名曲から『風に吹かれて』（新潮文庫、一九七二年、角川文庫、一九九四年）と名づけたこの作家も、とうとう瀬戸内寂聴の境地まで来たかと感じ入っていると、買いに来た肝心の本のことを危うく忘れかけた。この日私が探していた本は、ラクロ『危険な関係』（角川文庫、二〇〇四年）だった。

仕事柄、俳優個人への思い入れを排し、これまではジェラール・フィリップと市川雷蔵にしか「様」をつけてこなかったという岩波ホール総支配人・高野悦子氏までが、「様」づけで呼ぶのを躊躇しない俳優。それが「冬のソナタ」のヨン様こと、ペ・ヨンジュンである。百近くのオファーの中から初めての映画主演作として彼が選んだのは、『危険な関係』を原作とする「スキャンダル」だった。

なぜ彼はこの映画を選んだのだろうか。こうした「問い」は、四〇歳以上・女性限定でしか意味をもたないと自覚しつつも、読んでみました六〇〇ページになんなんとする大著を。フランス革命前夜のパリ社交界を舞台とする書簡体の小説であります。

男女の恋を、戦争のタクティクスあるいは狩猟のごとき駆引きとのみ心得ている、美貌と才覚に恵まれた女主人公と、その戦友ともいうべき男が、一人の信心深い魂をもつ女性を陥落させるまでの、奸計と情熱を描いている。この男をペ・ヨンジュンが演じた。一八世紀末、李王朝時代の話に翻案されているが、骨子は正確に移されている。

「この世に愚かもののいるのは、われらのささやかな楽しみのため」と嘯く二人だったが、次第にその関係は変化し始める。まず男が、貞淑で美しい魂をもつ女性を計略抜きで愛するようになる。それに衝撃を受けた女主人公は、実のところ自分がいかに男を愛していたかを知る。

さて、読了すれば、先の「問い」に答えを出せるのか。これが難しい。純愛と情熱を究極の裏返しのかたちで描いたストーリーの設定は、表面の露悪家ぶりと、底に秘めた純真とを同時に演ずることを役者に要求する。この難易度の高さ故に、この映画が選ばれたのではないか。こう愚考してみましたが、如何。


（『読売新聞』二〇〇四年六月六日朝刊）

閉店三〇分前の東大生協本郷書籍部は空いていた。ここの勝負時は昼で、教職員・学生・病院関係者でたいへん混雑する。

数年前の昼のこと、当時私のゼミに出席していたアメリカン・フットボール部所属の学生と入口で出くわした。軽く会釈して通り過ぎようとした私に、学生氏は大音声で呼ばわった。「先生！　先生の書いた高い専門書、後輩にごっそり買わせておきましたから」。

この時、寺の梵鐘が私の頭の後ろで鳴ったところまでは憶えている。「頼んだ覚えはありません」との心のつぶやきもむなしく、周囲の視線はいっせいに我々に。あれ以来、昼の書籍部には行っていない。

つらい思い出にひたりながらこの日私が探していた本は、ブルース・カミングス『戦争とテレビ』（渡辺将人訳、みすず書房、二〇〇四年）だった。著者はアメリカ外交、現代朝鮮史を専門とするシカゴ大学教授で、統合参謀本部史料や米軍に捕獲された北朝鮮側の文書を渉猟して朝鮮戦争研究の決定版『朝鮮戦争の起源』全2巻（影書房、一九八九年・一九九一年）を書いた人物である。

この人が、フィルム映像やテレビで描かれてきたアメリカの戦争、朝鮮戦争から湾岸戦争までの特徴と意義をやさしく語ってくれるとあれば、書店に走らずにはいられない。また、本書の後半部分で著者は、優れたドキュメンタリー制作で定評のあった英国のテレビ会社と、朝鮮戦争の番組制作にかかわった自らの体験を書いている。

この部分がとくに重要である。文書史料に基づいた研究によって既に確定された事実が、戦争の現場にいた高官などの証言とずれた場合、事実の方が記憶に道を譲らなければならないのだ。訳者が「あとがき」で的確に述べているように、映像によって、「歴史」が「編まれる」過程を体験した歴史家の戦いが本書には描かれている。

著者の立場は、戦争を五〇年六月二五日の北朝鮮軍の三八度線突破により突如始まったものと捉えるのではなく、それまでの長い由来をもつ内戦とみることにある。四九年に韓国軍が増強された事実と、そのいっぽうで中国内戦に派遣されていた屈強な部隊が北朝鮮に帰還した事実を冷静に勘案する。

その、冷戦より内戦の過酷さを重視する著者の見方は、公開中の映画「ブラザーフッド」にも通じるものがあり、映画とともにお薦めです。

(『読売新聞』二〇〇四年七月四日朝刊)

閉店三〇分前の紀伊国屋書店新宿南店は、夏枯れとは縁のない様子で混雑していた。この本屋へ寄り道せずに向かうのは難しい。駅を降りてすぐ右手には、ぴり辛麺の美味しい広島歓粋亭、その隣には冷汁の美味しい宮崎館がましましている。誘惑に負け、まずは出陣前の腹ごしらえ。五階で「民俗学フェア」をやっている。副題は「いくつもの〈日本〉を考える」。今年二月亡くなった網野善彦氏の追悼企画だが、集められた本の幅が並大抵のものではない。仏文学者・海老坂武の自伝『〈戦後〉が若かった頃』（岩波書店、二〇〇二年）まで入っていた。たしかにこれは、健全であったかも知れない戦後〈日本〉の青春期を、安保闘争時に東大院生であった著者が、自らの青春に重ね合わせて書いた、隠れた名著なのだ。高度成長前の日本と今とを比べて読みながら、夏の午後を、うとうとと過ごせたらどんなに素敵だろう。

いくつもの〈日本〉を考えさせる本たちの背中を眺めていたら、旅に出たい気持ちがふつふつと湧いてきた。河岸を変えて四階の新書の棚へ行く。ありました。池内紀『ひとり旅は楽し』（中公新書、二〇〇四年）。独文学者にして旅の達人である著者は、ある時は房総半島の布良でねじり鉢巻に長靴のおやじとの陽なたぼっこを楽しみに、ある時は地元のタクシー運転手から人間観察術を聞きに、いわば体の虫干しに出かける。読むと、ブナの森で深呼吸したような気分になる。

隣から元気な声で私を呼び止めた本がある。石川文洋『日本縦断 徒歩の旅』（岩波新書、二〇〇四年）だ。ベトナム戦争の記録『戦場カメラマン』（朝日文庫、一九八六年）で名高い著者が、一人で日本を歩きつぶした。西行・芭蕉に思いを馳せつつ、宗谷岬から喜屋武岬までの三千余キロを五か月かけて。沖縄出身の著者は、旅の途中で元気に働くお年寄りを見つけては話し込み、その生活に必ず影を落としてやまない先の戦争の重さを書き留める。読むと、何か尊いものを見た気分になる。

向かいから低い声で私を呼び止めた本がある。向一陽『離島を旅する』（講談社現代新書、二〇〇四年）だ。共同通信記者にして山男でならした著者が、白波を蹴立てて端っこの島々を訪ね歩く。小さな吹き溜まりの一つ一つを大事にしなければ、集合体の日本も危うい、との思いからか。端っここそが海の臍であり中心であった豊かな時代が瞼に浮かぶ。

（『読売新聞』二〇〇四年八月一日朝刊）

閉店三〇分前のジュンク堂池袋本店は、夏季休暇の課題に必要な本を探す大学生で混雑していた。『書店風雲録』（ちくま文庫、二〇〇七年。初版は本の雑誌社、二〇〇三年）を書いた田口久美子と、そこに書かれた風雲児の一人中村文孝がいる本屋なので、志の高い書店などという月並みな形容ではすまされない佇がある。

椎名誠を店長と見立て、彼の選んだ本だけを集めた「シーナ書店」を七階に展開し、週末ごとには旬の作家を招いたセッションを開くなど、工夫に富む。

この日私が探していた本は『夏目漱石全集10』（ちくま文庫、一九八八年）だった。開学以来の、書物に登場する東大文学部にまつわる教師像や学生気質を集める必要が急に生じ、それなら英文学を講じていた漱石から始めるべしというわけで、まずは書庫がわりのこの本屋に駆け込んだ。

全集のこの巻には、霧の中に閉じ込められたような不安な気持ちを抱えたまま教師になってしまった頃のこと、文学の概念を根本的に自力で作り上げるしかこの不安から逃れる道はないと悟った頃のことを語った漱石の講演筆記「私の個人主義」が収められている。漱石は教師として自信のないさまを語っていたが、実のところ東大における講義は大変に評判がよかった。

以下は、中野実『東京大学物語』（吉川弘文館、一九九九年）が明らかにするところから。一九〇四年から翌年にかけ読売新聞に連載された「文科大学学生々活」は、文科大学、つまり東大文学部の内情を教授の実名入りで書いた実録物であり、正宗白鳥が名前を隠して書いたものだった。白鳥曰く、漱石のハムレットの講義が文学部で一番人気があり、聴講者も多かった。西洋の学者の受け売りではなく、いかにも自分が味わって感じたことを自然になだらかに講義するので、とても面白いのだと書く。

片や、学生の方では、まずは国文科を卒業した川端康成だろう、ということで関係書籍を探しつつ店内を歩く。『雪国』の訳者サイデンステッカーの自伝『流れゆく日々』（時事通信社、二〇〇四年）が出ているのに気づき、脱線とは知りつつも読んでしまう。

『雪国』の、極度に切り詰めた表現を見事な英文にしてみせたこの訳者が、川端の死に際して書き留めた言葉がまた秀逸である。「眠っている時、川端さんは死んでいるように見えた。だが死んだ時には、まるで眠っているかのように見えた」。

（『読売新聞』二〇〇四年八月二九日朝刊）

閉店三〇分前の八重洲ブックセンターは、連休中に読むビジネス書を求める人たちで混雑していた。

駅の改札を出て、新光証券の株価と時事の電光掲示板を眺めつつ本屋をめざすと、さあ本を買うぞという気持ちが沸いてくる。すべての本がここにはある、との売り方をしたのはここが最初だったのだ。

天井の高い一階スペースに、戦記と企業小説、外国文学評論と日本文学評論の棚を仲良く並べる感覚は実は玄人好み。この日私が探していた本は福田和也『乃木希典』（文藝春秋、二〇〇四年）だった。

小説家をワイン批評の手法で点数化してしまった『作家の値うち』（飛鳥新社、二〇〇〇年）で世を震撼させたかと思えば、香山リカとの対談では「自分たちの肯定したいポイントだけ継ぎ接ぎして歴史を使う」人々を、想像することから逃げていると斬る（『「愛国」問答』中公新書ラクレ、二〇〇三年）。

天皇をアリバイとしないナショナリティについて、ずっと考えてきたこの文芸批評家の乃木ならば読んでみたいと思った。

広く流布した乃木像は司馬遼太郎によって創作され、無策のまま数万の人命を旅順で浪費した愚将、というものだろう。

ただ、歴史はこうも教える。堅固な築城と歩兵の白兵突撃を組み合わせたフランス式戦法をとるロシアに、小銃と砲兵の火力で圧倒するドイツ式戦法を開戦当初の日本はとった。準備の砲弾が半年で欠乏し、急遽、クルップに発注した砲弾到着までの攻撃法は、乃木が採った方法以外ありえなかっただろう。

これは一番簡単な愚将説への反論だが、福田和也が容易な道を選ぶはずはない。かつて司馬作品を、魅力的な人物には事欠かないが「人間を超えるものの不可避な力かつ残酷な力の祭り」としての「歴史」がないと看破した人物なのだから。

この本で著者は、有徳者や古将の風格を持とうと努力した乃木の作為性をいかに「歴史」に位置づけるべきか、じっと考えている。江戸の世では戦いで死ぬべき職分になかった農民出身の兵士たち。参政権の裏づけもない彼らを死なせねばならない時、国家が国民の命を要求できるのは、何の名目や名によって可能か。

未だそれは天皇の名によってではなかった。近代国家中枢の空白を補完したもの、それが指揮官乃木の徳義だとみたこの本には「歴史」がある。

（『読売新聞』二〇〇四年九月二六日朝刊）

閉店三〇分前の丸善・丸の内本店は、瞳のウィークエンドを楽しむカップルで混雑していた。話題を集めた丸の内オアゾ内の新店舗なので、案内板が活版活字を模した作りになっていたり、間接照明に照らされた回廊の両翼に売り場が広がる構造になっていたりで、眼を楽しませる。

平日は、戦略実践とは何か、成果主義は崩壊したのか、などといったビジネス界御用達の本を求める人で混雑するのだろう。

この日私が探していた本は『「笑の大学」の創り方』（ぴあ、二〇〇四年）だった。昭和一五年秋、取調室で、役所広司演ずる検閲官と、稲垣吾郎演ずる劇団の座付き作家とが、喜劇の台本を前に、打打発止渡り合う映画『笑の大学』（今月（二〇〇四年一〇月）三〇日から封切り）の制作舞台裏を丁寧に綴った本だ。

今年六月ある映画を観た時、予告篇でこの映画を知った。厳めしい三つ揃い姿の役所広司が、泣き笑いの顔で「面白いじゃないか」と困りきって呟くシーンを観た時、不意に震えがきた。原作脚本・三谷幸喜と監督・星護のタッグが生みだすはずの傑作の全貌は映画館でご確認を。

どうしてあの時、戦慄が走ったのだろう。今考えてみると、俳優の、舌を巻くほどの上手さもさることながら、井上ひさしが昔ある本で述べていた真理が、スクリーン上に人間のかたちをとって、たしかに具現化されているのを観たからだと思う。

井上ひさし、小森陽一編著『座談会昭和文学史 一』（集英社、二〇〇三年）の中で井上は、小林多喜二の『党生活者』（角川文庫ほか）を愛読書の一つだと挙げたあと、こう述べる。「特高警察と非合法党員という構図は、読みかえると『鞍馬天狗』です。特高が新撰組、非合法党員が勤皇の志士です」。

昭和戦前期にあっての特高と党員との関係は、むろん、弾圧する側とされる側であり、多喜二の拷問死一つをとっても、私など常人は、陰惨の文字がすぐ頭に浮かび、とてもそれ以上のイメージを紡げない。しかし、優れた劇作家である井上には、追う者と追われる者が対峙する時、そこには物語性のある空間が生ずるに決まっていると洞察できたのだろう。

同様に、優れた劇作家である三谷も、笑いを憎む者と笑いを愛する者とが、台本修正という、笑いをめぐる決闘を一週間続ければ、そこに物語が生まれると確信できたのだろう。やはり、井上も三谷も超弩級の喜劇作家なのだった。

（『読売新聞』二〇〇四年一〇月二四日朝刊）

閉店三〇分前の東京堂書店は、手に取りやすいように、秩序正しく平台の上に並べられた新刊書や文芸書を、ゆったりと眺める読書人で混み合っていた。

神田神保町のすずらん通りに面したその店舗は、どっしりとした立方体の箱といった趣で、いかにも安心感がある。

この日私が探していた本は、金子勝、アンドリュー・デウィット、藤原帰一、宮台真司著『不安の正体！』（筑摩書房、二〇〇四年）だった。四人の論客が、現代を「戦争の時代」とみて、腰を据えて四〇〇頁に及ぶ議論を展開している。

国際政治学者の藤原が発する問いは、九・一一以降あるいはイラク戦争以降、世界の何が変わったか、というものである。まずは、反戦論の構造が変化した。「国家」対「社会」という図式を前提に、国家の安全と社会の安全は違うものだとする論法がリアリティを失っていった。

では、何故そのような事態が生じたのか。その問いに社会学者の宮台は、戦争のずっと前から、安全確保に名を借りた監視社会化が、国民からの少なからぬ支持を背景に進展していた事実をまずは指摘する。

そのうえで、理解不能な事件の起こる「社会」の方が怖いために、それを監視する主体である「国家」の怖さが不問に付されてゆく構造を鮮やかに抉る。

国民の安全を国家の安全と一体と考える感覚と発想は、こうして生まれた。

森達也『世界が完全に思考停止する前に』（角川文庫、二〇〇六年。初版は角川書店、二〇〇四年）からも、踊らされることなく、よりリアルな認識を持てるように、説明を求め続ける気構えの大切さがじっくりと伝わってくる。

たとえば、オウム事件裁判の過程では、不特定多数の人々を殺傷しようとした動機について、結局のところ、十分な説明はなされなかった。間近に迫った強制捜査の目をくらますため、などといった説明で納得できた人は少なかったのではないか。不安を亢進させるのではなく、何故事件が起こされたのかを、今後もずっと考えよ、と著者は迫っている。

世の中に不安の種は尽きない。年金・医療給付が国民所得の五分の一を占める世代間の不均衡は、どの先進国よりも大きい。この五〇年で出生率を半減させ、平均寿命を一七年伸ばした、そのような徹底した変化を生きた、日本の戦後社会の実相を、真剣に考える時期が来たようだ。

（『読売新聞』二〇〇四年一一月二一日朝刊）

閉店三〇分前の紀伊国屋書店新宿本店は、夜の街に繰り出そうとする人々や待ち合わせをする人々で込み合っていた。

不夜城の入口に鎮座する老舗は今、内なる変貌を遂げつつある。絶版となった文庫本を古書市場と連携して売る試みなどは、その一つの証左だろう。

この日私が探していた本は、福本邦雄『炎立《ほむら》つとは』（講談社、二〇〇四年）だった。茂吉、啄木、土屋文明、道浦母都子などの生涯あるいは履歴を渉猟し、妻や恋人との間の白熱した瞬間に詠まれた彼らの歌を、奥行きある文体で紹介している。

福本の名にピンときた方は戦後政治の裏面によほど通じた人だと思う。著者は、新聞記者から第二次岸信介内閣の椎名悦三郎官房長官秘書官へ転身したのを振り出しに、後に「最後のフィクサー（政界の黒幕）」と評されるまでになる人である。

この本を読んでいると、「政治」は「恋」の反対語ではなく同義語だったのか、という感慨にうたれる。たとえば、学生運動の渦中にあった道浦母都子の次にひく歌。


　　ガス弾の匂い残れる黒髪を洗い梳かして君に逢いゆく

福本はこの歌を、安保改定阻止を掲げるデモ隊に国会が包囲された一九六〇年六月一五日夜、自ら実見した椎名官房長官の苦悩する姿とともに絶妙に語る。

釧路時代の啄木を描く本書の出だしの一章はさらに良い。著者は、鳥取県にある祖父母の家に一人預けられて、その小学校時代を送るが、ある日「釧路市のゼロ番地」を住所とする、父からの手紙を受け取る。

いったいゼロ番地とはどこなのか。ピンときた方は戦前の思想史によほど通じた人だと思う。そう、著者の父親は、日本共産党の理論的指導者であり、一九二八年に逮捕され、治安維持法違反により釧路刑務所に在獄中の福本和夫であった。

さて、父・福本が逮捕されたその同じ年の上海で、日本共産党民族支部としての台湾共産党が誕生した。日本共産党トップと共に、東京でこれを準備した台湾女性の名を謝雪紅という。

李昂《リーアン》著、藤井省三訳『自伝の小説』(国書刊行会、二〇〇四年)は、波乱にとんだ謝の生涯を小説に取り込んだ。謝のエピソードを語る変な伯父さんや、その話を聞いて育った「わたし」を重層的に登場させた語り口は、台北の賑やかな夕暮を彷彿させ、やはり、政治と恋の近さを思わせる。

(『読売新聞』二〇〇四年一二月一九日朝刊)

閉店三〇分前の書泉グランデは、精神世界や鉄道関連書籍へ熱い眼差しを向ける男性客で混み合っていた。人々の密やかな趣味とささやかな快楽をしっかり受けとめながら淡々とした態度で本を売るこの書店は、神田神保町のなかで際立っている。明るい色調のブックカバーとセンスのよい栞は今も健在。

この日私が探していた本は、久坂部羊の二冊目の大作『破裂』（幻冬舎、二〇〇四年）だった。著者は大阪大学医学部卒の医師で、一昨年（二〇〇三年）『廃用身』（幻冬舎文庫、二〇〇五年。初版は幻冬舎、二〇〇三年）でデビューしている。二作とも高齢者医療に材にとった極近未来小説だ。

本屋でデビュー作を目にした時、私は妙な感慨に打たれた。ああこの人は、少なくともこの人の描こうとする主人公の医者は私と同じ種類の人間だ、と。

こう書くと、久坂部氏のユニークさ、あるいは著者の創造した主人公のユニークさを、私のような者と同じと言いたてることで台無しにするものだとお叱りを受けそうである。だが、読後「ここには私と同じ種類の人間がいる」と多くの読者に思わせることのできる小説とは、掛け値なしに優れた小説なのではないか。しかも、扱うテーマが極めて特異であるにもかかわらず、そう思わせられるのは、人がこの世に在ることの意味を、あらゆる角度から考え抜いている故なのではないか。

医学部教授選挙に心を奪われて手術ミスを犯す心臓外科医、超高齢化社会解決の決定打として「ある謀略」に走る厚労省官僚、医療ミスを社会派ルポに仕上げようとするジャーナリストなど、お約束の脇役は定石通りに固められている。

その上で、医療ミスの内部告発に協力する若き麻酔医・江崎は、主人公として申し分なく魅力的に造形されている。魅力的ということは陰翳があるということだ。江崎は重症のアルツハイマー病の母を特別養護老人ホームに入所させたまま一度も面会に行かない、いわば母を「捨てた」人間だった。

江崎は、息子の姿すらわからず、四肢も動かず長らえるよりは、本人の望む時期に安楽に最期を迎えさせる方がよいのではないか、との考えに魅力を感じてしまうような人間だ。だが、小説の最後で彼の魂はある女性の言葉と行動で救われる。モブ・ノリオ氏の力作『介護入門』(文藝春秋、二〇〇四年)でも救われなかった天邪鬼にお薦めの一作です。

(『読売新聞』二〇〇五年一月二三日朝刊)


閉店三〇分前の大垣書店烏丸三条店は、「フィレンツェと京都の魅力」ブックフェアを楽しむ人々で、ちょうどよい具合に混んでいた。それでも、ゆうに二階分はある天井の下に、図書館にあるような木製の本棚をゆったりと配した店内は、教会の中のように静かだ。

その日は、密かに「京都の良心」と呼んでいる高木珈琲店烏丸店で一息つき、某所で食事をし、宿へ帰還すべく烏丸通を北へ急いでいた。前方に書店の明かりが見えたと思ったら、表のショウウィンドウのディスプレイに心を奪われていた。

聞けば、京都市美術館で開催中の「フィレンツェ芸術都市の誕生」展に呼応したフェアのため、京都造形芸術大学の学生がウィンドウ全体を書棚に見立て、本のオブジェを突貫で作ったという。

お見事。今月末まで。

さて本を探そう。桐野夏生『残虐記』（新潮社、二〇〇四年）が男性作家コーナーに平積みになっていたのはご愛嬌。古武士のような風貌と作風を持っていた柴田錬三郎の名を冠した賞を取った本とその作家なので、男性作家に分けてしまう気持ちもよくわかる。桐野姐さんも笑って許すはず。

京都に来たのは若くして亡くなった友人の墓参りのためだったので、その気分で探す。黒鉄ヒロシ『色いろ花骨牌《カルタ》』（講談社、二〇〇四年）が素晴らしかった。多才な著者を何と表現すべきか。「ビッグコミック」誌（小学館）の巻末を飾った艶笑マンガ『赤兵衛』の作者とまずはいっておこう。

今はむかし、赤坂に「乃なみ」という旅館があった。そこの麻雀卓を囲む常連には、吉行淳之介、阿佐田哲也、芦田信介、柴田錬三郎、近藤啓太郎などの名が。ここに、福地泡介に誘われた二〇歳代前半の著者が、夜毎星々たちと卓を囲む仕儀となる。

筋もよく酒も強いが、世間を凶暴なまでに侮蔑している魅力的な若き才能を、人生の玄人たちが愛さないはずはない。

この本は、先に名をあげた常連たちが著者に垣間見せた「凄み」、選ばれた人が精進に精進を重ねて到達する「凄み」に立ち会えたという、信じられないような僥倖を語ることで、彼らの死を悼む八章からなっている。尾上辰之助（先代）の崇高さを切り取った「桜」の章がことに良い。六代目尾上菊五郎の貴重な映像を共に観つつ「や、六代目、出遅れた！」とつぶやける人を傍らに置けるこの僥倖。

（『読売新聞』二〇〇五年二月二〇日朝刊）

閉店三〇分前のブックスフジは空いていた。会津若松駅前に建つフジグランドホテル内の店なので、チェックイン時には混むのだろう、いや、混んでいて欲しい。頑張れ駅前書店。

浅田次郎『輪違屋糸里』上・下（文春文庫、二〇〇七年。初版は文藝春秋、二〇〇四年）より、地元出版社の歴史春秋出版刊『会津藩と新選組』（二〇〇三年）を目立つ場所に並べて売っているあたりは豪胆というべきか。

ここで大石学『新選組』（中公新書、二〇〇四年）を買う。これを旅行鞄の中の宮地正人『歴史のなかの新選組』（岩波書店、二〇〇四年）と合わせて読むのは至福の時間だろう。読んでは寝、覚めては読んで、東山温泉の名湯・向瀧の湯につかれば、天国が地上に降りてくる。決して、呑んでは寝、醒めては呑んで、ではありませぬ。

大石氏は昨年のNHK大河ドラマ『新選組！』の時代考証を担当した近世史研究者である。近藤勇や土方歳三ら草創期のメンバーに多摩出身者が多い理由を、新田・街道・上水などを通じて多摩地域が、江戸の首都機能を支える首都圏として開発・整備されてきた歴史的経緯に帰す。

かたや宮地氏は、維新期を中心とする近代史を専門とする。国立歴史民俗博物館館長という激務のかたわら、新選組を不可欠の構成要素とした、幕末期全体のダイナミックな構造とは何であったのか、との大問題に立ち向かった。

一橋慶喜、松平容保《かたもり》、松平定敬《さだあき》らは、幕府に残された活路が、孝明天皇との信頼を基礎とした公武結合にしかないとみていた。彼らの右には幕府内の守旧派が、左には薩長など有力外様連合がいた。宮地氏は、この三派三つ巴の抗争の中で、第一の道をひた走った政治活動家として近藤勇を鮮やかに描いている。

近藤は文章家だった。老中に向い、新選組は忠臣報国の為の集団であり市中巡邏の為のものではないと言い放ち、返す刀で薩長に向い、薩長の攘夷は「其国《そのくに》攘夷にて、海国攘夷」ではない、料簡が狭いと斬って捨てた。

長いあいだ「幕府の犬」と見られてきた新選組を闇から救ったのは、一九二八年刊の子母沢寛『新選組始末記』（中公文庫ほか、初版は万里閣書房）だった。剣客の腕の冴えを確かに伝えることの小説は、時代を超えて今でも面白い。宮地氏の本は、小説家が敢えて剥奪した近藤勇の思想性を、厳密な史料操作によって歴史のなかに呼び戻し、なお小説より面白い。えっ、紹介するのが一年遅い？　ごもっとも。

（『読売新聞』二〇〇五年三月二〇日朝刊）

戦争を決意させる瞬間

今ごろ書店には、講談社現代新書の新刊九点が並んでいることでしょうが（二〇〇二年三月現在）、そのなかに、わたくしの書きました『戦争の日本近現代史』（講談社現代新書、二〇〇二年）も含まれているはずです。

戦争ものの刊行が集中する八月、一二月ではなくて、なぜ三月にこの手の本が出るのだろうと思われた方もいるのではないでしょうか。この本は、「東大式レッスン！」という、書いた本人さえ何度見ても顔が赤らむ副題が付いていることからも察せられますように、東大教養学部や文学部で、わたくしが話してきた講義案をもとに書かれた本です。新学期や、さまざまなスタートの時期を意識して準備されたために三月となりました。

さて、近い過去を分析対象とする近現代史では、対象をどのような視角でとらえるかが、とても大切です。そこで今度書きました本では、日清戦争からあとは、一〇年ごとに戦争をしていた観のある近現代の日本を歴史的に考えるために、戦争にいたる過程で、為政者や国民が世界情勢と日本の関係をどのようにとらえ、どのような論理の筋道で戦争を受けとめていったのか、その論理の変遷を追ってみるという方法をとりました。

ここで強調しておきたいのは、一〇年おきという数字ではなく、この時代が戦争につぐ戦争の時代であったという事実の重みについてです。しかも戦争技術の発達、兵役義務の負担増、戦時特別税や国債購入などの負担増によって、国民は巨大な犠牲を強いられてゆきました。ただ、この苛酷な時代は同時に、経済の発達、初等教育の普及、政治的諸権利の拡張などにともなって、国民の政治意識や権利意識も成長をとげつつあった時期でもありました。戦争が国民に課す負担が増大する一方、国民の内面には、国家や社会に対するさまざまな批判精神も育っていったという関係になり、戦争と国民のあいだの摩擦係数は、しだいに高くなっていったはずでした。

さらに、戦争そのものの意味や定義も、時代とともに変化しています。第一次世界大戦後、クラウゼヴィッツが定義した意味での古典的な戦争は許されなくなり、自衛か制裁目的以外の戦争は、しだいに違法化されてゆく傾向となりました。しかし一方で、第一次世界大戦は、まぎれもなく総力戦の到来を決定的に告げた戦争でした。そうあれば、戦争というものは、国家のあらゆる力を動員した総力戦をその実体としながらも、その形態としては、自衛のための戦争か、制裁のための戦争という表装をまとうことになります。

戦争と国民のあいだの摩擦係数、戦争の意味づけの変化という、少なくとも二つの変化を背景におきながら、巨大な犠牲を、国民、そして交戦相手国の国民に強いる戦争を何度も遂行してきたのが近現代の日本でした。

帝国日本に関する著作『植民地』（読売新聞社、一九九六年）のなかで、アメリカ人の歴史学者マーク・ピーティーは、第一次世界大戦期までの日本の特徴を次のように的確無比にまとめています。

近代植民地帝国の中で、これほどはっきりと戦略的な思考に導かれ、また当局者の間に〔島国としての安全保障観に関する〕これほど慎重な考察と広範な見解の一致が見られた例はない。

安全保障の観点からの戦略的かつ慎重な考察、当局者のあいだでの広範な見解の一致が日本の特徴であると仮に認めるならば、次のような「問い」が浮かんできます。すなわち、国民が誰しも抱くような疑問――なぜ軍事費を出し惜しみしてはいけないのか、なぜ清国を敵としなければならないのか、なぜロシアと戦わなければならないのか、なぜ中国と長い戦争をしているのか――に対する答えとなるようなさまざまな論理が、為政者あるいは国民自身の手によって、周到にもしくは急速に形成され、準備されていったはずではなかったか、と。

これまで歴史学界では、天皇・政府（軍部を含む）・国民（世論を含む）の三要素のうち二つを取りあげて、その関係に見られる日本的特殊性を論じたり、その関係を成立させる、支配－被支配という影響関係を論じたりする点では、多くの優れた研究が積み重ねられてきました。たとえば、軍部の公式なプロパガンダがいかに国民を戦争に導いていったか、あるいは、国民の戦争への熱狂が政府の政策をいかに先取りすることがあったか、などの視角です。

しかし、わたくしがこの本で書きたかったのは、こういった関係性ではありませんでした。為政者や国民が「だから戦争にうったえなければならない」「だから戦争をしていいのだ」という感覚をもつようになるのは、いかなる論理の筋道を手にしたときなのかという問題こそが解かれるべきだと思ったのです。

日本の近現代史をながめてみても、新しく起こされる戦争というのは、以前の戦争の地点からは、まったく予想もつかない論法で正当化され、合理化されてきたことがわかります。そして、個々の戦争を検討すると、社会を構成する人々の認識が、がらりと変わる瞬間がたしかにあり、また、深いところでの変化が、現在からすればいかに変に見えようとも、やはりそれは一種の論理や観念を媒介としてなされたものであったことは争えないのです。

適切な譬えかどうか不安ですが、日本人が馴れ親しんできたお酒の概念にはない、渋みや苦みがあったために、価格を下げてみても、合う料理はこれだと宣伝しても、いっこうに浸透しなかった赤ワインが、「ポリフェノール」の一言で、爆発的に売れ出した一件をご記憶でしょうか。非常に乱暴なことをいえば、この、ポリフェノールにあたる、ある言葉や概念が、戦争にいたる、現実の歴史の過程でも、さまざまに生み出されていたわけです。また、ポリフェノールの一言で点火できた素地は、赤ワインブームの場合、それまで形成されてきた日本人の健康観にあったわけですが、戦争の場合、この素地にあたるものはなんだったのかと考えてみることも重要でしょう。

この本を書き始めたとき念頭にあったのは、『戦争責任・戦後責任』（粟屋憲太郎・田中宏ほか著、朝日選書、一九九四年）のなかで山口定氏が述べていた次のような内容の問題提起でした。――「二度と戦争は起こさない」という誓いが何回繰り返されても、今後起こりうる悲劇の想定に際して、軍事技術の飛躍的な発展や、新しい国際情勢を前提として起こりうる戦争の形態変化を考えに入れた問題の解明がなければ、そのような誓いは活かされることはないのではないか

——。

この問いにどのくらい答えられたかは疑問ですが、人々の認識に劇的な変化が生まれる瞬間、そして変化を生み出すもととなった深部の力をきちんと書くことで過去を考え抜いておくことは、意味のあることでしょう。

欧州に憲法調査に赴いた伊藤博文に憲法の骨格を教えたことで有名なシュタインが、山県有朋に主権線・利益線の概念を教えていたことはあまり知られていません。この概念が日清戦争の正当化にどのように使われたのか、あるいは、門戸開放という概念が日露戦争の正当化とどのようにかかわっていたのか。こういった問題について、本書では考えてみました。

（『本』講談社、二〇〇二年四月号）

あとがき

今より少し若かったころ、とことん疲れたと思ったときは、お気に入りの作家の書いた、本をめぐるエッセイや書評本などを七、八冊抱えて、雲隠れしたものだった。温泉と糊のきいたシーツと明るい読書灯があれば何にもいらなかった。

雲隠れのお供は、安岡章太郎『小説家の小説家論』（福武文庫）、井上ひさし『ことばを読む』（中公文庫）、池澤夏樹『読書癖　1〜4巻』（みすず書房）、開高健『紙の中の戦争』（岩波同時代ライブラリー）、吉田健一『文学人生案内』（講談社文芸文庫）、荒川洋治『読書の階段』（毎日新聞社）、川端康成『文芸時評』（講談社文芸文庫）などが定番で、どの本も、縮んだ心を伸ばしてくれた。

今や、雲隠れして、温泉と糊のきいたシーツと明るい読書灯のもとで何をやっているかといえば、ひとさまの本の書評を書いているのだ。ああ、なんたる堕落。一生、本を読んで暮らしたい、そのためなら何でもする、と一心に念じていた昔の自分を思えば、橋の下を実に多くの水が流れた。読むのはいいが、書評は恥を捨てなければなかなか書けたものではない。

というわけで、これだけの数の本を書評してしまった私に、もはや恥の概念はあまり残っていなそうだ。ならば、これからしばらくは、ルース・ベネディクトにあやかって罪の概念の人となり、横文字の本でも読んでいこうかと思う。

二年前に拙著『戦争の論理』を出したおりには、編集者の町田民世子さんに格別のご配慮をいただいた。今回も、採録すべき文章の選択から構成にいたるまで、すべて町田さんにお考えいただいた。彼女は今年三月、三九年勤続された勁草書房を退職され、そのあとを土井美智子さんが引き継がれた。前著のあとがきで私は町田さんのことを「この人が面白いと言ってくれるような原稿を書かなければならないと執筆者に思わせるような、そのような編集者の一人」と書いたが、この気持ちは土井さんにもそのままあてはまる。

また前著に引き続いて、寺山祐策さんに装幀をご担当いただいた。『エル・リシツキー 構成者のヴィジョン』（武蔵野美術大学出版会）の編者である氏に二度も装幀をお願いできるとは望外の喜びだが、自分の運はこれですべて使い果たしてしまったのではないかとの考えも浮かび、なんだか怖い。

二〇〇七年五月

加藤陽子

索　引

あ　行

赤城毅『麝香姫の恋文』(講談社)　139
麻田貞雄『両大戦間の日米関係』(東京大学出版会)　45-58
浅田次郎『輪違屋糸里』(上・下，文春文庫・文藝春秋)　326
渥美清『きょうも涙の日が落ちる』(展望社)　227
安倍晋三『美しい国へ』(文春新書)　176-9
荒俣宏『プロレタリア文学はものすごい』(平凡社新書)　240
粟屋憲太郎『東京裁判への道』(上・下，講談社選書メチエ)　156-8
粟屋憲太郎・伊香俊哉ほか編『東京裁判資料 木戸幸一尋問調書』(大月書店)　165-8, 169
粟屋憲太郎・田中宏ほか著『戦争責任・戦後責任』(朝日選書)　330
アンダーソン，B.『想像の共同体』(NTT 出版・リブロポート)　8
五十嵐武士・北岡伸一編『争論 東京裁判とは何だったのか』(築地書館)　159
池井優・波多野勝ほか編『濱口雄幸日記・随感録』(みすず書房)　42-5
池内紀『ひとり旅は楽し』(中公新書)　313
石井進編『歴史家の読書案内』(吉川弘文館)　132
石川準吉『国家総動員史』(上・下・資料編全 10 巻，国家総動員史刊行会)　113-8
石川準吉『総合国策と教育改革案』(清水書院)　115
石川文洋『戦場カメラマン』(朝日文庫)　313
石川文洋『日本縦断 徒歩の旅』(岩波新書)　313
石田勇治編『資料 ドイツ外交官の見た南京事件』(大月書店)　110-3
石原莞爾『石原莞爾資料 戦争史論』(原書房)　102
一ノ瀬俊也『銃後の社会史』(吉川弘文館)　211
一ノ瀬俊也『明治・大正・昭和 軍隊マニュアル』(光文社新書)　290
五木寛之『風に吹かれて』(新潮文庫・角川文庫など)　309
五木寛之『百寺巡礼』(全 10 巻，講談社)　309
伊藤隆『昭和十年代史断章』(東京大学出版会)　133
伊藤隆・広瀬順晧編『牧野伸顕日記』(中央公論社)　43-4
伊藤之雄『明治天皇』(ミネルヴァ書房)　6
伊藤之雄『立憲国家と日露戦争』(木鐸社)　59

伊藤之雄・川田稔編『環太平洋の国際秩序の模索と日本』（山川出版社）　58
井上青龍『釜ヶ崎』（銀河書房）　217
井上青龍『北帰行』（井上青龍を偲ぶ会）　217
井上ひさし『円生と志ん生』（集英社）　203
井上ひさし『ことばを読む』（中公文庫・中央公論社）　239
井上ひさし・小森陽一編『座談会昭和文学史一』（集英社）　239, 318
入江昭『太平洋戦争の起源』（東京大学出版会）　120-2
入江昭『二十世紀の戦争と平和』（東京大学出版会）　121
入江昭『日米戦争』（中央公論社）　121
入江昭『日本の外交』（中央公論社）　120
入江昭・有賀貞編『戦間期の日本外交』（東京大学出版会）　45-6, 50
岩井志麻子『志麻子のしびれフグ日記』（光文社）　252
岩井志麻子『痴情小説』（新潮文庫・新潮社）　253
岩井志麻子『ぼっけえ，きょうてえ』（角川ホラー文庫・角川書店）　252
臼井勝美『中国をめぐる近代日本の外交』（筑摩書房）　76, 88
臼井勝美『日中外交史研究』（吉川弘文館）　80
臼井勝美『日中戦争』（中公新書）　75
臼井勝美『満洲国と国際連盟』（吉川弘文館）　75-8
臼井勝美『満州事変』（中公新書）　75
江上剛『起死回生』（新潮文庫・新潮社）　257
江上剛・須田慎一郎著『銀行員諸君！』（新潮新書）　268
江夏由樹・中見立夫ほか編『近代中国東北地域史研究の新視角』（山川出版社）　208
NHK"ドキュメント昭和"取材班編『十字架上の日本』（角川書店）　77
海老坂武『〈戦後〉が若かった頃』（岩波書店）　313
大石学『新選組』（中公新書）　326
大江志乃夫『張作霖爆殺』（中公新書）　73-5
大岡昇平『花影』（講談社文芸文庫ほか）　242, 275
大岡昇平『少年』（講談社文芸文庫ほか）　275
大岡昇平『武蔵野夫人』（新潮文庫ほか）　275
大久保利謙『日本近代史学事始め』（岩波新書）　147
大谷正『兵士と軍夫の日清戦争』（有志舎）　211
大谷正・原田敬一編『日清戦争の社会史』（フォーラム・A 出版）　13, 19
大塚英志『少女たちの「かわいい」天皇』（角川文庫）　247
大森望・豊崎由美『文学賞メッタ斬り！』（PARCO 出版）　281
岡田啓介『岡田啓介回顧録』（中公文庫・毎日新聞社）　169
岡義武『山県有朋』（岩波新書）　141
岡義武『近衛文麿』（岩波新書）　141

小川忠『原理主義とは何か』(講談社現代新書)　222
大仏次郎『鞍馬天狗』(小学館文庫ほか)　240, 318
小澤眞人・NHK取材班『赤紙』(創元社)　118-20
オーバードーファー, D.『マイク・マンスフィールド』(上・下, 共同通信社)　171-3

か 行

カー, E. H.『ナポレオンからスターリンへ』(岩波現代選書)　78
海軍軍令部『明治三十七八年海戦史』(全4巻, 芙蓉書房出版・春陽堂)　299
開高健『夏の闇』(新潮文庫・新潮社)　286
外務省『日本外交文書　昭和期I第一部』(全5巻, 外務省)　77
外務省編『小村外交史』(上・下, 原書房・新聞月鑑社)　188
笠原和夫『映画はやくざなり』(新潮社)　231
笠原和夫・荒井晴彦ほか著『昭和の劇』(太田出版)　231
梶井基次郎『檸檬』(集英社文庫ほか)　306
粕谷一希『鎮魂 吉田満とその時代』(文春新書)　142-4
勝谷誠彦『イラク生残記』(講談社)　286
加藤淑子『斎藤茂吉の十五年戦争』(みすず書房)　149
加藤陽子『戦争の日本近現代史』(講談社現代新書)　187, 328-32
加藤陽子『模索する一九三〇年代』(山川出版社)　82
金子勝・デウィット, A. ほか著『不安の正体!』(筑摩書房)　319
鹿野政直『兵士であること』(朝日選書)　200
上坂冬子『私の人生 私の昭和史』(集英社文庫・集英社)　290
上坂冬子『我は苦難の道を行く』(上・下, 文春文庫・講談社)　290
カミングス, B.『戦争とテレビ』(みすず書房)　287, 311
カミングス, B.『朝鮮戦争の起源』(全2巻, 影書房)　311
香山リカ・福田和也『「愛国」問答』(中公新書ラクレ)　139, 316
柄谷行人『シンポジウム［II］』(太田出版)　193
苅谷剛彦『なぜ教育論争は不毛なのか』(中公新書ラクレ)　234
川島真『中国近代外交の形成』(名古屋大学出版会)　271
川田稔・伊藤之雄編『二〇世紀日米関係と東アジア』(風媒社)　58-63
川西政明『武田泰淳伝』(講談社)　207
川端康成『文芸時評』(講談社文芸文庫ほか)　240
川端康成『雪国』(新潮文庫ほか)　315
姜尚中・宮台真司著『挑発する知』(双風舎)　254
木戸日記研究会編『木戸幸一日記』(上・下, 東京大学出版会)　166
木戸日記研究会編『木戸幸一日記 東京裁判期』(東京大学出版会)　165
桐野夏生『残虐記』(新潮社)　325

久坂部羊『廃用身』(幻冬舎文庫・幻冬舎)　323
久坂部羊『破裂』(幻冬舎)　323
熊谷達也『邂逅の森』(文春文庫・文藝春秋)　259-60
熊谷達也『相剋の森』(集英社文庫・集英社)　259-60
栗田哲也『子どもに教えたくなる算数』(講談社現代新書)　235
栗田尚弥『上海東亜同文書院』(新人物往来社)　71
黒鉄ヒロシ『色いろ花骨牌』(講談社)　325
黒崎誠『世界を制した中小企業』(講談社現代新書)　256
クローデル，P.『孤独な帝国 日本の一九二〇年代』(草思社)　64-8
黒野耐『参謀本部と陸軍大学校』(講談社現代新書)　285
ケナン，G.『アメリカ外交五〇年』(岩波現代文庫・岩波書店)　47
小池政行『戦争と有事法制』(講談社現代新書)　261
神立尚紀『戦士の肖像』(文春ネスコ)　292
古関彰一『新憲法の誕生』(中公文庫・中央公論社)　178
小平邦彦『怠け数学者の記』(岩波現代文庫・岩波書店)　236
小林多喜二『蟹工船』(岩波文庫ほか)　240
小林多喜二『党生活者』(角川文庫ほか)　240, 318
小林英夫『帝国日本と総力戦体制』(有志舎)　299

さ　行

サイデンステッカー，E.『流れゆく日々』(時事通信社)　295, 315
斎藤真・本間長世ほか編『日本とアメリカ』(全3巻，南雲堂)　56
崔文衡『日露戦争の世界史』(藤原書店)　189
酒井哲哉『大正デモクラシー体制の崩壊』(東京大学出版会)　80
坂野潤治『昭和史の決定的瞬間』(ちくま新書)　266
坂野潤治『明治憲法体制の確立』(東京大学出版会)　266
坂野潤治『明治デモクラシー』(岩波新書)　184
佐川光晴『灰色の瞳』(講談社)　282-3
佐々木英昭『乃木希典』(ミネルヴァ書房)　26-7
佐高信『城山三郎の昭和』(角川書店)　288
佐道明広『戦後日本の防衛と政治』(吉川弘文館)　267
佐藤優『国家の罠』(新潮社)　173-6
佐野眞一『阿片王』(新潮社)　204
椎名誠『さらば国分寺書店のオババ』(新潮文庫・情報センター出版局)　221
椎名誠『モヤシ』(講談社文庫・講談社)　221
ジェイムズ，H.『金色の盃』(上・下，講談社文芸文庫ほか)　282-3
塩川伸明『《20世紀史》を考える』(勁草書房)　279

篠田節子『砂漠の船』(双葉社)　303
司馬遼太郎『坂の上の雲』(文春文庫・文藝春秋)　23
島田雅彦『美しい魂』(新潮文庫・新潮社)　140, 242
島田雅彦『エトロフの恋』(新潮文庫・新潮社)　242
島田雅彦『彗星の住人』(新潮文庫・新潮社)　242
島田雅彦『優しいサヨクのための嬉遊曲』(新潮文庫・福武書店)　242
清水澄『逐条帝国憲法講義』(松華堂書店)　44
子母沢寛『新選組始末記』(中公文庫ほか)　327
「女性・戦争・人権」学会学会誌編集委員会『女性・戦争・人権 4』(行路社)　16
不知火京介『マッチメイク』(講談社文庫・講談社)　237
城山三郎『真昼のワンマン・オフィス』(新潮文庫・新潮社)　289
新藤兼人『ある映画監督』(岩波新書)　245
季武嘉也『大正期の政治構造』(吉川弘文館)　60
瀬尾育生『戦争詩論』(平凡社)　149-50
園部裕之編『近代日本人の朝鮮認識に関する研究文献目録』(緑蔭書房)　71
ソーン，C.『米英にとっての太平洋戦争』(上・下，草思社)　200
ソーン，C.『満州事変とは何だったのか』(上・下，草思社)　200

た　行

高木惣吉『自伝的日本海軍始末記』(光人社 NF 文庫・光人社)　132-8
高杉良『呪縛　金融腐蝕列島Ⅱ』(上・下，角川文庫・角川書店)　258
瀧井一博『文明史のなかの明治憲法』(講談社選書メチエ)　264
田口久美子『書店風雲録』(ちくま文庫・本の雑誌社)　314
武田泰淳『司馬遷』(講談社文芸文庫ほか)　207
武田晴人『世紀転換期の起業家たち』(講談社)　270
竹西寛子『陸は海より悲しきものを』(筑摩書房)　301
多田茂治『内なるシベリア抑留体験』(文元社・社会思想社)　201
田中宏巳『秋山真之』(吉川弘文館)　298
田中譲『評伝　藤田嗣治』(芸術新聞社)　149
ダワー，J.『人種偏見』(TBS ブリタニカ)　57
ダワー，J.『容赦なき戦争』(平凡社ライブラリー)　200
中国引揚げ漫画家の会編『ボクの満州』(亜紀書房)　203
塚瀬進『中国近代東北経済史研究』(東方書店)　77
鶴見俊輔・上野千鶴子ほか著『戦争が遺したもの』(新曜社)　276
ドウス，P.・小林英夫編『帝国という幻想』(青木書店)　68-73
徳富猪一郎編『公爵桂太郎伝』(原書房・故桂公爵記念事業会)　188
ドストエフスキー『白痴』(新潮文庫ほか)　169

戸部良一・寺本義也ほか著『失敗の本質』（中公文庫・ダイヤモンド社）　7-8, 154
戸部良一『日本の近代 9 逆説の軍隊』（中央公論社）　7-12
戸部良一『日本陸軍と中国』（講談社選書メチエ）　7
戸部良一『ピース・フィーラー』（論創社）　7, 100

な　行

永井和『近代日本の軍部と政治』（思文閣出版）　34-42
永井和『青年君主昭和天皇と元老西園寺』（京都大学学術出版会）　248
長嶋有『パラレル』（文藝春秋）　284
中野実『東京大学物語』（吉川弘文館）　315
夏目漱石『草枕』（新潮文庫ほか）　223
夏目漱石『三四郎』（新潮文庫ほか）　269
夏目漱石『夏目漱石全集』（全 10 巻，ちくま文庫）　314
夏目漱石『明暗』（新潮文庫ほか）　170, 260, 282-3
夏目漱石『夢十夜』（岩波文庫ほか）　23
夏目房之介『漱石の孫』（新潮文庫・実業之日本社）　223
南原繁『歌集 形相』（岩波文庫・創元社）　201
西川祐子『住まいと家族をめぐる物語』（集英社新書）　304
丹生谷貴志・四方田犬彦ほか著『吉田健一頌』（水声社・書肆風の薔薇）　250
日本国際政治学会太平洋戦争原因研究部編『太平洋戦争への道』（全 7 巻別巻 1，朝日新聞社）　82-3
野中郁次郎・戸部良一ほか著『戦略の本質』（日本経済新聞社）　153-5
野村實『日本海海戦の真実』（講談社現代新書）　299
野村實『歴史のなかの日本海軍』（原書房）　53

は　行

ハインリクス，W.『日米外交とグルー』（原書房）　45
莫邦富『日中はなぜわかり合えないのか』（平凡社新書）　209
橋川文三『日本浪曼派批判序説』（講談社文芸文庫・未来社）　201
橋田信介『イラクの中心で，バカとさけぶ』（アスコム）　262
橋田信介『戦場特派員』（実業之日本社）　277
蓮實重彥『私が大学について知っている二，三の事柄』（東京大学出版会）　234
長谷川毅『暗闘』（中央公論新社）　151-2
長谷部恭男『憲法と平和を問いなおす』（ちくま新書）　280
長谷部恭男『比較不能な価値の迷路』（東京大学出版会）　280
波多野澄雄『幕僚たちの真珠湾』（朝日選書）　199
波多野勝・黒沢文貴ほか編『海軍の外交官 竹下勇日記』（芙蓉書房出版）　29-31

埴谷雄高『死霊』(講談社文芸文庫ほか)　275
浜口裕子『日本統治と東アジア社会』(勁草書房)　72
原田熊雄述『西園寺公と政局』(全 8 巻別巻 1，岩波書店)　43
原田敬一『国民軍の神話』(吉川弘文館)　12-22
原田敬一『日本近代都市史研究』(思文閣出版)　13
原武史『可視化された帝国』(みすず書房)　246
原武史『大正天皇』(朝日選書)　246
原武史『鉄道ひとつばなし』(講談社現代新書)　246
日暮吉延『東京裁判の国際関係』(木鐸社)　158-65, 233
久江雅彦『9・11 と日本外交』(講談社現代新書)　256, 296
ピーティー，M.『植民地』(読売新聞社)　329
平泉澄『中世に於ける社寺と社会との関係』(国書刊行会・至文堂)　148
平間洋一編『戦艦大和』(講談社選書メチエ)　226
深作欣二・山根貞男著『映画監督深作欣二』(ワイズ出版)　229
福田和也『作家の値うち』(飛鳥新社)　316
福田和也『贅沢な読書』(ちくま文庫・光文社)　139, 215
福田和也『乃木希典』(文藝春秋)　140, 316
福田和也『山下奉文』(文藝春秋)　139-42
福本邦雄『炎立つとは』(講談社)　321
フーコー，M.『監獄の誕生』(新潮社)　8
藤井康栄『松本清張の残像』(文春新書)　273
藤田覚『大江戸世相夜話』(中公新書)　251
藤田覚『近世政治史と天皇』(吉川弘文館)　251
藤田覚『幕末の天皇』(講談社選書メチエ)　251
藤山楢一『一青年外交官の太平洋戦争』(新潮社)　144-6
藤原帰一『「正しい戦争」は本当にあるのか』(ロッキング・オン)　255
フリーザー，K. H.『電撃戦という幻』(上・下，中央公論新社)　219
古屋哲夫・山室信一編『近代日本における東アジア問題』(吉川弘文館)　191
ヘミングウェイ『移動祝祭日』(岩波同時代ライブラリー)　216
ヘミングウェイ『海流のなかの島々』(新潮文庫ほか)　216
保阪正康『秩父宮』(中公文庫)　247
細谷千博・安藤仁介ほか編『東京裁判を問う』(講談社学術文庫・講談社)　166
細谷千博・斎藤真ほか編『日米関係史 開戦に至る十年』(全 4 巻，東京大学出版会)
45, 55, 89-95, 122-3, 126
細谷千博・ニッシュ，I. 監修『日英交流史』(全 5 巻，東京大学出版会)　190
細谷千博・本間長世ほか編『太平洋戦争』(東京大学出版会)　75, 95, 122-7
細谷千博・綿貫譲治編『対外政策決定過程の日米比較』(東京大学出版会)　48

細谷雄一『大英帝国の外交官』（筑摩書房）　32-4
ホブズボウム，E.・レンジャー，T.『創られた伝統』（紀伊國屋書店）　8

ま　行

毎日新聞政治部『安保』（角川文庫）　256
マクマリー，J.『平和はいかに失われたか』（原書房）　61
升味準之輔『昭和天皇とその時代』（山川出版社）　179
松浦正孝『日中戦争期における経済と政治』（東京大学出版会）　101-10
松本清張『黒い福音』（新潮文庫ほか）　274
松本清張『昭和史発掘』（全 13 巻，文春文庫・文藝春秋）　272
松本清張『日本の黒い霧』（文春文庫・文藝春秋新社）　307
松本清張・藤井康栄『二・二六事件＝研究資料』（全 3 巻，文藝春秋）　273
マハン，A.『海上権力史論』（原書房）　46
三木清『三木清全集』（全 20 巻，岩波書店）　134
水木しげる『水木サンの幸福論』（日本経済新聞社）　308
みすず書房編集部編『ゾルゲの見た日本』（みすず書房）　220
水村美苗『続明暗』（新潮文庫・筑摩書房）　281-2
水村美苗『本格小説』（上・下，新潮文庫・新潮社）　281
溝口敦『血と抗争』（講談社＋α文庫・三一書房）　230
三谷太一郎『近代日本の戦争と政治』（岩波書店）　197
美濃部達吉『憲法及憲法史研究』（有斐閣）　187
宮田毬栄『追憶の作家たち』（文春新書）　274
宮地正人『歴史のなかの新選組』（岩波書店）　184, 326
向一陽『離島を旅する』（講談社現代新書）　313
村上龍『希望の国のエクソダス』（文春文庫・文藝春秋）　205
村上龍『69』（集英社文庫・集英社）　269
村上龍『13 歳のハローワーク』（幻冬舎）　205
メイ，E.『歴史の教訓』（岩波現代文庫・中央公論社）　296
メイ，E. 編『アメリカの外交』（東京大学出版会）　48
メイア，A. J.『ウィルソン対レーニン』（全 2 巻，岩波現代選書）　52
モッセ，G. L.『英霊』（柏書房）　14
本康宏史『軍都の慰霊空間』（吉川弘文館）　20
モブ・ノリオ『介護入門』（文藝春秋）　324
森嶋通夫『血にコクリコの花咲けば』（朝日文庫・朝日新聞社）　308
森嶋通夫『なぜ日本は行き詰ったか』（岩波書店）　308
森達也『池袋シネマ青春譜』（柏書房）　268-9
森達也『下山事件』（新潮文庫・新潮社）　268, 306

森達也『世界が完全に思考停止する前に』(角川文庫・角川書店)　320
森永卓郎『年収300万円時代を生き抜く経済学』(知恵の森文庫・光文社)　139
森山茂徳『近代日韓関係史研究』(東京大学出版会)　191
森山茂徳『日韓併合』(吉川弘文館)　191

や　行

安井三吉『柳条湖事件から盧溝橋事件へ』(研文出版)　78-88
安井三吉『盧溝橋事件』(研文出版)　79
矢野敬一『慰霊・追悼・顕彰の近代』(吉川弘文館)　211
山口輝臣『明治神宮の出現』(吉川弘文館)　27-9
山田辰雄・家近亮子ほか編『橘樸 翻刻と研究』(慶應義塾大学出版会)　206
山田風太郎『甲賀忍法帖』(講談社文庫ほか)　169
山田風太郎『戦艦陸奥』(光文社文庫ほか)　226
山田風太郎『戦中派動乱日記』(小学館)　300
山田風太郎『戦中派復興日記』(小学館)　168-70
山田風太郎『戦中派虫けら日記』(ちくま文庫ほか)　170
山田風太郎『戦中派焼け跡日記』(小学館)　156
山田風太郎『戦中派闇市日記』(小学館)　225
山田風太郎『達磨峠の事件』(光文社文庫ほか)　225, 307
山田昌弘『希望格差社会』(ちくま文庫・筑摩書房)　205
山之内靖『システム社会の現代的位相』(岩波書店)　195
山室信一『キメラ 満洲国の肖像』(中公新書)　72
山室信一『思想課題としてのアジア』(岩波書店)　217
山室信一『日露戦争の世紀』(岩波新書)　24-5
山室信一『ユーラシアの岸辺から』(岩波書店)　217-8
山本四郎編『日本近代国家の形成と展開』(吉川弘文館)　59
横手慎二『日露戦争史』(中公新書)　22-4
吉田健一『英国に就て』(ちくま文庫・筑摩書房)　33
吉田健一『英国の文学の横道』(講談社文芸文庫・講談社)　249
吉田健一『ヨオロッパの人間』(講談社文芸文庫・新潮社)　249
吉田満『戦艦大和ノ最期』(講談社文芸文庫・創元社)　143, 227
吉見義明『草の根のファシズム』(東京大学出版会)　17
吉見義明『毒ガス戦と日本軍』(岩波書店)　293
吉村昭『暁の旅人』(講談社)　3
吉村昭『彰義隊』(朝日新聞社)　3-5
吉村昭『東京の戦争』(ちくま文庫・筑摩書房)　4, 202
読売新聞戦争責任検証委員会『検証 戦争責任Ⅰ』(中央公論新社)　127-31

ら　行

ラクロ，P.『危険な関係』（角川文庫など）　309
李昂『自伝の小説』（国書刊行会）　322
劉傑『日中戦争下の外交』（吉川弘文館）　96-100
歴史学研究会・日本史研究会編『日本史講座第 8 巻 近代の成立』（東京大学出版会）　184
レーニン『レーニン全集』（全 47 巻，大月書店）　187

わ　行

若井敏明『平泉澄』（ミネルヴァ書房）　146-9

著者名なし

『「笑の大学」の創り方』（ぴあ）　318
『会津藩と新選組』（歴史春秋出版）　326

著者略歴
1960 年　埼玉県に生まれる
1989 年　東京大学大学院博士課程修了（国史学）
現　在　東京大学大学院人文社会系研究科教授
主　著　『模索する 1930 年代』山川出版社、1993 年
『徴兵制と近代日本』吉川弘文館、1996 年
『戦争の日本近現代史』講談社現代新書、2002 年
『戦争の論理』勁草書房、2005 年
『満州事変から日中戦争へ』岩波新書、2007 年
『それでも、日本人は「戦争」を選んだ』朝日出版社、2009 年
『昭和天皇と戦争の世紀』講談社、2011 年

戦争を読む

2007 年 6 月 20 日　第 1 版第 1 刷発行
2012 年 1 月 10 日　第 1 版第 4 刷発行

著　者　加《か》藤《とう》陽《よう》子《こ》
発行者　井　村　寿　人

発行所　株式会社　勁《けい》草《そう》書　房

112-0005 東京都文京区水道 2-1-1　振替 00150-2-175253
（編集）電話 03-3815-5277／FAX 03-3814-6968
（営業）電話 03-3814-6861／FAX 03-3814-6854
大日本法令印刷・青木製本所

ISBN978-4-326-24838-4　Printed in Japan

http://www.keisoshobo.co.jp